I0039087

Proteger, reparar, penalizar

Coordinación editorial
DÉBORA FEELY

Diseño de tapa
SERGIO MANELA & ASOCIADOS

IRENE V. INTEBI

Proteger, reparar, penalizar

Evaluación de las sospechas
de abuso sexual infantil

GRANICA

BUENOS AIRES - MÉXICO - SANTIAGO - MONTEVIDEO

© 2011 *by* Ediciones Granica S.A.

BUENOS AIRES
Ediciones Granica S.A.
Lavalle 1634 - 3º G
C1048AAN Buenos Aires, Argentina
Tel.: +5411-4374-1456
Fax: +5411-4373-0669
E-mail: granica.ar@granicaeditor.com

MÉXICO
Ediciones Granica México S.A. de C.V.
Valle de Bravo Nº 21
Col. El Mirador
53050 Naucalpan de Juárez, México
Tel.: +5255-5360-1010
Fax: +5255-5360-1100
E-mail: granica.mx@granicaeditor.com

SANTIAGO
Ediciones Granica de Chile S.A.
Padre Alonso Ovalle 748
Santiago, Chile
E-mail: granica.cl@granicaeditor.com

MONTEVIDEO
Ediciones Granica S.A.
Scoseria 2639 Bis
11300 Montevideo, Uruguay
Tel: +5982-712-4857 / +5982-712-4858
E-mail: granica.uy@granicaeditor.com

www.granica.com

Reservados todos los derechos, incluso el de reproducción
en todo o en parte, en cualquier forma

Esta edición se publica por acuerdo con el editor original

I.S.B.N.

Hecho el depósito que marca la ley 11.723

Impreso en Argentina. *Printed in Argentina*

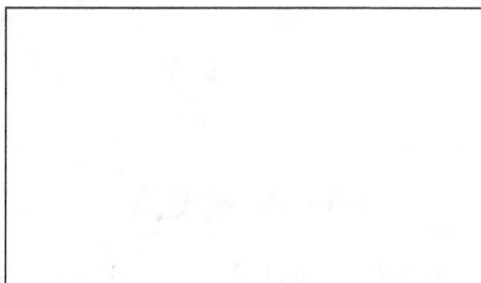

Nuevamente a mis hijos Ezequiel, Leandro y Lucas y a mis padres, por el apoyo y la incondicionalidad de siempre.

A Joaquín de Paul Ochotorena y a Iñasi Arruabarrena, en esta etapa tan fecunda en el País Vasco gracias a su apoyo, camaradería y amistad.

A José Ángel Rodríguez Martínez de la Dirección General de Políticas Sociales del Gobierno de Cantabria, por su capacidad de gestión y de planificación, por su visión y su creatividad.

A Carlos A. Toro, mi compañero de piso donostiarra, por la suerte de habernos conocido y por sus consejos y ayuda en los aspectos informáticos (mi Mac también lo saluda y le agradece).

A Alberto Porras Luque, a Amaia Alejos Martín y a la pequeña Alba, por su amistad, su calidez y los inolvidables momentos compartidos en todos estos años.

A Norma Osnajanski, porque aunque no la veamos ella, como el Sol, siempre está.

ÍNDICE

11

PRÓLOGO

Como señaló De Mause, "La historia de la infancia es una pesadilla de la que hemos empezado a despertar hace muy poco". Durante siglos, los niños han sido abusados y maltratados con tanta naturalidad que no hacía falta mayores esfuerzos para desmentirlos cuando osaban quejarse o siquiera mencionar lo que los atormentaba. Si algo decían, era suficiente con responder "los niños mienten...". Así, fue transcurriendo aquella pesadilla a la que aludía el notable historiador citado, a lo que debo agregar que la verdadera pesadilla no era solo la de quienes hoy estamos despertando como observadores, sino la de quienes en realidad la padecían, los niños. Ese despertar desde la intervención, se produce hace pocas décadas con los primeros especialistas sensibles que, desafiando esa "naturalidad", fueron más osados que los propios niños. Sin especulaciones sobre los riesgos de enfrentar siglos de mitos y prejuicios acerca de la infancia, enarbolados por quienes siempre estuvieron empeñados en perpetuar aquella impunidad nunca igualada por delito alguno, se lanzaron al ruedo. Así, médicos, psicólogos, trabajadores sociales, sociólogos, antropólogos, historiadores críticos y abogados comenzaron a desentrañar la cara opuesta de esa impunidad. Desde posiciones siempre incómodas –como a lo largo de la historia ha sido la de todos quienes enfrentaron desde alguna de las disciplinas mencionadas o desde su propia situación de víctimas a los violentos–, fueron abonando el camino de ese despertar de la infancia. Fueron denunciando no solo los abusos, sino, además, a quienes protegían a los criminales, justificando, distorsionando o encubriendo los hechos desde las más recalcitrantes posturas.

Esa nueva escena, marcada por una enérgica y creciente acción positiva a favor de las víctimas, generó un fenómeno tan lógico como despreciable, que es la reacción negativa que siempre sucede a los avances que se han producido a lo largo de la historia en cualquier área de las ciencias sociales. Así, los "reaccionarios" de turno, comenzaron a intentar nuevas explicaciones superadoras de aquella tradicional "los niños mienten". Aparecieron entonces intentos por descalificar a víctimas y profesionales dedicados a protegerlas, basados no en la falsedad de las alegaciones, sino en que los niños habían sido ayudados por adultos para "co-construir" las historias mediante las que acusaban a los inocentes difamados. Mediante esa estrategia, ya no era necesario sostener la mendacidad de las víctimas, sino que se argumentaba algo bastante menos antipático, consistente en que ellas, a raíz de esa influencia externa, "creían haber sido abusadas". Sin embargo, la labor de los profesionales que lentamente iban adquiriendo la capacidad de dar respuesta a las diferentes estrategias de impunidad que surgían, permitió desactivar esos intentos. Aparece entonces, de la mano de Richard Gardner, y se instala con gran fuerza, el conocido Síndrome de Alienación Parental (SAP), sin duda el más nefasto engendro intelectual que se pudiera haber elaborado para descalificar tanto a las víctimas como a las madres y profesionales que intentaran apoyarlas. Así, ya no se trataba de una ayuda para construir la falsa historia, sino de un verdadero lavado de cerebro de la criatura que, por causa de una madre despechada, hoy estaba segura de que su padre la había abusado. Desde esa elaboración, el injustamente acusado, pasa de ese modo a transformarse en una verdadera víctima del complot de aquella legión de mujeres resentidas que solo buscan venganza y en muchos casos también beneficios económicos. Se logra de ese modo, correr el eje de la discusión psicológico-jurídica. Ya no interesan ni los dichos de las niñas y niños que alegan haber sido abusados, ni ninguno de los fuertes indicios que pudieran acompañar y avalar esas alegaciones. Toda la energía judicial se va a dirigir hacia la madre. A ese nuevo monstruo, mucho peor que un potencial abusador, que es quien ha lavado el cerebro de su hija o de su hijo, con intereses inconfesables, le van a apuntar todos los cañones de la intervención del Estado. Entonces, se va a investigar su vida privada, y sobre todo aquellas situaciones –reales o inventadas–, que pudieran explicar el origen de tanta maldad y odio de su parte. Al final de esa clase de procesos, el resultado es obvio. Un acusado reivindicado, una mujer estigmatizada, tal vez de por vida, y una niña que nunca más se atreverá a contar nada de lo que hizo o vaya a hacer en el futuro sobre su cuerpo y mente, aquella a quien una parte de la sociedad se empeñó con éxito en proteger. Para ello, el abusador contó siempre con los mitos y prejuicios de género y edad que, atravesando una importante porción de nuestra cultura, condicionan muchas de las desastrosas y dañinas intervenciones que terminan destruyendo a las víctimas para encubrir a los victimarios.

Ahí, cuando en esta temática tan compleja todo parece estar perdido, irrumpen profesionales como Irene Intebi, quien desde la riqueza que proporciona su doble rol de médica y psicóloga, comienza hace muchos ya años a dar otra versión de los hechos. Una más seria, más científica, y sobre todo más sensible. Con *Abuso sexual infantil... en las mejores familias*, la autora se instala en la temática con lo que sería luego un "clásico" indiscutido que no solo puso luz sobre las principales características y consecuencias del fenómeno, sino que, además, lo hizo sobre algo casi tan secreto e inaccesible como el abuso mismo, y es la afirmación de que semejante crimen sucede también y muy especialmente, en *las mejores familias*. Esa osadía de Intebi brinda una herramienta esencial en la lucha contra el abuso, como lo es la desmitificación de uno de los reductos más impenetrables hasta hace pocos años: los estratos sociales altos. Es que, precisamente, fenómenos como el abuso infantil se mantienen impunes gracias a numerosos mitos, que presentes a lo largo de siglos, permiten hacer creíbles absurdos engendros intelectuales como el aludido Síndrome de Alienación Parental.

Desandar prejuicios no es camino fácil, lo sabemos. Pero también sabemos que cuando la sensibilidad se une al conocimiento no hay mito ni prejuicio que sobreviva. Por eso, en los últimos veinte años se ha avanzado en la lucha contra el abuso infantil más que en toda la terrible historia de la infancia, marcada no solo por el maltrato y abuso de niños, sino además por la impunidad de sus autores.

Esta nueva obra de Irene Intebi, centrada en un aspecto específico de la intervención, la evaluación de los casos, plantea una premisa a mi entender fundamental –como se señala en el tercer capítulo–: el abordaje, para ser eficaz, debe hacerse a través de un proceso dividido en fases que garantice que *los malos tratos no volverán a ocurrir*, que se *investigarán las causas* y que se procederá a *reparar sus consecuencias*.

En ese arco, se encuentran comprendidos los mayores desafíos que el fenómeno plantea a quienes intervienen. Sin investigar las causas, no se apartará al abusador de la víctima, y si esto no sucede no será posible reparar las consecuencias del abuso y mucho menos garantizar que no vuelva a ocurrir.

Para ello, es imprescindible contar con modelos de evaluación, que en este trabajo son expuestos con la rigurosidad científica que caracteriza a la autora, incluyendo la mención de las ventajas y desventajas que uno u otro método pueden entrañar. Eso permite a cada especialista, no solo adaptar el modelo de evaluación, sino además proponer un verdadero modelo de intervención en otras etapas del proceso, también posteriores al develamiento, basado en los actuales paradigmas de derechos humanos en general y de los niños y las niñas en particular. En materia de abuso infantil, ellos consisten en garantizar una intervención respetuosa que, sin volver a dañar a la víctima, permita responsabilizar a los culpables e iniciar un proceso de reparación que la encamine hacia un futuro posible y libre de violencia.

Carlos Rozanski[*]

---

[*] Juez de Cámara, presidente del Tribunal Oral en lo Criminal Federal Nº 1 de La Plata, provincia de Buenos Aires. Miembro fundador del Foro para la Justicia Democrática (FOJUDE). Autor del texto de la ley 25.852 que reformó el Código Procesal Penal de la Nación Argentina, que regula la declaración de los niños abusados en sede policial y judicial. Autor del libro *Abuso sexual infantil. ¿Denunciar o silenciar?* Premio "B'NAI B'RITH Derechos Humanos" 2007. Reconocimiento de la Asociación Judicial Bonaerense por su actuación en juicios por violación a los derechos humanos, 2007). Premio "Homenaje Maestros de Vida 2008" otorgado por la Confederación de Trabajadores de la Educación de la República Argentina (CTERA). Reconocimiento de la Cámara de Diputados de la provincia de Buenos Aires por su actuación en juicios por delitos de lesa humanidad, 2009. Declarado Ciudadano Ilustre de la ciudad de La Plata por la Legislatura de esa ciudad (2009). Autor de trabajos y coautor de libros publicados en la Argentina y en otros países sobre abuso sexual y violencia intrafamiliar.

CAPÍTULO 1

DEFINICIONES Y EFECTOS
DEL ABUSO SEXUAL INFANTIL

Se considera abuso sexual infantil (ASI) a involucrar a un niño*
en actividades sexuales que no llega a comprender totalmente, a las
cuales no está en condiciones de dar consentimiento informado, o
para las cuales está evolutivamente inmaduro y tampoco puede dar
consentimiento, o en actividades sexuales que transgreden las leyes
o las restricciones sociales.
El abuso sexual infantil se manifiesta en actividades entre un niño
y un adulto, o entre un niño y otra persona que, por su edad o por
su desarrollo, se encuentra en posición de responsabilidad, confianza
o poder. Estas actividades –cuyo fin es gratificar o satisfacer las nece-
sidades de la otra persona– abarcan pero no se limitan a: la induc-
ción a que un niño se involucre en cualquier tipo de actividad
sexual ilegal, la explotación de niños a través de la prostitución o
de otras formas de prácticas sexuales ilegales y la explotación de
niños en la producción de materiales y exhibiciones pornográficas.

Organización Mundial de la Salud (OMS) - Octubre de 2001

Más allá o más acá de esta definición establecida por la OMS, está
claro que no es sencillo evaluar las sospechas de abuso. La complejidad del tema y de las situaciones que se presentan, enfrenta

---

* En el texto se utilizará la palabra "niño" o "agresor", en género masculino, para evitar repeticiones que dificulten la lectura, pero la intención es incluir a las personas
de ambos géneros. Se indicará de manera explícita cualquier referencia a alguna situación característica de uno solo de ellos. (Nota de la autora.)

a los profesionales* intervinientes a fuertes desafíos que ponen a prueba su capacidad y sus conocimientos.

Por una parte, existen distintos marcos de referencia para definir lo que se considera abusos sexuales a niños, niñas y adolescentes. A su vez, estos marcos de referencia delimitan intervenciones muy específicas en relación con el problema.

Además, y aunque parezca mentira, día a día surgen en el mundo entero asociaciones e individuos –algunos incluso profesionales– que sostienen que los acercamientos sexuales entre adultos y niños no tienen mayores consecuencias. Los efectos negativos que pueden observarse se deberían exclusivamente a la condena social que existe respecto de estos comportamientos, y que provoca en las víctimas el sentimiento de haber sido dañados: baja autoestima, depresión e, incluso, ideación suicida. Sostienen también que si la sociedad dejara de sancionar estos comportamientos, los niños y niñas podrían disfrutar sin culpa de los encuentros sexuales con adultos, ya que estaría siendo respetado el derecho que tienen a ejercer control sobre sus cuerpos y su libertad sexual.

La falacia de estos argumentos es evidente. Si bien la forma en que la sociedad considere este problema influye en los efectos que padecen las víctimas, es indudable que las experiencias de abuso sexual tienen un efecto por sí mismas, basado en los desequilibrios de poder, de conocimientos y de gratificación que existen entre el agresor y el niño, niña o adolescente.

El agresor, por el hecho de ser más poderoso que la víctima, puede imponer comportamientos sexuales que resultan dolorosos, intrusivos o abrumadores. Puede, además, manipularla para que no se resista. Y si bien la víctima puede tener algunos conocimientos sexuales acordes con su edad, y puede incluso sentir curiosidad ante dichos comportamientos, su inmadurez biológica y emocional le impide tener una noción cabal de las consecuencias –tanto a nivel personal como social– que tiene el involucrarse en este tipo de acercamientos. Esto es lo que determina su incapacidad para consentir dichas conductas.

---

* El mismo criterio se utilizará para otros sustantivos: se empleará el masculino, y se explicitarán los casos que hagan referencia a alguna cuestión característica de uno solo de los géneros. (Nota de la autora.)

Por otro lado, más allá de que pueda parecer que el niño "busca" el contacto con el agresor y que fisiológicamente se excita con los comportamientos abusivos, no debe perderse de vista que el objetivo central de estas conductas es la gratificación –sexual, de control y/o de dominio– del agresor.

De ahí que el potencial de daño emocional que tienen los abusos sexuales sobre los niños se basa en que:

- no son comportamientos consensuados, aun cuando el niño no se resista;
- resultan, con frecuencia, evolutivamente inadecuados;
- invariablemente alteran la relación vincular en la que ocurren;
- pueden resultar dolorosos, producir temor y confusión;
- producen respuestas en los niños que pueden interferir en los procesos evolutivos normales.

Conviene recordar que un número importante de niños que han sufrido abusos sexuales pueden ser asintomáticos, ya que son muchos los factores que influyen en el impacto que pueden tener los comportamientos abusivos en los niños. Entre ellos mencionaremos la edad de la víctima al ocurrir los hechos y, al confirmarse la sospecha, el género del niño y del agresor, la gravedad del abuso, el vínculo entre el agresor y la víctima, la reacción de las personas significativas –principalmente de la familia– ante la revelación y la confirmación de los abusos sexuales y el tiempo transcurrido entre el comienzo de los abusos y la recogida de información, junto con el impacto de otras experiencias de vida anteriores y posteriores a los episodios de abuso.

Marcos de referencia y definiciones

Cuando se plantea de manera hipotética una sospecha de abuso sexual, la mayoría de las personas –profesionales o no– parecen saber con certeza qué es lo que conviene hacer: coinciden en proteger a las víctimas, en evitar que las agresiones sigan ocurriendo, en hacer una denuncia, en realizar los estudios necesarios para confirmar o para descartar las sospechas.

Sin embargo, cuando el caso abstracto se convierte en una situación concreta de, por ejemplo, una niña que presenta indicadores compatibles con abuso sexual o que, a los 5 años, describe con sus palabras detalles de la sexualidad que evolutivamente tendría que desconocer, surge la confusión. Aparecen las dudas de si se trata de un malentendido, aflora la desconfianza hacia la persona adulta que se plantea consultar y, tal vez, notificar a las autoridades.

Se suelen sugerir diversos "remedios caseros": desde enfrentar a la persona sospechada con la niña para corroborar la veracidad de lo que se ha dicho, confrontar a la persona sospechada para que admita lo que ha hecho, mantener el silencio o no hacer nada hasta "tener las pruebas". Conviene tener presente que, como sucede con todos los problemas de salud, los remedios caseros presentan importantes limitaciones y pueden tener graves consecuencias no deseadas.

En mi opinión, a la complejidad propia de este tema se agregan las confusiones que se generan a partir de los diferentes marcos de referencia con los que se interviene ante las agresiones sexuales a los niños. Marcos de referencia que utilizan definiciones con matices diferentes, a pesar de las similitudes, y que plantean opciones de intervención distintas y, por lo general, complementarias.

a. Definición con la perspectiva de la protección de los niños

En numerosos países, la protección de los derechos de los niños y adolescentes recae en los servicios de protección infantil cuya función es intervenir ante las sospechas de cualquier situación de desprotección, de malos tratos y/o de falta de cuidados (el abuso sexual es una de ellas). Es decir, que esta instancia de protección se pone en marcha cuando se detectan indicadores de riesgo y de necesidades básicas insatisfechas y no se identifican factores de protección o son muy limitados.

El objetivo de esta intervención es proteger a las víctimas, impidiendo por un lado que sigan ocurriendo los episodios de violencia a la vez que se asegura, por otro lado, la puesta en marcha de recursos de reparación en el niño y en el contexto familiar, escolar y social.

Los profesionales del sistema de protección infantil necesitan contar con definiciones claras y con protocolos que los orienten sobre cuestiones relativas a la detección, la notificación y la investigación del abuso sexual infantil contemplándolo como una forma de maltrato o de desprotección.

En los países que no cuentan con servicios de protección infantil, la que cumple esta función suele ser la rama de la Justicia que protege los derechos de los ciudadanos: la Justicia Civil a través de asesorías de menores, juzgados de familia, juzgados civiles, etcétera.

Si tomamos el caso de España, veremos que cada comunidad autónoma cuenta con sus servicios especializados en la protección infantil, y muchos de ellos han redactado manuales para que el personal trabaje con criterios similares. Por ejemplo, el *Manual de actuación en situaciones de desprotección infantil* de la Comunidad Autónoma de Cantabria define al abuso sexual como:

> *Cualquier clase de contacto e interacción sexual entre un adulto y un niño, niña o adolescente, en la que el adulto (que por definición posee una posición de poder o autoridad) usa a este para su propia estimulación sexual, la del menor o la de otra persona. El abuso sexual también puede ser cometido por una persona menor de 18 años, cuando esta es significativamente mayor que el menor-víctima, o cuando está en una posición de poder o control sobre el menor.*[1]

Para calificar estas conductas entre niños y adolescentes como abusivas, han de existir entre la víctima y el abusador:

---

1. Si bien el *Manual de actuación en situaciones de desprotección infantil* de la Comunidad Autónoma de Cantabria (2006) especifica que: "Salvo circunstancias excepcionales, para calificar estas conductas como abuso sexual, el abusador/a ha de tener al menos cinco años más que el menor-víctima, y diez años más que la víctima cuando esta es un adolescente", cabe señalar que no es tan importante la diferencia de edades y/o de estadios evolutivos para considerar un comportamiento abusivo, sino el desequilibrio de poder, el desequilibrio en cuanto a la comprensión de lo que sucede y la gratificación centrada en las necesidades del agresor/a.

a) diferencias de poder que conlleven la posibilidad de controlar a la víctima física o emocionalmente;

b) diferencias de conocimientos que impliquen que la víctima no pueda comprender cabalmente el significado y las consecuencias potenciales de la actividad sexual; y

c) diferencia en las necesidades satisfechas: el agresor busca satisfacer sus propios impulsos sexuales.

b. Definición con la perspectiva de la penalización y el castigo al agresor (Justicia Penal)

En todos los países y culturas existen determinados comportamientos sexuales que están prohibidos. Junto con la prohibición, las leyes penales establecen cuáles serán los castigos en caso de que dicha prohibición no sea respetada. Para efectivizar el castigo, las personas que deciden –juzgan– sobre lo sucedido tienen que contar con pruebas que confirmen que lo sospechado ocurrió y que identifiquen a la(s) persona(s) responsable(s) de dichos actos.

En la legislación relativa a delitos sexuales, el abuso a niños suele estar definido como una agresión contra la libertad sexual, contra la integridad sexual o contra la dignidad de las personas. En los códigos penales de algunos países, los delitos sexuales contra los niños se describen por separado; en otros, están incluidos en las agresiones sexuales sin especificar el grupo etario de las víctimas, aunque el hecho de que se cometan contra personas menores de edad constituye un agravante de las penas.

A pesar de que haya países donde el incesto está contemplado de manera separada, la legislación de todos los países occidentales prohíbe las relaciones sexuales con niños aunque no exista relación de parentesco con el agresor (abusos intra y extrafamiliares).

Si bien no hay dudas de que es totalmente inadecuado mantener contactos sexuales con una niña de 7 años, los límites se desdibujan cuando la joven tiene 14 o 17. Es así que cada país –conforme a sus valores culturales– plantea variaciones en cuanto a la edad de consentimiento, que puede no coincidir con la mayoría de edad.

Cuando alguien da su consentimiento para mantener contactos sexuales –es decir que los acepta libremente y sin presiones–, se sobreentiende que esa persona tiene conocimientos sobre el tipo de comportamientos en los que ha de participar y sabe cuáles pueden ser sus consecuencias. Para que ello ocurra, la persona tiene que haber alcanzado cierta etapa de su desarrollo madurativo que le permita estar de acuerdo con las actividades propuestas sin tener que aceptarlas por estar sometida a coerciones.

La mayoría de los códigos penales admite que la edad en que las y los jóvenes alcanzan este tipo de comprensión suele no coincidir –e incluso ser anterior– con la edad de responsabilidad criminal, con la mayoría de edad, con la edad para contraer matrimonio o con la edad de emancipación.

Hay países, además, en los que la edad de consentimiento difiere según se trate de actos heterosexuales u homosexuales: una persona debe tener más edad para consentir actos homosexuales que para acceder a relaciones heterosexuales.

En la legislación de la mayoría de los países, la edad de consentimiento varía entre los 12 y los 17 años. Por debajo de esa edad límite, se considera que la niña no está en condiciones de poder aceptar informada y libremente su participación en actividades sexuales, con lo cual le resta todo valor legal atenuante a la falta de oposición y/o a una aparente aceptación.

Por lo general, la edad de la víctima –cuando esta es menor de 18 años– constituye un agravante de la pena ya que se considera que el consentimiento prestado para tener relaciones sexuales no resulta válido a efectos legales, presumiéndose violencia, abuso o engaño por parte de la persona mayor de edad.

Cualquier agresión sexual cometida hacia las personas comprendidas entre la edad límite de consentimiento y los 16 años o la mayoría de edad –según los países–, constituye otro tipo de delito contemplado en la legislación: el estupro. Con algunas variaciones, se considera que ocurrió una situación de estupro cuando se producen contactos sexuales con una persona cuya edad se encuentra por encima de la edad de consentimiento pero por debajo de la mayoría de edad.

Más allá de este concepto básico, también existen variaciones en diferentes países en lo que hace a este tipo de agresiones sexuales. En algunos, para configurar un delito dichas relaciones tienen que ser producto del consentimiento obtenido mediante la seducción o el engaño; en otros, solo las adolescentes mujeres pueden ser víctimas de estupro; en otros, no solo tiene que ser adolescente sino que se conserva todavía el concepto de "mujer honesta". Y, a veces, para que se investigue debe existir querella por parte de la persona damnificada, sus padres o tutores.

Es tal el peso que tienen sobre este delito las cuestiones culturales y, en especial las cuestiones de género, que, por ejemplo, hay países donde se lo define como "sexo extramarital" (adulterio) practicado con adolescentes de entre 14 y 16 años, que se castiga cuando uno de los involucrados está casado y cuya acusación puede retirarse si el agresor es menor de 18 años. Incluso en estos países se considera que no constituye delito si existe matrimonio antes de ocurrir los hechos o si el agresor propone casamiento después.

En líneas generales, entonces, se considera estupro a las relaciones sexuales en las que participa una persona cuya edad está por encima del límite de consentimiento, pero por debajo de la mayoría de edad, y que ha accedido a ellas mediante engaños o debido a su falta de experiencia o a su ignorancia en temas relacionados con la sexualidad.

Las legislaciones penales de diversos países suelen también considerar diferentes circunstancias agravantes de las agresiones sexuales y del abuso sexual: si ha habido violencia e intimidación ejercidas de modo degradante; si de la agresión resultara daño físico o mental grave de la víctima; si se le hubiera transmitido o hubiera riesgo de contagio de una enfermedad de transmisión sexual grave cuya existencia fuera conocida por el agresor; si en la agresión intervienen dos o más personas; cuando la víctima es especialmente vulnerable, por su edad, enfermedad o situación y, en especial, si es menor de cierta edad; si el autor del delito ha hecho valer contra la víctima una relación de superioridad o de parentesco o si tiene alguna responsabilidad sobre los cuidados y/o la educación de la víctima; si el autor pertenece a las fuerzas policiales o de seguridad, o si hace uso de armas o medios especialmente peligrosos que puedan producir la muerte o lesiones.

En la actualidad, las legislaciones de los distintos países no solo contemplan la violación como agresión sexual, sino que incluyen todas las actividades constitutivas del abuso sexual infantil (ver Cuadro 1), aun las que no impliquen contacto físico. Además, se castiga el exhibicionismo; la venta, difusión o exhibición de material pornográfico a personas menores de edad; la prostitución y el tráfico de niños, niñas y adolescentes; la utilización de personas menores de edad para participar en espectáculos exhibicionistas o pornográficos, para elaborar, difundir, facilitar y/o comercializar cualquier clase de material pornográfico y a quien financie cualquiera de estas actividades. Y todos ellos incluyen también la corrupción como un delito independiente o asociado a las agresiones sexuales contra niños, niñas y adolescentes.

c. Definición con la perspectiva de la reparación (definición clínica)

Si bien está relacionada con la definición legal, la clínica está centrada en el impacto traumático de las experiencias en el niño. Es importante señalar que no todos los comportamientos sexuales de los que pudiera haber sido objeto un niño producirán efectos traumáticos. Estos dependerán de la comprensión y del significado que la víctima atribuya a los comportamientos, atributos que pueden modificarse durante el proceso evolutivo.

Como es imposible determinar con total certeza cuáles serán las situaciones abusivas que no producirán consecuencias, es conveniente evaluar el estado de todos los niños victimizados y realizar evaluaciones periódicas, en especial en los momentos clave del desarrollo evolutivo, como el ingreso al jardín de infantes, a la escuela primaria, a la pubertad o a la adolescencia.

David Finkelhor, investigador estadounidense de temas relacionados con abusos sexuales hacia los niños, clasifica las consecuencias del trauma del abuso en cuatro grupos de secuelas psicológicas y comportamentales:

- **La sexualización traumática:** con manifestaciones emocionales tales como los sentimientos de rechazo hacia el sexo, la sobreestimación de lo sexual y los problemas de identidad sexual, y manifestaciones comportamentales como las conductas sexualizadas, la evitación de los encuentros sexuales y/o la búsqueda y el involucrarse en experiencias sexuales negativas.

- **La estigmatización:** se corresponde con lo que otra psicóloga estadounidense, Susan Sgroi, ha descripto desde el punto de vista emocional como el "síndrome de la mercancía dañada": la niña víctima de abusos sexuales que se siente irreparablemente dañada para siempre. Y que, además, cree que el daño es de tal magnitud que los demás, aun ignorando lo sucedido, pueden percibir que ella es diferente, de una "calidad inferior" a sus iguales. Secuelas emocionales de la estigmatización son también los sentimientos de culpa y la creencia de las víctimas de haber sido responsables del abuso o de las consecuencias de la revelación. Estos sentimientos se reflejan en conductas autodestructivas tales como el abuso de drogas y alcohol, el implicarse en situaciones de riesgo, la automutilación, los intentos suicidas y las conductas desafiantes que llevan al castigo.

- **La traición:** este sentimiento probablemente sea la secuela más profunda que deja el abuso sexual en los niños, ya que representa una falla en la confianza depositada en las personas que deberían protegerlos y velar por ellos. La ira y la desconfianza generalizada son consecuencias emocionales producidas por la traición, mientras que las conductas que evidencian estos sentimientos son la evitación de vínculos profundos con otras personas, la manipulación de los demás, las puestas en acto (reescenificaciones) de los hechos traumáticos que llevan a involucrarse en relaciones dañinas y de explotación, así como los comportamientos furiosos e impulsivos.

- **El desvalimiento:** es inevitable que al atravesar experiencias traumáticas, los niños perciban su vulnerabilidad y su indefensión ante la victimización. Los efectos de la vulnerabilidad se manifiestan en las conductas evitativas —la disociación y las fugas— y en comportamientos asociados a los trastornos de ansiedad —fobias, trastornos del sueño, trastornos de la alimentación, vínculos en los que se revictimizan–. Es frecuente que, como defensa ante las percepciones de vulnerabilidad y de indefensión, se manifieste una marcada necesidad de controlar e incluso imponerse sobre los demás, muchas veces asociada a lo que se conoce como identificación con el agresor. Y, al igual que en las consecuencias del grupo anterior, que la expresión conductual se observe en relación con la agresión y la explotación de otras personas.

Diferencias entre comportamientos sexuales abusivos y no abusivos

Ya se ha mencionado cuáles son los tres elementos que caracterizan a los comportamientos abusivos y las diferencias de las conductas no abusivas:

a) las **diferencias de poder** que conllevan la posibilidad de controlar a la víctima física o emocionalmente;

b) las **diferencias de conocimientos** que implican que la víctima no pueda comprender cabalmente el significado y las consecuencias potenciales de la actividad sexual; y

c) la **diferencia en las necesidades satisfechas**: el agresor busca satisfacer sus propios impulsos sexuales.

Se aconseja valorar la presencia de **cualquiera** de estos componentes ante las situaciones en las que el profesional tenga que establecer si las conductas notificadas constituyen o no abusos sexuales.

Si bien los componentes están interrelacionados, no es necesario que los tres estén presentes. La presencia de solo uno de ellos resulta sospechosa de comportamiento abusivo.

---

a. Diferencias de poder

Cuando se piensa en diferencias de poder se está haciendo referencia a las situaciones en las que el agresor controla a la víctima y en las que no hay ni planificación conjunta ni consenso para el encuentro sexual. Este desequilibrio puede deberse a relaciones de parentesco, vínculos jerárquicos y de autoridad, diferencia de estatura, tamaño corporal y/o fuerza física que permiten que el agresor pueda manipular al niño mediante la intimidación, la coerción física y/o emocional, mediante sobornos, promesas y/o engaños.

b. Diferencias de conocimientos

Si una de las partes implicadas (el agresor) tiene conocimientos más avanzados acerca del significado y de los alcances del comportamiento sexual, se pueden considerar abusivos los hechos investigados. El mayor grado de conocimiento puede deberse a que sea mayor en edad, a que evolutivamente esté más desarrollado o a que sea más inteligente que su víctima. Esta cuestión se presta a polémicas y a variaciones que se han señalado con respecto a la edad de consentimiento.

Sin embargo, sobre este punto no existen dudas cuando la persona victimizada tiene algún tipo de retraso madurativo o de minusvalía física o emocional. En estos casos, no importa si la víctima tiene la misma edad o si es mayor que el agresor.

c. Diferencia en las necesidades satisfechas

Es sabido que en los casos de abusos sexuales a niñas y niños, el objetivo de los comportamientos no es la gratificación sexual mutua. Lo habitual es que el agresor esté satisfaciendo exclusivamente sus propias necesidades sexuales. Esta gratificación diferencial ocurre más allá de que el agresor consiga excitar sexualmente a la víctima.

Tipos de comportamientos sexuales

Los comportamientos sexuales inadecuados y abusivos abarcan una amplia gama de acercamientos que se detallan a continuación. Es importante destacar que para que ocurran actos abusivos NO es necesario el contacto físico ni que haya penetración. (Ver Cuadro 1.)

Cuadro 1. Tipos de comportamientos sexuales que constituyen abuso sexual hacia niños, niñas y adolescentes

➤ **Comportamientos sexuales sin contacto físico**
  - Comentarios sexualizados hacia el niño (lo más frecuente es que se realicen en presencia del niño; sin embargo, el agresor puede realizar comentarios obscenos por teléfono, notas o cartas).
  - Exhibición de genitales frente al niño llegando, a veces, incluso a masturbarse delante de él.
  - Voyerismo (espiar la intimidad del niño).
  - Exhibición de materiales pornográficos al niño (libros, revistas o películas, videos, DVD, páginas de internet).
  - Inducción a que el niño se desnude o se masturbe delante del agresor.

➤ **Comportamientos con contacto sexual** (por encima o por debajo de la ropa)
  - Tocamientos en las partes íntimas (genitales, glúteos, pechos).
  - Inducción a que el niño realice tocamientos al agresor.
  - Frotamiento de los genitales del agresor contra el cuerpo o la vestimenta del niño.

➤ **Penetración digital o con objetos**
  - Introducción de su dedo en vagina y/o en ano.
  - Inducción a que el niño introduzca su(s) propio(s) dedo(s) en vagina y/o en ano.
  - Introducción de algún elemento en vagina y/o en ano.
  - Inducción a que el niño se introduzca algún elemento en vagina y/o en ano.

➤ **Sexo oral** (el niño practica sexo oral al agresor o el agresor lo realiza con el niño, o ambas modalidades)
  - Besos de lengua.
  - Succionar, besar, lamer o morder pechos.
  - *Cunnilingus* (lamer, besar, chupar o morder la vagina o colocar la lengua en el orificio vaginal).
  - Felaciones (lamer, besar, chupar o morder el pene).
  - *Anilingus* (lamer o besar el orificio anal).

➤ **Penetración peneana**
  - Coito vaginal.
  - Coito anal.
  - Coito con animales.

en el que ocurre el abuso sexual infantil

Es importante que los profesionales que trabajan con niños y tienen que intervenir en estos casos conozcan que los abusos sexuales pueden ocurrir en múltiples contextos (ver Cuadro 2). Estos contextos no son excluyentes y, con alarmante frecuencia, pueden superponerse.

Cuadro 2. Contextos en que ocurren los abusos sexuales a niños, niñas y adolescentes

> ➤ **Abusos sexuales en un contexto diádico:** el contexto en el que los abusos ocurren con mayor frecuencia consta de dos personas: víctima y agresor.
>
> ➤ **Sexo grupal:** consiste en que a) varias víctimas sean agredidas por una sola persona; b) varias personas agredan a una víctima, o c) varias personas agredan a varias víctimas. Estos comportamientos pueden ocurrir en contextos familiares o extrafamiliares.
>
> ➤ **Rondas de sexo:** es una forma de sexo grupal, por lo general organizada por pedófilos para acceder a niños con facilidad y para utilizarlos sexualmente, a veces, obteniendo beneficios. Las víctimas pueden ser reclutadas por el pedófilo o por otros miembros de la "ronda". Pueden tener estructuras muy simples o ser altamente sofisticadas.
>
> ➤ **Explotación sexual de niños:** consiste en la utilización de niños para realizar material pornográfico o para prostituirlos.
>
> ➤ **Pornografía infantil:** puede ser producida por familiares, conocidos de las víctimas o por profesionales para uso personal, para comercializarla o para la venta a pequeña o a gran escala. Puede utilizarse para chantajear a las víctimas. La producción puede ser a nivel nacional, internacional o local. La comercialización de pornografía es muy lucrativa y no requiere de inversiones muy costosas para elaborar los materiales. Además, es muy difícil de rastrear. Puede involucrar a un solo niño o a varios en poses provocativas o realizando actos sexuales entre ellos o con adultos.

> ➤ **Prostitución infantil:** regenteada por los padres, parientes, conocidos o personas que ganen dinero explotando a los niños. Las adolescentes fugadas de sus hogares o abusadas previamente pueden prostituirse sin depender de ningún adulto. Los adolescentes varones suelen prostituirse de manera independiente, mientras que las mujeres adolescentes se implican en situaciones en las que otras personas controlan sus contactos con los clientes.

> ➤ **Abuso ritual:** es una situación recientemente identificada y bastante polémica. Resulta muy difícil de probar y algunos profesionales descreen de su existencia. Ocurre en contextos donde el sistema de creencias (con distinto grado de complejidad y/o justificación), entre otras cosas, promueve el contacto sexual con niños generalmente como parte de los rituales. Al haber pocas confesiones al respecto, la motivación subyacente es bastante incierta.

Síndrome de acomodación al abuso sexual infantil

Después de haber leído las descripciones de las conductas que constituyen las agresiones sexuales a niños y el contexto en el que ocurren, el lector que no tenga experiencia en este tema se preguntará cómo es posible que, después de haber pasado por tales experiencias, las víctimas no presenten sintomatología e incluso mantengan estos hechos en secreto, con frecuencia durante muchos años y que, en ocasiones, no se lo cuenten a nadie durante toda la vida.

Conviene recordar que los abusos sexuales a niños ocurren de maneras muy diversas. A veces, y a pesar de que los agresores sean conocidos de las víctimas, los abusos comienzan de manera brusca, sin ningún tipo de advertencia. Aunque lo más frecuente es que exista un proceso de "seducción" previo en el que el agresor consigue acercarse a la víctima y ganar su confianza.

Durante este proceso se sexualizan gradualmente vínculos y formas de relacionarse que, al principio, aparentan ser no sexualizadas. Incluso estas conductas pueden ser planteadas por el agresor como si no fueran sexualizadas, por ejemplo: manosear al niño o exhibirse el agresor aduciendo que está enseñando pautas de higiene o de educación sexual.

Este proceso de acercamiento, seducción y sexualización suele ser planeado por el agresor, quien elabora complejas estrategias para atraer al niño, obtener su cooperación y evitar que cuente lo que está sucediendo.

El psiquiatra estadounidense Roland Summit describió en los años 80 lo que denominó síndrome de acomodación al abuso sexual infantil (SAASI). Si bien en la actualidad se reconoce que no constituye un síndrome en el sentido médico de la expresión, resulta una valiosa descripción del proceso que suelen atravesar los niños y adolescentes victimizados.

Summit describe cinco elementos, dos de los cuales definen la vulnerabilidad básica de los niños, mientras los otros tres son secuelas contingentes de la agresión sexual. Estos son: 1) el secreto; 2) la desprotección; 3) el atrapamiento y la adaptación; 4) la revelación tardía y poco convincente, y 5) la retractación.

1) El secreto

La iniciación, la intimidación, la estigmatización, el aislamiento, la vulnerabilidad y la culpa dependen de una de las características aterradoras del abuso sexual infantil: ocurre solo cuando el niño se encuentra a solas con el agresor y raramente lo que sucede es compartido con alguien.

Ningún niño está preparado ante la posibilidad de tener un acercamiento sexual con una persona –adulta o no– de su confianza. Por lo general, entre todas las explicaciones inadecuadas, ilógicas, destinadas a autojustificarse o a autoprotegerse, que el agresor brinda a la víctima, la única impresión coherente y significativa que esta percibe es que le está ocurriendo algo peligroso y temible en función del secreto que rodea al contacto. El secreto en el que todo transcurre orienta al niño a percibir que algo malo y peligroso está sucediendo.

Comenta Summit que, contradiciendo la suposición generalizada de que los niños tenderán a buscar ayuda, la mayoría de las víctimas reconocen en estudios retrospectivos que no lo han contado a nadie durante la infancia. Afirman que han temido que se les culpara por lo sucedido o que los adultos no implicados en las agresiones no fueran lo suficientemente protectores como para impedir la venganza del agresor.

2) La desprotección

Debido a la subordinación básica y a la indefensión en que se encuentran los niños dentro de vínculos autoritarios, es muy difícil que puedan protegerse a sí mismos y revelen los abusos de inmediato. Dice Summit que a los niños se les enseña a evitar los contactos con extraños, pero se les inculca que deben ser obedientes y cariñosos con cualquier adulto que se encargue de sus cuidados, lo cual deja abierta la posibilidad a una situación de riesgo que no se suele prever.

Es común suponer también que si la víctima no se queja está "consintiendo la relación". A esta suposición se agrega la de las "adolescentes seductoras". Aun cuando las adolescentes pudieran ser sexualmente atractivas, seductoras o deliberadamente provocativas, debe quedar claro que no tienen el mismo poder para negarse a los pedidos de una figura parental o de un adulto ni para prever las consecuencias de acercamientos sexuales. La ética más elemental señala que ante tales equívocos, la responsabilidad de evitar toda actividad sexual clandestina con una persona menor recae en el adulto.

Sin embargo, en la realidad, no sucede con frecuencia que las niñas abusadas sean sexualmente atractivas ni seductoras en el sentido convencional. Comenta Summit que la realidad predominante para la mayoría de las víctimas de abuso sexual es que no se trata de experiencias que ocurren en las calles o en las escuelas, ni de una vulnerabilidad a dos puntas de ciertas tentaciones edípicas sino que más bien consisten en la intrusión progresiva, insidiosa y sin precedentes de actos sexuales llevados a cabo por un adulto investido de poder en una relación unívoca víctima-victimario. El hecho de que con frecuencia el agresor forme parte de un vínculo de confianza y se encuentre en una posición afectuosa, solo incrementa el desequilibrio de poder y el grado de desprotección en que se encuentran los niños y jóvenes.

Generalmente se espera que ellos reaccionen igual que las víctimas adultas de una violación: que se resistan utilizando la fuerza física, que griten pidiendo ayuda o que intenten escapar. Sin embargo, la mayoría de las víctimas de abuso sexual infantil no hacen nada de eso. Por el contrario, disimulan, fingen seguir durmiendo, cambian de posición en la cama, se cubren con las sábanas, intentan esconderse. Y esto lleva a que, según sea su edad, se piense que estuvieron de acuerdo o que consintieron las conductas abusivas porque no protestaron ni pidieron ayuda.

Muchas veces no se comprende que no hayan sido cómplices, ni que el "consentimiento" se obtuviera mediante la utilización de la fuerza o de amenazas de violencia. Summit advierte que una acción silenciosa o un gesto por parte de un progenitor reviste características coercitivas para un niño dependiente, y que la amenaza de perder el amor o la seguridad familiar resulta más atemorizante que cualquier amenaza de violencia.

En la mayoría de los casos y más allá de las circunstancias que hayan rodeado los hechos, las víctimas no han tenido otra alternativa que la de someterse sumisamente y mantener el secreto.

3) El atrapamiento y la acomodación

La única posibilidad que existe para detener una situación abusiva es que la víctima busque protección o que se produzca una intervención en forma inmediata. En caso de que nada de eso suceda, la única opción saludable que le queda es aprender a aceptar la situación y sobrevivir.

Un niño sano, normal y emocionalmente flexible aprenderá a acomodarse a la realidad del abuso sexual continuado afrontando el desafío de adecuarse a los requerimientos sexuales intrusivos, a la vez que toma conciencia de la traición y de haberse convertido en un mero objeto para una persona que, en los casos de abusos intrafamiliares, suele estar idealizada como figura protectora, altruista y afectuosa. Precisamente, muchas conductas rotuladas como patológicas en el funcionamiento psicológico de adolescentes y adultos se originan en las reacciones naturales de un niño sano ante un ambiente parental profundamente anti-natural y enfermo.

Se produce una fractura inevitable en los valores morales convencionales: la máxima virtud consiste en mentir para mantener el secreto, mientras que el mayor pecado será decir la verdad.

4) La revelación tardía y poco convincente

La mayor parte de los casos de abuso sexual no se conoce jamás, al menos fuera del núcleo familiar. Los casos tratados, informados o investigados constituyen la excepción, y no la norma. La revelación suele producirse por un descubrimiento accidental o como consecuencia de un conflicto familiar serio.

Cuando el factor desencadenante del develamiento es un conflicto familiar, habitualmente significa que el abuso sexual ha ocurrido durante años. En la adolescencia, las víctimas empiezan a reclamar una vida más independiente y a desafiar a la autoridad parental. Los agresores, si son las figuras parentales, se ponen celosos y se vuelven más controladores, tratando de aislar a las hijas de los "peligros" que implica la interacción con sus pares.

Las jóvenes suelen revelar el secreto en una crisis después de alguna discusión familiar especialmente punitiva, durante la cual la figura autoritaria hace ostentación de su autoridad. De este modo, las víctimas buscan comprensión y desean la intervención en el momento en que tienen menores posibilidades de encontrarla.

Cuando otros adultos conocen estas revelaciones, suelen considerar que son problemas propios de hijas rebeldes, más enojadas con los castigos que se les imponen que con las atrocidades sexuales que describen. Muchos suponen que inventan esas historias para vengarse de los intentos paternos de imponerles control y disciplina.

Otros niños y adolescentes que revelan situaciones de abusos sexuales pueden no estar enfurecidos. Por el contrario, hay niños que tienen un rendimiento escolar llamativamente bueno y son muy apreciados por sus profesores y compañeros, y se muestran deseosos de satisfacerlos. Estas características hacen que también surja una reacción de incredulidad si llegan a revelar abusos sexuales.

La situación es compleja: tanto si el niño o el joven son delincuentes, promiscuos o si están demasiado estimulados sexualmente, si tienen ideación o intentos suicidas, si se los ve histéricos, psicóticos o si parecen perfectamente adaptados, furiosos, actúan evitativos o serenos…, cualquier emoción que demuestren o cualquier mecanismo de adaptación que hayan utilizado será interpretado por los adultos de manera tal que sus denuncias pierdan valor.

5) La retractación

Un niño es capaz de desdecir cualquier afirmación que haya hecho sobre abuso sexual. Debajo de la ira que motoriza la revelación impulsiva, persiste la ambivalencia que se origina en la culpa y, en el caso de los abusos intrafamiliares, en la martirizante obligación de preservar la familia. Frente a las caóticas consecuencias de la revelación, los niños descubren que se vuelven realidad los temores y amenazas que lo forzaban a mantener el secreto.

Las víctimas vuelven a responsabilizarse una vez más, tanto de preservar como de destruir sus familias. La inversión de roles continúa cuando se sugiere que la alternativa "mala" consiste en decir la verdad y la opción "buena" es capitular y mentir para el bien de la familia.

A menos que se les brinde especial apoyo y se produzca una intervención inmediata para obtener la admisión de responsabilidad por parte de los agresores, las víctimas proseguirán la evolución "normal" y se retractarán. Admitirán que "inventaron" sus testimonios.

Ante una retractación no debe invalidarse lo que el niño o el adolescente ha revelado. Por el contrario, se recomienda confirmar o desestimar la retractación siguiendo los mismos lineamientos y precauciones con los que se confirma o se descarta la revelación.

Bibliografía

Faller, K. C.: *Child Sexual Abuse: Intervention and Treatment Issues.* National Center on Child Abuse and Neglect. U.S. Department of Health and Human Services. Administration for Children and Families, EE.UU., 1993.

Finkelhor, D. y Browne, A.: "The Effects of Sexual Abuse". En *Sourcebook on Child Sexual Abuse,* Sage, California, 1986.

Intebi, I.: *Abuso sexual infantil en las mejores familias.* Editorial Granica, Buenos Aires, 1999.

Intebi, I. y Osnajanski, N.: *Cuaderno de capacitación. Maltrato a niños, niñas y adolescentes: detección e intervención,* Familias del Nuevo Siglo, Buenos Aires, 2003.

Intebi, I.: *Valoración de las sospechas de abuso sexual infantil.* Consejería de Empleo y Bienestar Social, Colección Documentos Técnicos, Gobierno de Cantabria, España, 2008.

Manual de actuación en situaciones de desprotección infantil de la Comunidad Autónoma de Cantabria, España, 2006.

Myers, J.; Berliner, L.; Briere, J.; Hendrix, J. T.; Jenny, C. y Reid, T. A.: *The APSAC Handbook on Child Maltreatment,* 2ª edición, Sage Publications, EE.UU., 2002.

Organización Mundial de la Salud - OMS: *Report of the Consultation on Child Abuse Prevention,* Ginebra, 29-31 de marzo de 1999.

Organización Mundial de la Salud - OMS: *Integrated Multisector Approach to Child Abuse: Introduction and Core Guidelines: General Information.* Octubre 2001.

Summit, R. C.: "The Child Sexual Abuse Accommodation Sindrome". En *Child Abuse and Neglect, 7,* págs. 177-193, 1983.

CAPÍTULO 2

LA COMPLEJIDAD
DEL DIAGNÓSTICO

Validar un diagnóstico de abuso sexual es una cuestión complicada y delicada a la vez por las implicancias legales a corto y mediano plazo, y por las consecuencias emocionales que puedan sufrir las víctimas y sus familiares a largo plazo.

Aunque uno de los indicadores más específicos es el relato que hace la víctima, pocas veces es tomado en cuenta tanto por las personas que lo escuchan por primera vez como por los profesionales y/o autoridades que intervienen. Por lo tanto, la precisión diagnóstica será mayor en la medida en que los profesionales intervinientes puedan reconocer la presencia de signos* y síntomas** –físicos, conductuales y emocionales– que corroboren la sospecha.

Creencias erróneas

Abuso sexual infantil no es sinónimo de violación

Raramente el agresor utiliza la fuerza física para concretar la agresión. Por el contrario, suele establecer o preexistir un vínculo de confianza, de autoridad o de poder del cual se abusa. La victimización consiste en un proceso gradual de sexualización de los vínculos preexistentes que comienza sin previo aviso. A diferencia de la violación de personas adultas, que suele presentarse como

---

* Signos son aquellos fenómenos que pueden ser apreciados por un profesional.
** Síntomas son los datos percibidos y descriptos por los consultantes y que, en general, están asociados a sensaciones corporales, sentimientos y pensamientos.

un episodio único, que ocurre de manera brusca, impredecible y con características propias de un hecho accidental, el abuso sexual de niños, niñas y adolescentes ocurre de manera crónica, repetida, a partir de un proceso de intromisión gradual en la intimidad de la víctima, siguiendo pautas de planificación previa del agresor.

Abuso sexual infantil no es sinónimo de incesto

Existen abusos perpetrados por miembros de la familia (intrafamiliares) y por personas ajenas a ella (extrafamiliares). Se denominan incestuosos a aquellos actos abusivos que ocurren entre familiares que, por las pautas socioculturales y las leyes de un determinado grupo social, no tienen permitidas las relaciones sexuales ni los vínculos de pareja. Ejemplos de este tipo de vínculos serían el del padre y la hija; el padre y el hijo; la madre y la hija; la madre y el hijo; abuelos/as y nietos/as; tíos/as y sobrinos/as y hermanos/as entre sí.

Abuso sexual infantil no es sinónimo de penetración genital

El abuso sexual engloba una amplia gama de actividades sexuales con y sin contacto físico:

- **Comportamientos sexuales sin contacto físico:** comentarios sexualizados hacia la víctima, exhibicionismo del agresor, voyerismo, exhibición de materiales pornográficos.
- **Comportamientos con contacto sexual:** tocamientos, frotamientos, estimulación de genitales, sexo oral (felación, *cunnilingus, anilingus*), masturbación del adulto y/o de la víctima, penetración digital o con objetos, penetración genital.

Abuso sexual infantil no ocurre únicamente entre un niño o adolescente y un adulto

El abuso sexual intrafamiliar perpetrado por familiares adultos suele predominar en los casos abordados por el sistema que se ocupa de la protección infantil. Sin embargo, cuando se obtiene información de muestras de la población general (no de una muestra clínica), los hallazgos señalan que los abusos perpetrados por las figuras parentales representan entre 6 y 16% del total y los abusos perpetrados por familiares en general representan un tercio del total de casos. A su vez, estas muestras no clínicas señalan que los abusos cometidos por adolescentes pueden representar desde 25% hasta 40% del total de las agresiones.

Abuso sexual infantil no es algo que cometan solo los varones

Los casos de agresiones sexuales perpetradas por mujeres a niños y adolescentes oscilan entre un 10 y 15% de los casos notificados. Se considera que el subregistro de este tipo de abusos es importante debido a múltiples causas, entre ellas que resulta más difícil de revelar y de notificar un abuso cometido por una mujer (por los estereotipos de género que no favorecen la asociación de una figura femenina con agresiones sexuales en general ni con abusos sexuales a niños); que a las víctimas les suele dar más vergüenza revelarlos, y que las mujeres tienen mayor permisividad y más oportunidades para tener contacto físico con los niños a su cuidado.

Notificar lo sucedido, e incluso contar con pruebas de que ha ocurrido un abuso sexual infantil, no garantiza que las autoridades consideren que la notificación es veraz o que el responsable reciba el castigo que corresponde según la ley.

Es conveniente dejar en claro que la investigación, el juzgamiento y, eventualmente, el castigo de los delitos son pasos de un proceso –el judicial– que puede llevar mucho tiempo y que no siempre se mueve o avanza según las necesidades de reparación que pueden tener las víctimas. Cuando alguien notifica o solicita que se investigue un delito de agresión sexual contra un niño no solo es necesario que diga la verdad; durante la investigación se tendrán que reunir pruebas que acrediten que los hechos sucedieron como se han denunciado además de identificar a la(s) persona(s) que los cometieron.

Hay situaciones de abuso sexual infantil en las que es muy difícil reunir esas pruebas, o estas no resultan concluyentes, con lo cual puede ocurrir que no se llegue a producir el juicio o que en él se absuelva a la persona sospechada por falta de pruebas o incluso se la declare inocente. Cuando esto sucede, ¿quiere decir que los abusos no ocurrieron y que el niño mentía? Me atrevo a afirmar que no es así; más allá de los argumentos jurídico-legales, puede suceder que haya indicadores clínicos en las víctimas que pongan en evidencia los efectos traumáticos de las agresiones sexuales pero que, por diversas razones, no puedan ser considerados prueba suficiente en un proceso penal.

De allí que, ante la sospecha de que un niño haya sido víctima de abusos sexuales, además de la intervención judicial penal –cuyo objetivo es investigar si se ha cometido un delito, identificar a los responsables e imponerles el castigo correspondiente–, debe procederse a tomar medidas de protección para evitar que la victimización continúe, asegurar que se evalúe el daño que pueda haber sufrido y se pongan en marcha los recursos para repararlo.

La imposición de medidas protectoras depende de evaluaciones y decisiones que adopten los servicios de protección infantil o la justicia civil (juzgados de familia, asesorías y/o juzgados de menores), independientemente de la intervención penal.

Los recursos para evaluar y reparar las posibles consecuencias de los abusos son instrumentados por programas de intervención clínica con enfoques psicoterapéuticos y socioeducativos.

Los indicadores

Es importante destacar que raramente la confirmación del abuso sexual se basa tan solo en el hallazgo de signos físicos específicos o se realiza con la presencia de solo uno de los indicadores que describiremos en este capítulo. Con frecuencia, la tarea diagnóstica se asemeja a la del investigador que va articulando diversas pistas (los indicadores) para obtener un panorama lo más cercano posible a lo que verdaderamente sucedió.

Indicadores físicos específicos

La presencia de estos indicadores certifica que los abusos sexuales han ocurrido; sin embargo, hay que recordar que están ausentes en la mayoría de los casos.

La ausencia de indicadores físicos específicos no descarta la posibilidad de que haya ocurrido un abuso sexual.

Es recomendable que el médico –pediatra o ginecólogo/a– que examine al niño, a la niña o a la adolescente utilice un colposcopio para amplificar las imágenes y cuente con una cámara fotográfica para documentar los hallazgos.

Se consideran indicadores físicos específicos:

* Lesiones en zonas genital y/o anal.
    – Desgarros recientes o cicatrizales del himen.
    – Diámetro del himen mayor de 1 cm.
    – Desgarro de la mucosa vaginal.
    – Dilatación anal y esfínter anal hipotónico.
    – Sangrado por vagina y/o ano.
    – Inflamaciones, enrojecimiento y lesiones por rascado (asociadas a hallazgos anteriores).
* Infecciones genitales o de transmisión sexual (sífilis, blenorragia, SIDA no preexistente al momento del nacimiento, condilomas acuminados –conocidos como verrugas genitales–, flujo vaginal infeccioso con presencia de gérmenes no habituales –clamidia, tricomonas– en la flora normal del niño).
* Embarazo.
* Informe médico que confirme la existencia del abuso sexual o indique sospechas importantes de que está ocurriendo.

Las enfermedades de transmisión sexual

No está de más insistir en que, cuando un niño o una niña menor de 12 años sin vida sexual activa padece una enfermedad de transmisión sexual, hay que sospechar que pudo haberse contagiado debido a abusos sexuales ya que la única vía de contagio es el contacto directo con una persona infectada.

El contacto con ropa interior prestada, compartir toallas o apoyarse en sanitarios supuestamente contaminados, no constituyen vías comprobadas y válidas de transmisión de estas enfermedades: la mayoría de los gérmenes que provocan estas dolencias necesitan infectar y reproducirse en células vivas y no resisten el pasaje por el medio ambiente.

* Si se detectan enfermedades de transmisión sexual, corresponde realizar estudios clínicos a todo el grupo familiar para investigar qué otra persona está contagiada.
* Los análisis solicitados a la víctima y a su grupo familiar deben incluir examen de flujo y/o secreciones vaginales o uretrales y anales, además del hisopado de fauces ya que, en casos en que hayan ocurrido episodios de sexo oral, los gérmenes pueden hallarse en las fauces de la víctima o del agresor.
* Los gérmenes causantes de enfermedades de transmisión sexual altamente relacionados con la posibilidad de abusos sexuales son:

  – *Neisseria gonorrhoeae* (gonorrea, blenorragia).
  – *Treponema pallidum* (sífilis): está estrechamente asociada a la posibilidad de abusos cuando no es congénita.
  – *Chlamydia trachomatis*: está altamente asociada a abusos sobre todo en niños y niñas mayores de 3-4 años; si son menores puede deberse a una infección transmitida por la madre durante el parto ya que el germen puede sobrevivir durante esa cantidad de años.
  – *Trichomonas vaginalis*: altamente asociada a abusos en niños y niñas mayores de un año; en menores, puede corresponder a una infección originada en el momento del parto.
  – Virus de imnunodeficiencia adquirida (HIV causante del SIDA): altamente asociado a la probabilidad de abuso siempre que se pueda excluir la posibilidad de transmisión por vía materna y por transfusiones.
  – Virus del herpes tipos 1 y 2: están asociados a abusos, aunque en niños y niñas pequeños **con antecedentes dos semanas antes** de infecciones herpéticas en las encías o en la boca pueden producirse autocontagios en la zona genital.

- Virus del papiloma humano (HPV): produce verrugas en la zona genital llamadas condilomas acuminados. Se transmite por vía sexual y por el canal de parto. Raramente puede transmitirse por vía no sexual.
- Otros gérmenes como la *Gardenella vaginalis*, los *Bacteroides* y el *Mycoplasma hominis*, no están tan fuertemente asociados con abusos, ya que también pueden contagiarse por mala higiene en niños y niñas pequeños.

Indicadores físicos inespecíficos

Los siguientes trastornos orgánicos no tienen una relación causal con el abuso y pueden aparecer sin que este exista, pero dado que están estrechamente vinculados con situaciones de estrés elevado, su presencia es indicadora de sospecha.

* Ciertos trastornos psicosomáticos como los dolores abdominales recurrentes y los dolores de cabeza sin causa orgánica.
* Trastornos de la alimentación (bulimia y anorexia nerviosa, en especial cuando se asocian).
* Fenómenos regresivos como la enuresis (emisión involuntaria e inconsciente de orina, generalmente nocturna) y encopresis (incontinencia de materia fecal) en niños que ya habían logrado el control de esfínteres.
* Infecciones urinarias repetidas sin causa orgánica o externa identificable.
* Inflamaciones, enrojecimiento y lesiones por rascado en zona genital no asociadas a otras lesiones descriptas en el apartado de indicadores altamente específicos.

Es importante destacar que el flujo vaginal no es normal en las nenas, sobre todo antes de la etapa puberal. Lo que no significa que se deba exclusivamente a la posibilidad de abusos sexuales. Siempre debe estudiarse cuál es la causa del problema y eventualmente qué gérmenes lo están causando. Para ello se requieren exámenes de laboratorio y, a veces, cultivos para identificar los microbios que están provocando la dolencia. En la mayor parte de los casos se debe a contaminaciones con bacterias y hongos habituales en la piel y en las mucosas de las niñas. Es imposible identificar el agente causal a simple vista o solamente por los hallazgos clínicos.

Indicadores conductuales

Advertencia

* Mientras que el registro de los indicadores físicos suele requerir la intervención de profesionales, los indicadores conductuales pueden ser detectados por cualquier persona que esté en contacto con los niños y adolescentes.
* Es importante que los trastornos señalados por los indicadores se evalúen teniendo en cuenta la edad y el nivel evolutivo de la supuesta víctima.

Los indicadores conductuales pueden ser:

1. Altamente específicos: la revelación por parte del niño o adolescente de haber sido objeto de abusos sexuales.
2. Compatibles con probable abuso (ver Cuadro 1):
   • Conductas hipersexualizadas y/o autoeróticas infrecuentes en niños de una edad determinada.
   • Niño o adolescente que muestra conocimientos sexuales inusuales para la edad.
3. Indicadores inespecíficos: comportamientos llamativos y/o inadecuados para el nivel madurativo de un niño o de un adolescente que no están asociados exclusivamente con abusos sexuales, sino que pueden observarse como reacciones ante diversas situaciones de estrés y suelen poner de manifiesto los intentos por defenderse y adaptarse a variadas experiencias de traumatización aguda y crónica (ver Cuadro 2).

Cuadro 1. Indicadores conductuales de probable abuso

➤ Conductas hipersexualizadas y/o autoeróticas infrecuentes en niños y adolescentes:
  - Masturbación compulsiva.
  - Conductas sexualmente inapropiadas para cualquier edad.
  - Variantes peculiares de los juegos de "médicos", "los novios" o "el papá y la mamá".
  - Utilización de la fuerza física o la coerción psicológica para conseguir la participación de otros niños o adolescentes en los juegos sexuales.
  - Sexualización precoz: juegos sexuales tempranos acompañados de un grado de curiosidad sexual inusual para la edad.
  - Juegos sexuales con otros niños mucho menores o que están en un momento evolutivo distinto.
  - Acercamientos peculiares a los adultos:
    * Tratar de tocar u oler los genitales del adulto.
    * Aproximarse por detrás a una persona agachada y, desde esa posición, realizar movimientos copulatorios.
    * Acomodarse sobre un adulto en la cama y simular movimientos de coito.
    * Pedir que le introduzcan o tratar de introducir la lengua al besar.
  - Promiscuidad sexual, prostitución o excesiva inhibición sexual (en adolescentes).
➤ El niño o adolescente muestra conocimientos sexuales inusuales para la edad.

Cuadro 2. Indicadores conductuales inespecíficos

➤ *Infancia temprana (< 3 años)*
  - Retraimiento social.
  - Alteraciones en el nivel de actividad junto con conductas agresivas o regresivas.
  - Temores inexplicables ante personas o situaciones determinadas.
  - Alteraciones en el ritmo de sueño.
➤ *Preescolares*
  - Síndrome de estrés postraumático.
  - Hiperactividad.
  - Conductas regresivas.
  - Trastornos del sueño (pesadillas, terrores nocturnos).
  - Fobias y/o temores intensos.
  - Fenómenos disociativos.   ➜

➤ *Escolares y preadolescentes*
- Cualquiera de los trastornos observables en las etapas anteriores.
- Dificultades de aprendizaje o alteraciones en el rendimiento, de aparición brusca e inexplicable.
- Fugas del hogar.
- Retraimiento llamativo o, por el contrario, hostilidad y agresividad exacerbada en el hogar, y/o con sus amigos y compañeros de estudios.
- Sobreadaptación, pseudomadurez.
- Conflictos con las figuras de autoridad, junto con una marcada desconfianza hacia los adultos significativos.
- Pequeños robos.
- Mentiras frecuentes.
- Sentimientos de desesperanza y tristeza.
- Tendencia a permanecer en la escuela fuera del horario habitual.

➤ *Adolescentes*
- Conductas violentas de riesgo para su integridad física.
- Retraimiento, sobreadaptación.
- Fugas del hogar.
- Consumo de drogas.
- Delincuencia.
- Automutilaciones y otras conductas agresivas.
- Intentos de suicidio.
- Trastornos disociativos.
- Trastornos de la conducta alimentaria (anorexia, bulimia).

Indicadores contradictorios... solo en apariencia

La complejidad de los trastornos observados en casos de abusos sexuales a niños y adolescentes se pone de manifiesto al considerar que, dentro de la diversidad de los indicadores, coexisten algunos que son la contrapartida de otros. Por ejemplo: conductas retraídas junto con agresividad, excesiva inhibición junto con promiscuidad sexual, problemas en el aprendizaje junto con la necesidad de permanecer en la escuela fuera del horario habitual.

Esta aparente contradicción revela las diferentes modalidades de reacción de las víctimas en sus intentos por defenderse y adaptarse a la traumatización crónica.

Con esta perspectiva, resulta más fácil advertir que aquellos niños y adolescentes abusados que tienen mayor facilidad para externalizar sus emociones tenderán a presentar agresividad y conductas transgresoras, mientras que otros –que no tienen facilitada la vía de la externalización– revierten el impacto traumático sobre sí mismos. Serán las niñas silenciosas y sobreadaptadas que no despiertan la preocupación de los adultos; al contrario, se las suele alabar por ser "calladas", "tranquilas" y "bien educadas".

¿Qué es una conducta "hipersexualizada"?

La conducta hipersexualizada es uno de los indicadores más ligados al abuso: insinúa un conocimiento inhabitual del niño acerca de los comportamientos sexuales adultos y revela una erotización precoz.

Distinguir en poco tiempo y con el mayor grado de certeza posible si estamos frente a conductas exploratorias inofensivas o a indicadores de que algo más grave está ocurriendo, es de gran ayuda para la detección de los abusos sexuales.

Por eso, vale la pena aclarar algunos aspectos que suelen despertar confusión o polémica.

El desarrollo normal

* Todos los niños entre los 4 y 5 años se muestran interesados en los asuntos sexuales y hacen preguntas sobre la diferencia sexual anatómica, sobre cómo nacen los bebés y cómo se forman.
* Todos los niños alrededor de esa edad exploran sus propios cuerpos y curiosean el de sus pares (sobre todo los del sexo opuesto). Juegan "al doctor" mirando sus genitales y tocándolos. Incluso suele llamarles la atención los pechos femeninos o los genitales adultos.
* Tanto la curiosidad como los juegos sexuales infantiles permiten explorar las sensaciones asociadas con las zonas erógenas (lo cual incluye la masturbación) y representan un estadio normal del desarrollo biopsíquico.

Conductas hipersexualizadas

* Masturbación compulsiva: se considera que reviste esta característica cuando la masturbación resulta la actividad que más interés despierta en el niño y que ocupa la mayor parte de su tiempo, llegando a no poder evitarla o detenerla aun en presencia de una figura que podría censurarlo. Por otro lado, puede suceder que se provoque lesiones debido a esta actividad y que no se limite a las actividades habituales de tocamientos o frotamientos, sino que se introduzca objetos en su vagina o en su ano, emita sonidos o gemidos semejantes a los de la actividad sexual adulta y/o realice movimientos copulatorios mientras se masturba.
* Conductas inapropiadas para cualquier edad: ejemplos de estas conductas serían la investigación de los genitales –sobre todo, el recto– de animales, o intentar introducir objetos en sus orificios.
* Variante peculiar de jugar "al doctor", a "los novios" o a "la mamá y el papá": los niños victimizados suelen proponer juegos con representaciones o actividades concretas de sexo oral, coito anal o vaginal, inserción de objetos en orificios genitales o masturbación mutua.
* Utilización de la fuerza física o la coerción psicológica para conseguir la participación de otros niños en juegos sexuales.
* Realización de juegos sexuales con otro niño mucho menor o que está en un momento evolutivo distinto.
* Acercamientos peculiares a los adultos, tales como tratar de tocar u oler los genitales del adulto; aproximarse por detrás a una persona agachada y, desde esa posición, realizar movimientos copulatorios; acomodarse sobre un adulto en la cama y simular movimientos de coito; solicitar o tratar de introducir la lengua cuando besa.

Los niños más pequeños no tienen manera de conocer los detalles de una relación sexual adulta si no tuvieron la oportunidad de observarla o si no fueron víctimas de abuso. Desconocen, por ejemplo, la posición de los cuerpos, los movimientos copulatorios, las sensaciones que acompañan a la penetración y la existencia de la eyaculación. Si un niño se refiere a estos temas –mediante relatos o en juegos con amigos o muñecos– es altamente probable que haya sido victimizado. Tampoco es normal que tengan conocimientos de las sensaciones que provoca la penetración ni que describan el sabor o el olor del semen.

El fracaso escolar

Muchos niños y adolescentes victimizados comienzan a "fracasar" en la escuela debido a la imposibilidad de concentrarse en las tareas propuestas, sumada a los trastornos en la atención que ocurren cuando se ven invadidos por los recuerdos y la reexperimentación de los sentimientos asociados al abuso.

Es así que el fracaso escolar debería resultar sospechoso de una situación de abuso si se instala de manera inesperada en un niño o adolescente que anteriormente tenía un rendimiento aceptable y cuando, además, no es posible encontrar un factor desencadenante evidente como, por ejemplo, el nacimiento de un hermano, un viaje, la separación de los padres, alguna enfermedad en la familia o cualquier modificación inesperada que hubiera ocurrido en su vida.

Con frecuencia, aun cuando nos encontremos con un factor desencadenante, habrá que evaluar si su presencia justifica las dificultades escolares o si, además, podría haber sido provocado por una situación de mayor vulnerabilidad o desprotección. Por ejemplo, la internación de la madre por el nacimiento de un bebé puede haber alejado transitoriamente de la casa a un adulto protector, y exacerbado el abuso perpetrado por un familiar.

El examen físico

La importancia de las entrevistas previas

En el terreno judicial se suele sobrevalorar el informe del pediatra, mientras que –injustamente– se relega a un segundo plano la evaluación clínica que realizan psicólogos y trabajadores sociales. Sin embargo, las entrevistas con el médico previas al examen físico –tanto con el niño o el adolescente como con los familiares acompañantes– revisten una importancia propia; a tal punto, que muchas veces la información que arrojan tiene un valor superior al de los signos observados en el examen físico (no olvidemos que estos signos aparecen en menos del 50% de las víctimas).

Antes de iniciar la revisación médica, es aconsejable mantener una o dos entrevistas. En cada una de ellas es importante tener en cuenta lo siguiente:

Primera entrevista

* Conviene que esté presente, además de la supuesta víctima, algún adulto de su confianza quien ya estará informado acerca de las características del examen.
* En este encuentro inicial –en especial con las familias más resistentes– es preferible no abordar directamente el tema del abuso.
* En el caso en que se sospechen abusos intrafamiliares y/o que el agresor sea un conviviente, se aconseja tomar medidas para evitar presiones emocionales y/o físicas tanto sobre la supuesta víctima como sobre el o los adultos encargados de sus cuidados.
* Lo aconsejable es utilizar la entrevista para recoger antecedentes médicos e indagar acerca de la rutina del niño o del adolescente:
  – a qué escuela concurre,
  – en qué grado está,
  – en qué asignaturas se destaca y en cuáles tiene mayores dificultades,
  – cuáles son sus entretenimientos, gustos y preferencias.
  El objetivo es establecer un vínculo de conocimiento y confianza.
* En esta ocasión es igualmente importante que el médico le explique lo siguiente en un lenguaje sencillo y adecuado para su nivel de comprensión:

- cómo se llama el lugar al que está asistiendo,
- cómo funciona ese lugar,
- qué tipo de profesionales trabajan,
- los motivos por los cuales debe ser examinado,
- en qué consistirá el examen físico.

* Un detalle de importancia es que conviene solicitar al niño o adolescente que mencione las diferentes partes del cuerpo –incluso los genitales– utilizando los nombres que emplea habitualmente.

   Dado que los más pequeños suelen utilizar términos muy personales cuyo significado solo conocen él y su familia, este no es un paso trivial: permitirá entender rápidamente cualquier descripción que realicen más adelante.

Segunda entrevista

* Se aconseja llevarla a cabo al día siguiente o, a más tardar, 48 horas después de la primera.
* Puede desarrollarse a solas con el niño, si lo acepta.
* Sigue siendo aconsejable no abordar bruscamente el tema de la sospecha, sino establecer un clima lo más distendido posible y dirigir gradualmente la conversación desde temas generales hacia la sospecha en sí.
* El profesional interviniente debe contar con una amplia disponibilidad horaria para este encuentro: resulta fundamental esperar y respetar los tiempos de cada niño y adolescente para hablar sobre el tema, y alentarlo cuando comience a hacerlo. Por lo tanto, si el profesional tuviera otras actividades que pudieran interferir en el desarrollo de la entrevista, debería suspenderlas.
* Obviamente, la actitud recomendable es la escucha interesada, caracterizada por la calidez y la comprensión.
* Si el niño o el adolescente acepta relatar los hechos, el interrogatorio debe investigar los siguientes elementos:
   - Cómo y cuándo comenzaron los comportamientos abusivos.
   - La progresión de dichos comportamientos.

- Estrategias que el agresor utilizó para mantener el secreto (amenazas, castigos, recompensas, etc.).
- La identidad del agresor (no siempre es posible obtenerla).
- Las circunstancias que condujeron a la revelación del abuso.
- La reacción de la familia ante la revelación, y los intentos –si los hubiera– de impedir la intervención.

Esta recomendación señala qué es lo aconsejable. De ninguna manera el médico debe tomarlo como información que indefectiblemente debe obtener. La idea es plantear las preguntas con el mayor tacto posible y registrar las respuestas y/o las reacciones.

* Es muy importante evitar que la supuesta víctima se sienta juzgada. De ninguna manera deben transmitirse críticas sobre lo sucedido, proferir calificativos sobre el supuesto agresor o formular preguntas en tono acusador, como: "Pero, ¿no le dijiste nada a tu madre?" o "¿Y tu madre qué hacía mientras ocurría esto?".

La revisación médica

La mayoría de las veces, el examen puede realizarse en un consultorio común, ya que los hallazgos son de fácil observación.

De todas formas, la capacidad diagnóstica mejora si se cuenta con:

* lámpara de hendidura;
* colposcopio o instrumental con lentes de aumento (puede ser una simple lupa);
* tubos de ensayo e hisopos para recolectar secreciones genitales o restos encontrados en el examen que deban ser remitidos al laboratorio;
* una cámara fotográfica para documentar las lesiones observadas.

Solo será necesario revisar los genitales internos con espéculo u otros dispositivos cuando se sospeche la introducción de un cuerpo extraño, o cuando el paciente presente hemorragias genitales. En estos casos, el examen debe realizarse bajo anestesia general en un quirófano correctamente equipado.

Antecedentes

Raramente los pediatras examinan los genitales de las niñas en los controles periódicos que realizan. Se pierde así la oportunidad de contar con un elemento sumamente valioso en los casos en que se observan anomalías en algún momento del desarrollo. No se tiene la posibilidad de comparar los signos físicos detectados o que llaman la atención en un determinado momento de la vida de la niña con lo que presentaba antes.

Resulta muy importante, entonces, que los pediatras examinen 1 o 2 veces por año los genitales de sus pacientes y dejen registradas en la historia clínica las conclusiones del examen.

Un requisito fundamental

A menos de que sean lactantes, nunca se debe sujetar a los pacientes durante la revisación, debido fundamentalmente a dos razones:

1) El médico no debe repetir la situación abusiva ni agregar nuevos elementos traumáticos.
2) Es imposible realizar un examen adecuado si los pacientes se mueven, están tensos, gritan o se resisten.

La actitud de los padres

El médico necesita tomar en cuenta ciertas peculiaridades esperables de los padres que llevan a un hijo a este tipo de examen físico:

* Aun cuando el abuso haya sido extrafamiliar, los padres están conmocionados, atravesando una fuerte crisis personal en la que confluyen la rabia y los deseos de venganza,

con marcados sentimientos de culpa. Por lo tanto, la capacidad de contención parental está muy disminuida.

* El cuadro se complica más cuando el abuso es intrafamiliar, sobre todo cuando se sospecha del padre biológico, del padrastro o del compañero de la madre.
  En estas situaciones, a pesar de que el adulto no agresor confíe en los dichos de su hijo, tiene fuertes deseos de que todo sea tan solo una equivocación (más aún si la pareja continúa conviviendo), y su colaboración con el médico se verá influida por estos sentimientos.

* No hay que olvidar que los abusos sexuales –al igual que otras formas de maltrato infantil– ocurren en familias con trastornos crónicos de funcionamiento que no mejoran, sino que más bien se acentúan con la instalación de la crisis que representa la revelación. Esto hace que, por más que el adulto no agresor concurra al consultorio con sus hijos, el deseo por mantener el secreto prevalezca sobre cualquier otro interés.

* Los casos más difíciles son aquellos en los que el adulto no agresor no cree lo que su hijo relata y se lo atribuye a "fantasías", "mentiras" o "exageraciones", o afirma que confía en su hijo, pero no asume actitudes de defensa y protección.

La actitud de las víctimas

* Se debe informar al niño o al adolescente que una persona de su confianza lo puede acompañar o que puede solicitar su presencia en cualquier momento. Incluso si no ha manifestado nada al respecto, se le debe preguntar qué es lo que prefiere.

* Hay que tener presente que la víctima suele llegar a las entrevistas y a la revisación médica después de haber ocultado un secreto, con frecuencia durante algún tiempo y que, por las causas que sean, solo recientemente se ha revelado.
  El agresor es, en general, una persona allegada a la víctima y suele mantener una relación afectuosa con ella,

con lo cual al niño se le puede plantear la siguiente disyuntiva:

a) seguir sosteniendo con su cuerpo y su psiquismo el equilibrio del grupo familiar, respaldando una imagen de "normalidad", donde los distintos integrantes parecen cumplir el rol de suministrar afecto, sostén económico e interacción sociocultural, o

b) arriesgarse a romper todo esto con la revelación de lo que verdaderamente ocurre en la intimidad del hogar. Así, es posible que se interrumpa el abuso, pero también que se pierda lo que lo asemeja a sus compañeros y pares.

* Los niños y los adolescentes también tienen sus propios miedos: los más pequeños se muestran naturalmente temerosos frente a un médico desconocido que puede provocarles dolor o pueden resistir la revisación porque el agresor (una figura reconocida como autoridad) así se lo ha indicado. Por su parte, los adolescentes temen presentar diferencias físicas con sus iguales, o haber quedado "dañados" o "enfermos".

* Por lo tanto, si la víctima está extremadamente tensa y renuente, o si directamente se niega a ser examinada, es preferible postergar la revisación y citarla otro día.

Condiciones del examen médico

1) Dedicarle todo el tiempo necesario.
2) Debe realizarse con paciencia frente a las reacciones de la víctima.
3) Hay que respetar su derecho a la intimidad.

Temores habituales

Lo que todas las víctimas de abusos tienen en común es el temor a determinadas amenazas que han sufrido de manera implícita o explícita:

* ser castigadas por lo que contaron;
* que no se les crea;
* que se las responsabilice de haber provocado el abuso;
* que sus madres, hermanos o aun ellas mismas estén en riesgo de ser lastimadas por el agresor al ser descubieras.

La gran responsabilidad

Cuando se trabaja en la atención de niños y adolescentes abusados sexualmente, no es tarea del médico generalista, ni del pediatra, determinar si un relato es verídico, identificar al culpable o establecer el grado de salud mental de la víctima.

Hay que tener siempre presente que aun los niños y adolescentes del mejor medio sociocultural pueden encontrarse en situaciones de desprotección que los hacen vulnerables a los abusos sexuales.

A estos antecedentes debe sumarse el riesgo de recibir presiones tanto físicas como psicológicas por haber revelado lo que sucedía.

De ahí que, al tiempo que se encara el examen físico y se registran y asientan los hallazgos, la gran responsabilidad y el primer objetivo de la intervención médica es, en todo momento, velar por la seguridad física y emocional de las víctimas.

Bibliografía

Faller, K. C.: *Child Sexual Abuse: Intervention and Treatment Issues. National Center on Child Abuse and Neglect.* U.S. Department of Health and Human Services. Administration for Children and Families, EE.UU., 1993.

Intebi, I.: *Abuso sexual infantil en las mejores familias.* Editorial Granica, Buenos Aires, 1999.

Intebi, I. y Osnajanski, N.: *Cuaderno de capacitación. Maltrato a niños, niñas y adolescentes: detección e intervención.* Familias del Nuevo Siglo, Buenos Aires, 2003.

Manual de actuación en situaciones de desprotección infantil de la Comunidad Autónoma de Cantabria, España, 2006.

Myers, J.; Berliner, L.; Briere, J.; Hendrix, J. T.; Jenny, C. y Reid, T. A.: *The APSAC Handbook on Child Maltreatment*, 2ª edición, Sage, EE.UU., 2002.

CAPÍTULO 3

INVESTIGACIÓN Y EVALUACIÓN DE LOS ABUSOS SEXUALES EN LA INFANCIA

Introducción

Para abordar de manera eficaz las situaciones de violencia es imprescindible hacerlo a través de un proceso dividido en fases que garantice que los malos tratos no volverán a ocurrir, que se investigarán las causas y que se procederá a reparar sus consecuencias.

Muchos países que tienen trayectoria en políticas de protección infantil cuentan con guías o protocolos de buenas prácticas que orientan a los profesionales acerca de cómo tienen que proceder en cada fase, a quién le corresponde intervenir y qué es lo que se espera de esa intervención.

En otros países, donde todavía no se han puesto en práctica lineamientos parecidos, el proceso de intervención suele ser más caótico, con alta probabilidad de que se superpongan ciertas intervenciones mientras otros aspectos de ellas quedan en "tierra de nadie".

Más allá del sistema en el que se trabaje, la mejor manera de hacerlo es por medio de un proceso que conste de las siguientes fases (Cuadro 1):

Cuadro 1. Fases del proceso de intervención

a) Detección.	d) Evaluación.
b) Notificación.	e) Toma de decisión.
c) Investigación.	f) Intervención propiamente dicha.

Cuando estas fases no están expresamente planteadas por el sistema de protección infantil, es importante que los profesionales y los equipos intervinientes las tengan presentes desde los primeros contactos con las víctimas y sus familias, además porque el proceso se desarrollará en mejores condiciones cuando exista una fluida colaboración y comunicación entre los distintos profesionales y equipos.

En el momento en que alguien cercano –un familiar o un profesional– sospeche que un niño podría encontrarse en una situación de riesgo o que pudo haber sufrido un abuso sexual –sospecha fundada en algo que se pudo haber observado u oído– comienza la primera etapa (Fase a).

La persona que lo ha detectado debería comunicar su sospecha a profesionales que tengan competencia formal –por ejemplo, los servicios sociales en algunos casos; las asesorías de menores o los juzgados de familia, en otros– para que se proceda a explorar la situación (Fase b). Es muy importante que quede claro que quienes detectan no están obligados a presentar "pruebas" para comunicar sus sospechas. Su responsabilidad consiste en:

- dirigirse a las autoridades que tienen competencia para proteger a la víctima;
- notificar a los organismos o a los profesionales que tienen competencia para investigar las sospechas;
- informar en detalle a dichas autoridades, organismos y profesionales cuáles son los fundamentos de las sospechas (indicadores físicos y/o comportamentales, relatos de los niños, etc.).

Si los responsables de evaluar las notificaciones consideran que, según los procedimientos y criterios establecidos, existen elementos como para que la sospecha tenga entidad, se pone en marcha la investigación (Fase c).

Los objetivos de la fase de investigación son utilizar criterios consensuados y establecidos para:

1. verificar la existencia de la situación de desprotección y valorar su gravedad;

2. valorar las posibilidades de repetición y el riesgo que corren la salud y la integridad física y/o emocional del niño o adolescente; y

3. valorar la necesidad de adoptar medidas de protección y realizarlas en caso que fuera preciso.

En el caso de que en la fase de investigación se confirme que los abusos han ocurrido, cualquiera sea su gravedad, se pasará a la fase de evaluación (Fase d), donde se investigarán las causas. Se procede, por un lado, a identificar los factores individuales, familiares y sociales que pudieran estar relacionados con el origen y la continuidad de la situación de riesgo y, por el otro, a establecer la presencia de factores de protección. Se evaluarán también las consecuencias de los abusos en el desarrollo físico, psicológico, cognitivo y/o social del niño, a la vez que se identificarán las necesidades de tratamiento y de apoyo para él y para su familia, y se valorarán las habilidades y las necesidades de los padres o de aquellas personas encargadas de los cuidados que no sean los responsables de las agresiones.

Una vez que se cuente con esta información, se procederá a la toma de decisiones y a la elaboración de un plan para el caso (Fase e). Es decir, se determinarán:

– los problemas que se abordadarán en el plan de intervención;
– las prioridades del abordaje, y
– los recursos apropiados para trabajar tanto los problemas como las prioridades.

El paso siguiente ha de ser la puesta en marcha (Fase f) y revisión periódica del plan para evaluar los cambios producidos y si existe la necesidad de ajustarlo en función de haber logrado –o no– los objetivos iniciales.

Como ya se ha dicho, un proceso estructurado de esta manera es la práctica habitual en países que cuentan con un sistema de protección infantil y con organismos y equipos para atender específicamente cada fase. Con alguna variante, es el modelo que se sigue en los países europeos y en los Estados Unidos.

En países como la Argentina, donde aún no se cuenta con una estructura parecida, distintos equipos y organismos intervienen en una o varias de las fases. En estos casos, sería deseable, desde el comienzo, acordar las funciones y las incumbencias de cada una de las instancias para evitar superponer esfuerzos o dejar sin atención aspectos fundamentales de la intervención. Sin entrar en detalles específicos de este plan de trabajo, es importante que quede claro que durante las primeras fases –las de detección, notificación y posiblemente investigación– el proceso estará en manos de profesionales no especializados y que, posteriormente, las fases de evaluación, toma de decisiones e intervención propiamente dicha estarán dirigidas por profesionales especializados.

¿A quién notificar?

De acuerdo con lo expuesto en el Capítulo 1, la decisión acerca de cuál o cuáles serán los organismos receptores de la notificación dependerá del objetivo que se persiga y del marco legal vigente en cada país.

En la mayoría de los países de América Latina y en España, la notificación de las sospechas de malos tratos hacia niños y adolescentes es obligatoria. La diferencia que puede existir es si la denuncia se hará ante instituciones que tengan como objetivo principal la protección de los derechos de las víctimas (sistema de protección infantil, sistema de protección de derechos, Justicia Civil) o ante instituciones cuya función es la investigación de los delitos (autoridades policiales, Justicia Penal).

Si la legislación local no lo establece explícitamente, los propios denunciantes deberán decidir en el momento de la notificación a cuál de estos organismos se dirigirán. Conviene recordar que si se hace la presentación a las autoridades de protección no se está iniciando una investigación criminal, con lo cual difícilmente la persona sospechada sea investigada o detenida. Para que ello ocurra, los profesionales del sistema de protección tendrán que informar a la Justicia Penal.

Algo parecido sucede cuando se notifica a la policía o a la Justicia Penal: sus competencias se limitan a la investigación de delitos. Es decir que procederán a investigar y, eventualmente, a detener al sospechoso, pero no podrán tomar medidas para proteger la integridad psicofísica de los niños porque escapan a su órbita de actuación.

En algunos sitios, hay juzgados penales –en especial, los de menores– que pueden realizar ambas actuaciones, pero es conveniente asesorarse previamente para no descuidar ningún aspecto. En ocasiones, se deberá notificar tanto al sistema de protección como al sistema penal.

Qué información obtener antes de proceder a la validación

Los profesionales no especializados que intervienen en la fase previa a la evaluación propiamente dicha deben saber que el proceso de investigación de las sospechas se basa en gran medida en la información obtenida de la(s) persona(s) que haya(n) detectado el problema y en la información proveniente de otras fuentes (familiares, otros profesionales, informes escolares, informes médicos, expediente de servicios sociales, expediente judicial, etc.).

Cuando un equipo no especializado recibe la consulta por una sospecha de abuso sexual, lo recomendable es realizar una o más entrevistas con los padres o con las personas encargadas de los cuidados de la supuesta víctima con el fin de confeccionar: a) una anamnesis completa, y b) una aproximación a la situación actual de la familia y del niño o adolescente en lo referente a los aspectos personales, relacionales y a los del contexto habitual de los miembros de la familia.

En estas entrevistas, además, se puede comenzar a obtener información que oriente a los profesionales especializados acerca de las habilidades de las supuestas víctimas para describir situaciones en las que estuvieron presentes y a la credibilidad clínica que podrían tener estos testimonios.

A veces, también puede plantearse una entrevista con el niño aunque no es imprescindible. Con frecuencia, sucede que profesionales no especializados (maestros, profesores, trabajadoras sociales, psicopedagogas o psicólogas de los gabinetes escolares) son los primeros interlocutores de las supuestas víctimas al producirse la revelación. Su intervención puede ser de gran utilidad si se toman ciertos recaudos para preservar los detalles. Siempre debe tenerse presente que su intervención se limita a obtener información para notificar la sospecha y derivar la evaluación a profesionales especializados.

Los profesionales que intervengan en estas fases iniciales pueden, también, solicitar o consultar informes escolares, médicos y/o de servicios sociales o, eventualmente, consultar con fuentes judiciales si hubiera habido alguna intervención legal previa.

Cuidados importantes

Kathleen Coulborn Faller (1993), especialista estadounidense, recomienda tomar ciertos recaudos para evitar que los diferentes pasos de la intervención ante sospechas de abuso sexual se conviertan en experiencias iatrogénicas y/o de revictimización.

La experta señala que el trauma principal que producen las agresiones sexuales es el de provocar sentimientos de indefensión por la utilización que hace el agresor del cuerpo de las víctimas para su propia gratificación, intimidándolas psicológicamente para que no se resistan y obligándolas, muchas veces, a mantener el secreto con amenazas concretas. Mediante este mecanismo, el agresor consigue que lo sucedido se mantenga oculto, cosa que puede verse reforzada por las creencias de los niños de que relatar lo sucedido será peor que silenciarlo.

Es bastante frecuente que esta creencia de las víctimas se convierta en realidad, pues la revelación trae como consecuencia situaciones en que otras personas toman decisiones sobre sus vidas. Decisiones que pueden reflejarse en reiteradas entrevistas en las que sienten vergüenza o directamente se los humilla; procedimientos médicos que los asustan; confrontaciones con el supuesto agresor o con otros integrantes de la familia; alejamientos de sus hogares; intervenciones terapéuticas cuya utilidad no les resultan claras; audiencias y declaraciones ante la justicia que se agregan a la incertidumbre ante los desenlaces eventuales y la imposibilidad de negarse a aceptar las decisiones que otras personas tomen con respecto a sus condiciones de vida.

Por todo esto, destaca Faller, resulta importantísimo que todo el procedimiento de investigación y evaluación sea cuidadoso y no incremente estos sentimientos de indefensión en los niños y en los adolescentes.

Lo aconsejable es que cualquier persona –profesional o no– que escuche a una posible víctima describir situaciones compatibles con abusos sexuales, pueda:

- Mantener la calma y el control de las emociones.
- No expresar desaprobación por el supuesto agresor, ya que es posible que el niño o el adolescente lo quiera, y lo proteja a pesar de haber sido victimizado por él.
- Tratar al niño o al adolescente con dignidad y respeto.
- Escucharlo con atención, sin completar sus frases ni rellenar sus silencios.
- Permitir que sienta y comente cualquier tipo de emoción sin hacer suposiciones, pues pueden ser inexactas.
- No obligarlo nunca a que muestre sus lastimaduras o a que comente sus sentimientos.
- Evitar el uso de palabras que puedan alterarlo o ponerlo nervioso.
- Ofrecerle reaseguro y apoyo.
- No hacer suposiciones sobre quién puede ser responsable de la agresión.
- Contestar las preguntas del niño o del adolescente con sencillez y con la mayor sinceridad posible.
- Hacer solo promesas que se puedan cumplir.
- Antes de proceder a la investigación y a la evaluación de la sospecha, es necesario ser muy cuidadoso con la manera en que se interroga a la probable víctima; conviene aceptar (y registrar de manera textual) lo relatado o descrito espontáneamente sin solicitar mayores detalles.

Así como hay recomendaciones acerca de qué es más conveniente hacer para evitar revictimizaciones, también las hay en cuanto a qué no conviene hacer.

QUÉ ES LO QUE <u>NO</u> HAY QUE PREGUNTAR A LAS VÍCTIMAS

➤ ¿Qué sentiste?
➤ ¿Te gustaba lo que te hacía?
➤ ¿Por qué no buscaste ayuda?
➤ ¿Por qué si te hacía esas cosas, buscabas estar con esa persona?
➤ ¿Por qué no lo has contado antes?
➤ ¿Por qué lo cuentas ahora?
➤ ¿Por qué piensas que te lo hacía?

Las primeras fases del proceso de investigación

Antes de comenzar la investigación, es conveniente informar a los padres o a las personas encargadas de los cuidados del niño o del adolescente acerca del procedimiento que está por iniciarse.

Como ya se ha dicho, por lo general las personas que intervienen cuando se detecta la sospecha no suelen pertenecer a equipos especializados; muchas veces ni siquiera son profesionales, sino que se trata de familiares, amigos o allegados a las supuestas víctimas. En estos últimos casos, lo más conveniente es asesorarse antes de iniciar cualquier consulta. En la mayoría de los países existen números de teléfono para informarse sobre cómo actuar ante situaciones de violencia. Si no los hubiera, conviene consultar con los servicios sociales, con los centros de atención a víctimas o con organismos de protección de los derechos de los ciudadanos.

Del mismo modo, cuando los primeros en intervenir son profesionales no especializados, es aconsejable que antes de derivar a los niños y a sus familias se pongan en contacto con los equipos especializados para consultar la mejor manera de hacerlo, evitando las demoras, las confusiones y los recorridos innecesarios por diversos organismos. También es importante brindar a la familia alguna información de lo que va a suceder. Si los familiares ya conocen al profesional que interviene, los pormenores que se les brinde contribuirán a tranquilizarlos un poco en un momento tan crítico.

Hay países en los que la legislación establece que se debe informar a los padres de cualquier procedimiento o estudio que se lleve a cabo con sus hijos, con lo cual ya no se tratará de un paso opcional dentro del proceso, sino que deberá cumplirse ineludiblemente.

Los datos que conviene transmitir a la familia son:

- los motivos por los que se va a solicitar este procedimiento, y
- a quiénes se irá a consultar.

Si el sistema en el que se está trabajando establece con claridad cuáles son los equipos que realizarán la evaluación, se podrá informar también:

- quiénes son los profesionales intervinientes (profesión, cargo, eventualmente competencias),
- dónde se realizarán las entrevistas,
- cuál será el número estimado de encuentros y cuánto durará cada entrevista aproximadamente,
- qué integrantes del grupo familiar podrán ser citados,
- qué fuentes de información secundaria se contactarán, y
- cualquier otra información que los profesionales consideren pertinente.

En los casos en que los padres o cuidadores estén sospechados de estar implicados en las conductas investigadas, se evaluará el tipo y la cantidad de información que se les puede brindar sin poner en riesgo a la supuesta víctima.

Si se presume que el riesgo de que se la presione o se la lastime es alto, se aconseja limitarse a informar acerca de los indicadores –físicos, emocionales y/o comportamentales– que han hecho sospechar la posibilidad de un abuso sexual sin referirse explícitamente a él. Si bien se pueden obviar algunos detalles circunstanciales de la sospecha, es importante que los padres o cuidadores sepan que lo que se está investigando son las causas de los indicadores detectados.

La negativa de los padres o cuidadores a prestar colaboración no impide de ninguna manera que se realicen la investigación y la evaluación cuando existan elementos suficientes que fundamenten las sospechas.

Ejemplo de un proceso estructurado de investigación de sospechas de abuso sexual (Fase c)

A continuación se describirá la práctica de investigación ante sospechas de maltrato infantil en general –y de abuso sexual en particular– en una de las comunidades autónomas de España: el Gobierno de Cantabria*.

El *Manual de actuación en situaciones de desprotección infantil* de la Comunidad Autónoma de Cantabria establece que son los organismos municipales –los Servicios Sociales de Atención Primaria– quienes intervienen en las fases de detección y notificación (fases a y b) e indica que todos los casos de abuso sexual intrafamiliar deben considerarse como casos de desprotección grave y deben ser derivados a los organismos especializados dependientes de la administración central.

Estos equipos especializados consisten en los Servicios de Atención a la Infancia, Adolescencia y Familia y en los Equipos Territoriales de Infancia y Familia, quienes continúan con las fases siguientes del proceso. También se derivan a equipos especializados los casos de sospecha de abuso sexual extrafamiliar cuando los padres o responsables legales se muestren incapaces de proteger al niño o al adolescente y los casos de sospecha de explotación sexual.

Como ya se dijo, las personas que notifican sus sospechas a los servicios municipales no especializados deben fundamentar los motivos que los llevaron a preocuparse. Por su parte, la función de los servicios no especializados es recabar información y decidir si: a) se derivará el caso a los servicios especializados

---

* En España, cada comunidad autónoma es responsable del sistema de protección infantil y, si bien cada una cuenta con organismos municipales y forales para atender los casos, el proceso en sí y los organismos intervinientes tienen funciones y competencias parecidas. Además, resulta habitual que los sistemas de las comunidades autónomas interactúen e intercambien información cuando las familias mudan de domicilio.

para profundizar su estudio; b) se trata de sospechas infundadas pero que necesitan la intervención de otro tipo de recursos, o c) se desestima la sospecha y finaliza la intervención.

Los profesionales cuentan con guías y criterios para tomar estas decisiones y así:

a. Los casos con indicadores altamente específicos, aquellos que tienen muchas probabilidades de que el abuso haya ocurrido, se derivan a los equipos especializados para continuar con la investigación.

b. En los casos con indicadores de probable abuso, con indicadores no específicos de abuso sexual pero que pueden aparecer asociados o ser consecuencia también de otro tipo de situaciones, la fase de investigación es conducida por los equipos municipales no especializados que pueden solicitar el asesoramiento técnico de los especializados. Si mediante este proceso se obtiene información altamente sugestiva de abuso, se deriva a los equipos especializados. Si los datos siguen siendo inespecíficos, los equipos no especializados mantienen la coordinación del caso y continúan el proceso de supervisión y de atención a la hipótesis de abuso sexual.

c. En los casos con indicadores inespecíficos, aquellos que en ocasiones aparecen asociados al abuso sexual pero que, en general, pueden ser consecuencia de otro tipo de situaciones de desprotección o dificultades en la familia o en el niño, si bien se incluye la hipótesis de que podrían haberse originado en un abuso sexual, son los servicios no especializados los encargados de hacer el seguimiento con el fin de atender las necesidades y problemas del niño y de su familia y para corroborar o descartar la sospecha.

Ante cualquier circunstancia que determine la derivación de los casos, ella se hace por medio de un informe que incluya:

1. Una descripción de las intervenciones llevadas a cabo por los servicios no especializados con la familia, la respuesta de la familia ante dichas intervenciones y los resultados obtenidos.

2. Una descripción detallada de los indicadores concretos que hacen sospechar la existencia de abusos sexuales, cuál(es) es (son) la(s) fuente(s) de información y la presencia de posibles indicadores de otros tipos de maltrato.
3. La información disponible sobre la familia y el niño en cuanto a factores de importancia para la investigación y la evaluación.
4. El grado de conocimiento de la familia de las acciones llevadas a cabo por los equipos no especializados relacionados con las sospechas de abuso sexual y, en su caso, la respuesta de la familia.
5. Cualquier otra información que se considere relevante.

Los equipos especializados, a su vez, cuentan con una Unidad de Recepción y Valoración que realiza un primer análisis del informe y, si se justifica, admiten el caso. La Unidad de Evaluación y Coordinación de Casos prosigue el proceso de intervención con la fase de evaluación, donde trabajan de forma conjunta e multidisciplinaria equipos de trabajadoras sociales y psicólogas.

Una vez finalizada la evaluación, estos equipos deciden cuál será el plan para cada caso y se ponen en contacto con los recursos necesarios para llevar a cabo la intervención propiamente dicha.

Los casos de abusos sexuales extrafamiliares, en los cuales los padres o responsables del niño o del adolescente son capaces de protegerlo, son notificados e investigados por la Justicia de acuerdo con los procedimientos habituales, mientras que los servicios del sistema de protección –especializados o no– intervienen en el seguimiento de las consecuencias de las agresiones sexuales.

Algunas recomendaciones para las fases de investigación y evaluación

Quienes desempeñan sus tareas en ámbitos relacionados con la infancia saben que no siempre es posible contar con equipos inter y multidisciplinarios para investigar y evaluar las sospechas en forma organizada y articulada. Seguramente conocen que, al abordar estos problemas, suelen producirse desajustes y desencuentros entre los profesionales intervinientes. A pesar de que es probable que exista cierta flexibilidad en relación con los aspectos de la investigación y de la evaluación que cubrirá cada uno de los equipos y de los profesionales, sería deseable que siempre hubiera elementos básicos característicos de una buena investigación que permanezcan fijos. La finalidad de los manuales y protocolos es precisamente cumplir esa función de guía y orientación.

- Cuando los profesionales –especializados o no– trabajen dentro de un sistema que no establezca cuánto tiempo deben llevar la investigación y la evaluación de los casos, lo aconsejable es que transcurra el menor tiempo posible entre la notificación, la toma de decisiones y el establecimiento de un plan de caso.
- Lo deseable es que transcurran, como máximo, entre 48 y 72 horas desde que se produce una notificación de sospechas de abusos sexuales para que pueda obtenerse información para:
  a) confirmar si la sospecha está justificada;
  b) determinar si existen factores de riesgo en la familia y/o en el niño o adolescente que posibiliten la reiteración de los abusos, y
  c) establecer si es necesario adoptar medidas de protección de urgencia.
- Se aconseja que la evaluación de los efectos de los abusos en las víctimas y de la dinámica familiar –mediante equipos especializados como en el modelo español o mediante equipos interdisciplinarios– se complete en un plazo máximo de 4 a 6 semanas para que, a partir de dicho plazo, se pueda comenzar con la intervención específica.
- Lo ideal es que los profesionales que investigan y valoran la situación de riesgo puedan recabar información de diversas fuentes, como ser: de familiares –los denunciantes y otros–, vecinos, profesores u otros profesionales que hayan trabajado con la familia. Con todo, más allá

71

de los informes que reciban, las decisiones acerca del grado de riesgo en que se encuentra el niño o el adolescente y sobre las medidas a establecer deberían ser tomadas por profesionales formados en los diversos aspectos de la protección infantil, que tengan en cuenta criterios específicos para garantizar el bienestar psicofísico de los niños.

Si bien esto es lo deseable, es muy frecuente, aun en los sistemas estructurados donde están claros los roles y las incumbencias, que las decisiones se tomen en función de las necesidades de los adultos. Por ejemplo, casos de abusos intrafamiliares por parte de un familiar no conviviente, donde se permite que el agresor visite a la víctima y, eventualmente, a sus hermanos –a veces sin ningún tipo de supervisión– con la intención de "preservar" los vínculos familiares. Convendría reflexionar en estos casos qué se entiende por "vínculos familiares" y preguntarse cuáles y de quién son los "vínculos familiares" que se preservan, si son los de los niños o los de los agresores.

Frente a una sospecha de abuso sexual, además, es muy importante recoger información acerca de la presencia de otras víctimas potenciales que podrían haberse visto afectadas por el mismo agresor. En tal sentido, es importante averiguar si existen hermanos, otros parientes menores de edad, otros niños que realicen actividades similares o que frecuenten a las mismas personas. De ser así, se aconseja considerar la posibilidad de extender la investigación y la evaluación a estas víctimas potenciales.

- Al valorar el riesgo que implica el contacto del agresor con el niño o con el adolescente o la permanencia del agresor dentro del grupo familiar, no solo hay que tener en cuenta los factores individuales y familiares de las supuestas víctimas, sino que deben considerarse también las posibilidades de los profesionales para garantizar la integridad y la protección de las víctimas. Si los profesionales consideran que en el hogar estas condiciones no están dadas, se recomienda tomar medidas donde, en primer lugar, se excluya al agresor y, de no ser posible, se traslade al niño o al adolescente a casa de familiares o amigos.

- En la mayoría de los casos es frecuente que distintos equipos, servicios e instituciones tengan que colaborar, compartir información y realizar informes para la Justicia y/o la policía. Cuando así sucede es conveniente recordar que los servicios de protección infantil y los profesionales de la Justicia no suelen tener los mismos objetivos. Mientras los servicios de protección infantil están orientados a ayudar a las familias con sus problemas, los profesionales de la Justicia están enfocados en recoger pruebas para juzgar y, eventualmente, condenar a los responsables de los delitos. Estas diferencias no constituyen necesariamente un obstáculo insalvable, sino una realidad que conviene tener en cuenta.

Bibliografía

Faller, K. C.: *Child Sexual Abuse: Intervention and Treatment Issues. National Center on Child Abuse and Neglect.* U.S. Department of Health and Human Services. Administration for Children and Families, EE.UU., 1993.

Guía de actuación en situaciones de desprotección infantil. Diputación Foral de Guipuzkoa, San Sebastián, 2004.

Manual de actuación en situaciones de desprotección infantil de la Comunidad Autónoma de Cantabria, Dirección General de Políticas Sociales, España, 2006.

CAPÍTULO 4

LA ESTRUCTURA DE LA EVALUACIÓN: MODELOS

La revelación: un proceso gradual

Los niños y adolescentes revelan los abusos sexuales padecidos de un modo generalmente complejo y personal. A veces sucede en forma accidental (comportamientos observados por terceros), otras veces hacen comentarios deliberados porque desean compartir qué les está sucediendo.

Conviene recordar que:

– Los niños, en especial los más pequeños, no suelen ser quienes promueven las sospechas o las notificaciones de abusos sexuales. Por lo general, suele haber otros factores desencadenantes: informes médicos, notificaciones de terceros, etc.

– Los niños y adolescentes no suelen informar todos los detalles de los abusos padecidos en una sola entrevista o de una sola vez: deliberadamente se guardan y/o minimizan la información que aportan.

– Los niños y adolescentes suelen no informar los abusos padecidos inmediatamente después de ocurridos; por el contrario, pueden demorarse meses o, incluso, años en hacerlo.

– Un cierto número de niños y adolescentes niega los abusos o se retracta posteriormente, aun cuando existan pruebas –no relacionadas con sus relatos y descripciones– de que han ocurrido.

- La existencia de una revelación informal previa no es garantía de que se producirá una revelación formal en el proceso de evaluación.
- Una amplia variedad de factores, que incluyen la edad y la cultura, pueden influir en la habilidad y/o el deseo de los niños y adolescentes para revelar los abusos.
- Aun en los casos en que sean los niños y adolescentes quienes revelan los abusos, pueden no haber previsto una intervención profesional.
- Sin embargo, algunos pueden prever las consecuencias que tendrán sus revelaciones para ellos mismos, para sus seres queridos o para el agresor y pueden limitar la información que aportan.

La complejidad de este tipo de evaluación se deriva no solo de las características del problema en sí, sino del hecho de que las entrevistas se llevan a cabo en un momento determinado de la historia personal de la supuesta víctima, y equivalen a una fotografía en un instante muy preciso. Al evaluador le falta el antes y el después; un fragmento más detallado de la "película". Sin embargo, este "recorte" temporal, propio de la manera de entrevistar a niños y adolescentes ante las sospechas de abusos sexuales, debe ser sopesado y los investigadores del tema coinciden en que es característico de la revelación el hecho de ser un "proceso continuo", que no se circunscribe a un episodio aislado (Sorensen y Snow, 1991).

En este "proceso continuo" la predisposición y la actitud de un niño o adolescente pueden tener variaciones: mostrarse en ocasiones dispuesto a describir lo que recuerda o, por el contrario, con tendencias a minimizar y negar lo ocurrido. Con lo cual, el contexto de la situación personal y familiar junto con el momento particular que la supuesta víctima esté atravesando puede modificar los resultados de las evaluaciones.

Además de las dificultades inherentes a que la revelación de los abusos constituye un proceso continuo y gradual, el entrevistador tiene que comprender y emplear procedimientos sin olvidar que la población de niños y adolescentes no es homogénea. Esto quiere decir que no siempre obtendrá resultados semejantes aplicando los mismos métodos.

El evaluador debe recordar que las entrevistas se realizan en un momento acotado del proceso en que se produce la revelación y que el relato obtenido constituye lo que **ese** niño o adolescente puede contar en **ese** día determinado a **esa** persona determinada que lo está evaluando. Por lo tanto, el material recogido en estas entrevistas no quita validez a revelaciones anteriores (que hayan ocurrido fuera del contexto de la evaluación) ni anula la posibilidad de que surjan otras revelaciones y/o se agreguen detalles con posterioridad a la evaluación actual (Stern, 1992).

Por el contrario, niños y adolescentes constituyen una población sumamente variada y, aun teniendo las mismas edades, suelen ser diferentes en lo que hace a factores de personalidad, la capacidad de memoria, la habilidad expresiva y de lenguaje, así como en los logros evolutivos en las áreas cognitiva y judicativa; factores todos que influyen en este tipo de entrevistas.

Es fundamental que en estas evaluaciones se obtenga información sobre lo que pudo haber sucedido, limitando al mínimo el daño que se le pueda causar al entrevistado. Es crucial respetarlo durante el procedimiento.

Como ya se dijo, la revelación es un proceso gradual. Es poco realista esperar que un niño o adolescente establezca rápidamente un vínculo de confianza con un entrevistador a quien no conoce y que le cuente detalles de su eventual victimización sexual. Algunos necesitan tener más de dos o tres entrevistas; otros nunca revelan lo sucedido.

Es importante que el entrevistador sepa que, en los típicos casos de abuso sexual, suele haber ocurrido mucho más que lo que el niño describe al comienzo y que el entrevistado puede tener buenas razones para no suministrar la totalidad de la información. La decisión de revelar lo sucedido suele no resultar sencilla. Muchos solo desean que la situación abusiva se interrumpa, pero no quieren que el agresor sea castigado ni que las eventuales amenazas por él proferidas se conviertan en realidad. Es importante tener empatía con ellos ya que pueden estar asustados y confundidos, no solo por la manera en que el agresor cometía los abusos, sino también por la forma como funciona el sistema de investigación y evaluación.

> *Aun el entrevistador más sensible, informado y experimentado puede fracasar en la obtención de respuestas significativas por parte de algunos niños. Cada caso y cada niño son únicos. No existe ningún libreto que garantice el éxito ya que el estilo y las preguntas del entrevistador deben estar hechos a la medida de las necesidades de los individuos en un momento determinado.*
>
> National Center for the Prosecution of Child Abuse, 1993
> (Centro Nacional para el Procesamiento del Abuso Infantil)

Necesidad de hipótesis alternativas

Ante una sospecha de abuso sexual, el evaluador deberá tener previstas diversas hipótesis explicativas porque, de lo contrario, existe el riesgo de que se empeñe en corroborar "su" hipótesis y que no se ocupe de explorar otras posibilidades que den mejor cuenta de lo sucedido.

Entre las alternativas posibles cuando se sospecha abusos sexuales a personas menores, conviene tener presente que es posible que:

- **El niño haya sido víctima de abusos sexuales**
  …y su relato sea creíble y adecuado;
  …pero, debido a su edad o a déficits cognitivos, no posea la habilidad verbal necesaria para aportar una descripción creíble de la(s) situación(es) abusiva(s);
  …pero, debido al temor, no revele la(s) situación(es) abusiva(s);
  …pero, debido a cuestiones de lealtades, no revele la(s) situación(es) abusiva(s).

- **El niño no haya sido víctima de abusos sexuales**
  …y su relato es creíble pero haya percibido erróneamente las interacciones inocentes;
  …pero haya sido "contaminado" sin intencionalidad por un cuidador o por una figura de autoridad preocupada o excesivamente alerta;
  …pero haya sido manipulado de manera intencionada por un cuidador o por una persona de autoridad para que crea que ha sido abusado sexualmente;

…pero, a sabiendas, acuse a alguien falsamente debido a presiones de un cuidador o de una persona de autoridad que cree que ha sido abusado;

…pero, a sabiendas, acuse a alguien falsamente por motivos relacionados con la venganza o con su engrandecimiento personal.

Modelos de evaluación

Se ha dicho que cuando se plantea la evaluación de una sospecha de abuso sexual uno de los aspectos que hay que decidir está relacionado con los detalles formales, tales como el sitio donde se llevará a cabo, quién será el entrevistador, cuántas entrevistas se realizarán, cómo se registrarán las entrevistas, cómo se protegerán los datos, etc.

En este capítulo nos ocuparemos de otra importante decisión que el equipo tiene que tomar en la fase de preparación del proceso: decidir bajo qué modelo y formato se conducirán las entrevistas.

Luego de revisar los diferentes formatos de evaluaciones de sospechas de abusos sexuales, la especialista estadounidense Katheryn Kuehnle ha clasificado los modelos posibles de entrevistas en cuatro grupos:

➤ El modelo abarcativo.
➤ El modelo de entrevistas con el niño o adolescente.
➤ El modelo de observación progenitor/niño o adolescente.
➤ El modelo de observación del niño o adolescente.

Cada uno tiene sus características, sus fundamentos, sus ventajas y sus aspectos controvertidos que serán enumerados a continuación.

El modelo abarcativo

• **Características principales**
  – Se realizan entrevistas paralelas a los cuidadores y miembros de la familia nuclear y a la familia extensa (tanto a los

79

sospechados como a los no sospechados), a otras personas significativas: trabajadores sociales, niñeras, policía, personal de guarderías o de escuelas, etc.

- Se revisan los expedientes e informes pertinentes disponibles: antecedentes policiales, expedientes de servicios sociales, entrevistas previas, etc.
- Se realizan entrevistas con los niños y adolescentes (dos o más).
- Se puede observar la interacción progenitor/niño.
- Se incluye el informe del examen médico del estado clínico general y de la zona genital en particular.
- Se realiza la evaluación exhaustiva del supuesto agresor.
- Se hace una evaluación exhaustiva de ambos progenitores cuando se agregan problemas de tenencia y visitas.

- **Supuestos básicos**
  - Las sospechas de abusos sexuales a niños y adolescentes son situaciones complejas que hacen necesario valorar la información suministrada por diversas fuentes.
  - Los relatos de los niños y adolescentes durante la entrevista constituyen una importante fuente de información.
  - Para llegar a conclusiones sobre las sospechas de abusos sexuales es necesario que la información tenga fundamento empírico.

- **Ventajas**
  - Se evalúa el relato del niño y adolescente en un contexto integral.
  - En los casos de sospecha de abuso intrafamiliar, se incluye en el proceso de evaluación tanto al progenitor no agresor como al supuestamente agresor.
  - Se contrasta la información aportad por el niño y adolescente con la obtenida a través de fuentes colaterales.

- **Aspectos controvertidos**
  - La información empírica acerca de los abusos sexuales a niños y adolescentes suele ser limitada.

– No existe consenso entre los profesionales acerca del valor y el peso que debe adjudicarse a los relatos y descripciones de niños y adolescentes.

– No existe acuerdo entre los profesionales acerca de cómo interpretar la información proveniente de niños y adolescentes y de fuentes colaterales, en función de las limitaciones del conocimiento de base empírica.

– Es un procedimiento costoso que requiere mucho tiempo para recoger toda la información necesaria.

Entrevista con niños y adolescentes

• **Características principales**

– Se realizan entrevistas con cuidadores primarios para obtener datos evolutivos del niño o adolescente, acerca del funcionamiento general y para evaluar la capacidad del cuidador para protegerlos.

– Se realizan entrevistas a niños y adolescentes (una o más).

– Se incluye el informe de examen médico de estado clínico general y de la zona genital en particular.

• **Supuestos básicos**

– Los relatos y las descripciones de niños y adolescentes durante las entrevistas constituyen la fuente más importante de información.

– Las afirmaciones de niños y adolescentes generalmente son fiables.

– Las falsas acusaciones son infrecuentes.

• **Ventajas**

– La evaluación puede hacerse en poco tiempo.

– Permite tomar decisiones sobre la protección infantil en un plazo breve.

– Puede utilizarse cuando no es posible tener contacto con los progenitores.

- **Aspectos controvertidos**
  - No existe consenso entre los profesionales acerca del valor y el peso que debe adjudicarse a los relatos y descripciones de niños y adolescentes.
  - No existe consenso entre los profesionales acerca de la habilidad que debe poseer el entrevistador para evitar que contamine el relato de niños y adolescentes y que genere falsos recuerdos.
  - No existe consenso entre los profesionales acerca de la prevalencia de los falsos alegatos.

Observaciones. Este modelo fue el más utilizado en las décadas de 1960 y 1970, y proviene del modelo de investigación en salud mental cuando se entrevista a la persona sintomática. Dado que el problema de los abusos sexuales no estaba tan difundido, no se pensaba en la posibilidad de que alguien pudiera haber influido en las revelaciones de las supuestas víctimas. Este modelo es un derivado de la afirmación "Los niños nunca mienten". A partir de los cambios relacionados con este tema ocurridos en los EE.UU. en la década de 1980, ya no puede afirmarse que los conocimientos que puedan tener niños y adolescentes sobre asuntos sexuales –y que no se correspondan con la edad– hayan podido originarse exclusivamente por haberlos experimentado de manera directa.

También se utiliza este modelo para entrevistar a víctimas adultas de violaciones.

Observación progenitor/niño o adolescente

- **Características principales**
  - Se realiza una entrevista con los niños o adolescentes.
  - Se observa el juego del niño en una o dos sesiones.
  - Se entrevista al progenitor no acusado en presencia del niño o adolescente; el progenitor comenta las sospechas en presencia de la supuesta víctima.
  - Se entrevista al progenitor sospechado de cometer las agresiones sexuales en presencia del niño o adolescente; el pro-

genitor comenta las sospechas en presencia de la supuesta víctima.
- Se observa al supuesto agresor junto al niño o adolescente; con o sin la presencia del entrevistador, el adulto puede interrogar a la supuesta víctima sobre la sospecha.

- **Supuestos básicos**
  - Es posible analizar las emociones y las interacciones entre los individuos.
  - Los comportamientos del niño o adolescente con la figura parental son más importantes que lo que exprese verbalmente.
  - La situación de juego constituye una rica fuente de información acerca de la dinámica familiar y de las habilidades parentales para desempeñar su rol.
  - Se pueden identificar falsas acusaciones al observar la calidad de la relación entre el niño o adolescente y el progenitor sospechado.

- **Ventajas**
  - Se incluyen en el proceso de evaluación tanto al progenitor acusado como al no acusado.
  - Se analiza la calidad actual de la relación entre el progenitor y el niño o adolescente.
  - Se valoran las descripciones de niños y adolescentes acerca de lo que sienten hacia el progenitor acusado a través de la observación de la interacción entre ellos.

- **Aspectos controvertidos**
  - No existen pruebas empíricas que apoyen la hipótesis de que se pueda evaluar una sospecha de abuso sexual mediante la observación de la interacción entre el niño o adolescente y el supuesto agresor.
  - Los niños y adolescentes pueden mostrar un fuerte apego hacia un progenitor que abusa sexualmente de ellos.
  - Los comportamientos sexuales ocurren con escasa frecuencia, lo que disminuye la posibilidad de que una conducta sexualizada suceda durante la observación de un niño o adolescente y el supuesto agresor.

– Se puede traumatizar a un niño o adolescente interrogándolo ante un progenitor abusivo.

La Academia Americana de Psiquiatría Infanto Juvenil (AACAP, 1990) aconseja que "[…] si los progenitores se encontraren en disputas acerca de la tenencia o del régimen de visitas y/o el niño sea un preescolar […], el profesional deberá evaluar la conveniencia de observarlo por separado con cada progenitor. Antes de realizar las observaciones, deberá reunirse a solas con el niño para establecer un vínculo de confianza y asegurar que el menor sentirá cierto grado de control sobre la entrevista con el supuesto agresor. Si el niño se muestra muy alterado por la propuesta y existiera riesgo de traumatizarlo, el profesional podrá decidir que se suspenda el encuentro con el supuesto agresor. La insistencia del progenitor no constituye una razón para eludir esta parte de la evaluación".

Observaciones. Este modelo se creó para valorar el maltrato físico de niños y adolescentes, y está basado en la teoría y las investigaciones sobre el apego. Ellas afirman que el tipo de vínculo entre padres e hijos puede inferirse de los comportamientos observados en la interacción de la díada. Por lo tanto, en caso de existir un vínculo violento, este será evidente en la observación del niño o adolescente y el progenitor agresor. Si bien esta aseveración está contrastada para los casos de maltratos físicos, no existen pruebas semejantes en lo que hace a las conductas sexualmente inapropiadas hacia niños y adolescentes. Es más, no existen indicadores conductuales observables que permitan diferenciar el tipo de vínculo entre una supuesta víctima y un progenitor que abusa sexualmente y otro que no lo hace. Por el contrario, investigadores y especialistas en el tema desaconsejan este modelo por sus efectos negativos, tanto en sus aspectos prácticos como en los éticos. (Ver Cuadro 1.)

Cuando haya que decidir si se realizarán entrevistas conjuntas entre la supuesta víctima y un progenitor sospechado de agresiones sexuales, las decisiones deben fundamentarse en la premisa del "superior interés del niño".

Cuadro 1. Efectos negativos de las entrevistas conjuntas entre la persona sospechada y la supuesta víctima

- En caso de llevarse a cabo **antes** de las entrevistas de evaluación con el niño o adolescente a solas, es posible que inhiba cualquier revelación en los trabajos posteriores con la supuesta víctima.
- Es altamente improbable que el niño o adolescente revele o describa las agresiones sexuales hipotéticamente sufridas en el transcurso de una entrevista conjunta con la persona sospechada. Sin embargo, es muy posible que el adulto manipule a la supuesta víctima y le haga decir que nada de carácter abusivo ha sucedido.
- La entrevista conjunta puede no aportar elementos que confirmen o descarten la posibilidad de que hayan ocurrido abusos sexuales.
- El vínculo progenitor-hijo puede parecer normal aun en casos en que los abusos sexuales hayan ocurrido.
- Los comportamientos sexualizados son poco frecuentes y no es esperable que ocurran durante la entrevista conjunta.
- Una entrevista conjunta puede constituir una situación de maltrato y hacer que el niño o adolescente se sienta traicionado si ha revelado comportamientos abusivos en entrevistas individuales realizadas con anterioridad.
- En los casos en que se sospeche que la acusación es falsa, el niño o adolescente puede verse aún más involucrado en el conflicto entre sus padres si se permite que la persona acusada contraste las acusaciones con él.

Observación del niño o adolescente

- **Características principales**
  Se realizan entrevistas con el progenitor no acusado en los casos de supuesto incesto para obtener datos evolutivos del niño y datos acerca de su funcionamiento general.
  Se realiza una observación prolongada del juego del niño en búsqueda de conductas de simbolismo lúdico y dramatizaciones de la agresión sexual.

- **Supuestos básicos**
  - En el juego del niño pueden detectarse elementos indicativos de que se están reviviendo experiencias traumáticas (reiteraciones de escenas traumáticas y/o aparición repetida de temas relacionados con el trauma).

- La información más importante se obtiene de la observación del contenido de los juegos de los niños.
- El juego permite la espontánea expresión de los pensamientos, los sentimientos, las percepciones y las creencias infantiles.
- Por tratarse de una técnica proyectiva, permite prescindir del interrogatorio directo.

- **Ventajas**
  - Evita la ansiedad y los mecanismos defensivos que provoca el interrogatorio directo.
  - La expresión de los pensamientos infantiles durante el juego aporta información acerca de los roles y la dinámica familiar.

- **Aspectos controvertidos**
  - Este modelo no puede usarse como única fuente de información para confirmar o descartar que los abusos sexuales sospechados hayan ocurrido.
  - Este modelo no cuenta con niveles aceptables de confiabilidad y validez.
  - No existen investigaciones que demuestren la existencia de indicadores específicos en el juego de niños abusados.
  - No se incluye al progenitor sospechado en el proceso de evaluación.

Consideraciones y recomendaciones

➤ Cuando fuera posible, se recomienda emplear el **modelo abarcativo** porque proporciona al evaluador información más completa.

➤ La observación de la díada persona sospechada-supuesta víctima puede ser utilizada para evaluar la relación entre ellos pero NO debe utilizarse para "confirmar" las sospechas de abusos sexuales.

➤ Las entrevistas individuales con el niño o adolescente deben realizarse antes de observar la díada persona sospechada-supuesta víctima.

➤ No debe permitirse que la persona sospechada contraste los relatos de la supuesta víctima con él ya que:

  a) puede provocar confusión en un niño o adolescente que no fue abusado pero que puede llegar a creer que sí lo ha sido, o

  b) puede atemorizar al niño o adolescente que sí ha sido abusado.

➤ Si el niño o adolescente se negara a reunirse con la persona sospechada, es necesario contar con explicaciones alternativas, sin que esta negativa implique un enfoque exclusivo en la existencia de conductas abusivas.

➤ Dada la complejidad de la evaluación de las sospechas de abusos sexuales, los profesionales no deben atenerse únicamente al relato infantil para formarse una opinión.

➤ El juego de los niños no ha mostrado "indicadores" que diferencien de manera efectiva quiénes han sido agredidos sexualmente y quiénes no.

➤ No es posible sacar conclusiones de una sola fuente de información; las conclusiones acerca de la probabilidad de que un niño o adolescente haya padecido abusos sexuales deben basarse en múltiples fuentes de información.

Entrevistas con los familiares de las supuestas víctimas

Si se decide aplicar los modelos que recurren a los aportes de las fuentes secundarias, entre las personas que tendrían que ser consideradas para entrevistar tenemos a:

  a) los adultos responsables de los cuidados, y

  b) los hermanos u otros niños o adolescentes convivientes, en los casos de sospechas de abusos intrafamiliares, o del entorno en el que pudieran haber ocurrido los hechos, en los casos de abusos extrafamiliares (por ejemplo: escuela, grupos de tiempo libre, etc.) ya que es posible que un mismo agresor victimice a más de un niño.

Entrevistas a los familiares adultos no sospechados de ser agresores

Tienen como objetivo:
- recoger información sobre las características y los comportamientos de las supuestas víctimas;
- contrastar la posibilidad de que los abusos hayan ocurrido y recoger información que ellos pudieran haber detectado;
- establecer el grado de apoyo y de protección que ofrecen al niño o adolescente;
- valorar su posible influencia en los testimonios del niño o adolescente o en una retractación;
- recoger elementos para comprender la dinámica que pudo haber conducido a los hechos abusivos.

Las reacciones de los adultos no agresores suelen ser de descreimiento y/o de minimización. No es fácil aceptar que dentro de la propia familia o de algún otro ambiente que infunde confianza, como puede serlo el ámbito escolar, ocurran agresiones sexuales. Algunos adultos pueden tomar medidas protectoras sin terminar de creer por completo en las sospechas; otros recurren a profesionales con la expectativa de que no sean confirmadas; otros han detectado algunos indicadores en su momento pero los han soslayado por razones diversas.

Con el tiempo, y generalmente con apoyo profesional, la mayoría de estos adultos consiguen aceptar los hechos y continúan protegiendo a las víctimas.

Sin embargo, aun cuando existan poderosos indicadores, algunas personas descreen de lo que los niños relatan y toman partido por el sospechado de las agresiones, acusando a la supuesta víctima de mentirosa, fantasiosa o culpabilizándola directamente por lo sucedido.

En ocasiones, la información que aportan los adultos no agresores permite descartar que los abusos hayan ocurrido.

Es conveniente prestar especial atención cuando hay una relación conflictiva entre el adulto no agresor y la persona sospechada de la agresión para valorar si la primera podría estar apoyando o induciendo un relato de falso abuso sexual. Sin embargo, hay que destacar que diversas investigaciones señalan que entre un 50 y un 75% de sospechas de abusos sexuales producidos en un contexto de divorcio (conflictivo o no) reúnen las condiciones de probables y pasibles de ser investigadas, y que las falsas denuncias deliberadas son bastante infrecuentes.

Factores para valorar la actitud protectora hacia las supuestas víctimas por parte de los progenitores no agresores (Faller, 1993)

– La calidad de la relación con el niño o adolescente.
– El grado de dependencia, en especial con respecto a la persona sospechada de la agresión.
– La disponibilidad y/o habilidad para proteger a la supuesta víctima, aun cuando dude de la veracidad de sus relatos.

Las entrevistas con otros niños y adolescentes que pudieron haber estado en situación de riesgo

El objetivo de estas entrevistas es:

a) explorar si otros niños o adolescentes (incluyendo a los entrevistados) pudieron haber sufrido también agresiones sexuales. En caso de que surgiera la sospecha, se recomienda proseguir la evaluación de la misma manera que con la supuesta víctima ya identificada. La evaluación puede ser realizada por el mismo profesional o por otro, dependiendo de los recursos con que se cuente,

b) contrastar el testimonio de la supuesta víctima con otra información recogida que pudiera confirmar o descartar la probabilidad de la agresión sexual.

En los casos en que haya que entrevistar a más de un niño o adolescente, puede surgir la duda de si es mejor hacerlo de manera conjunta o por separado. Si bien no hay una respuesta aplicable a todos los casos (en ocasiones, estar junto a un hermano mayor que brinde respaldo, puede facilitar la revelación; o, por el contrario, puede reforzar las prohibiciones familiares que contribuyen a mantener el secreto), es conveniente comenzar tomando entrevistas por separado para evitar que uno de los entrevistados "contamine" o influya en el relato de otro. Si fuera necesario o aconsejable, se procederá a mantener entrevistas conjuntas posteriormente.

Entrevistas con la persona sospechada o acusada de cometer los abusos

Para confirmar o descartar una sospecha, no es necesario evaluar a la persona acusada o sospechada de haber cometido los abusos. Es de suponer que ella puede no tener interés en ofrecer información, pues corre riesgo de perder a su familia o el contacto con su hijo, quedarse sin trabajo o incluso ir a prisión. Por lo tanto, es probable que intente convencer al entrevistador de que el niño o adolescente miente, fantasea, se equivoca o tiene problemas emocionales, aun cuando sepa que lo relatado por la víctima es verdad.

Sin embargo, ante situaciones con relatos imprecisos o de descripción de conductas compatibles con cuidados corporales, la información suministrada por la persona sospechada puede resultar esclarecedora.

La información suministrada en estas entrevistas puede ser de utilidad para:

- establecer hipótesis alternativas;
- valorar las habilidades y el funcionamiento personal del individuo;
- valorar el tipo y la calidad de vínculos entre la supuesta víctima y el supuesto agresor;
- en el caso de que los sospechados de las agresiones sean menores de edad, valorar el posible origen de los comportamientos (coexistencia de situaciones de desprotección, maltratos, abusos sexuales padecidos, etc.).

En las situaciones en que los agresores sean también menores de edad, habrá que explorar la posibilidad de que hayan sufrido abusos a manos de otras personas y que sus comportamientos actuales estén reproduciendo los abusos padecidos. Si se confirmara que han sido víctimas en el pasado, si bien no les quita responsabilidad, ello está indicando la urgente necesidad de una intervención que aborde tanto los abusos sufridos como las conductas sexualmente agresivas.

En cualquier caso, la decisión acerca de la conveniencia y la utilidad de entrevistar a la persona acusada o sospechada de haber cometido los abusos la tomarán los especialistas que se encarguen de realizar la evaluación propiamente dicha; no es una decisión que tengan que tomar –ni tampoco conviene que tomen– los profesionales no especializados.

En ocasiones, los sospechados de los abusos pueden aceptar lo que han hecho. La probabilidad de que lo hagan aumenta cuando saben que podrán acceder a una intervención terapéutica, aun cuando sea acompañada de algún castigo.

También es recomendable valorar las características del vínculo entre el agresor y la víctima ante la posibilidad de una revinculación o reconciliación en el futuro.

Cabe señalar que así como no existen pruebas psicológicas ni indicadores irrefutables que caractericen a las personas que cometen agresiones sexuales contra niños o adolescentes, tampoco existen pruebas psicológicas ni indicadores irrefutables que permitan descartar la posibilidad de que alguien haya cometido abusos.

Valoración de situación de riesgo

Es bastante frecuente que la victimización sexual ocurra en niños y adolescentes que padezcan algún tipo de desprotección, ya sea en un momento puntual de sus vidas o de manera crónica.

De ahí que sea importante aprovechar las entrevistas con los adultos no agresores para determinar si existe una situación de riesgo y, en caso afirmativo, cuál es la gravedad. Para ello, a veces, es necesario recurrir a fuentes secundarias de información, tales como otros integrantes del grupo familiar, vecinos, amigos y profesionales de diversas instituciones (trabajadores sociales, maestros, médicos, terapeutas, etc.).

Ante la necesidad de decidir si es conveniente que la víctima continúe conviviendo con su grupo familiar, sobre todo en los casos de abuso sexual intrafamiliar, es fundamental valorar el riesgo de:

- que se produzcan nuevas agresiones sexuales;
- sufrir maltratos físicos;
- sufrir maltratos emocionales (descreimiento, culpabilización, rechazo y/o presiones para retractarse por parte de personas significativas del entorno familiar).

Para tomar decisiones en cuanto al riesgo en que pueda encontrarse una víctima, es necesario considerar (Faller, 1993):

➤ El tipo de abuso sexual: suelen representar mayor riesgo las conductas abusivas que comprometen más la intimidad de la víctima y que, además, han ocurrido de forma reiterada.

➤ Las características de la situación abusiva: si ha habido utilización de amenazas y/o de fuerza física; cuanto más frecuentes hayan sido los episodios y más prolongados en el tiempo, mayor es el riesgo.

➤ La edad de la víctima: los más pequeños son más vulnerables.

➤ El vínculo entre la víctima y el agresor: cuando el vínculo es más cercano o más estrecho, se incrementa el riesgo de, por ejemplo, maltrato emocional.

➤ La cantidad de víctimas: en los casos en que haya más de un niño o adolescente victimizado puede inferirse que el agresor presenta mayores dificultades para controlarse.

➤ La cantidad de agresores: la presencia de agresores múltiples, sobre todo en un entorno familiar, indica la existencia de una familia de alto riesgo.

➤ La reacción y las habilidades del progenitor no agresor: si descree de la víctima, tiene un vínculo poco afectuoso con ella o muestra un alto grado de dependencia del agresor, el riesgo es mayor.

➤ La reacción del agresor: si continúa en contacto con la víctima, si tiende a culpabilizarla por la revelación y niega los abusos, el riesgo es mayor.

➤ La existencia de otros problemas en la dinámica familiar: puede haber problemas de abuso de sustancias, violencia doméstica, maltratos entre los cónyuges o hacia los hijos, patología psiquiátrica o retrasos madurativos. El riesgo aumentará según cuántos de estos problemas afecten a la familia, según quién(es) los padezca(n) y según la gravedad que presenten.

Bibliografía

American Academy of Child and Adolescent Psychiatry: *Guidelines for the evaluation of child sexual abuse*, EE.UU., 1990.

APSAC (American Professional Society on the Abuse of Children): *Psychosocial Evaluation of Suspected Sexual Abuse in Children*, EE.UU., 1997.

Davies, G. M. y Westcott, H. L.: *Interviewing Child Witnesses under the Memorandum of Good Practice: A Research Review.* Policing and Reducing Crime Unit: Police Research Series. Paper 115. Londres, 1999.

Faller, K. C.: *Child Sexual Abuse: Intervention and Treatment Issues.* National Center on Child Abuse and Neglect, U.S. Department of Health and Human Services, Administration for Children and Families, EE.UU., 1993.

Kuehnle, K.: *Assessing Allegations of Child Sexual Abuse.* Professional Resource Press, EE.UU., 1996.

Lawson, L. y Chaffin, M.: "False Negatives in Sexual Abuse Disclosure Interviews". *Journal of Interpersonal Violence, 7:4*, 532-542, 1992.

Myers, J. E. B.: *Legal Issues in Child Abuse and Neglect Practice.* Sage, California, 1998.

National Center for the Prosecution of Child Abuse: *Investigation and Prosecution of Child Abuse*, EE.UU., 1993.

New York State Children's Justice Task Force: *Forensic Interviewing Best Practices*, EE.UU., 2003.

Office of Juvenile Justice and Delinquency Prevention: *Criminal Investigation of Child Sexual Abuse*, EE.UU., 1997.

Sorensen, T. y Snow, B.: "How Children Tell: The Process of Disclosure in Child Sexual Abuse". *Child Welfare, LXX: 1*, 3-15, EE.UU., 1991.

CAPÍTULO 5

CARACTERÍSTICAS Y ASPECTOS FORMALES DE LAS ENTREVISTAS

La información inicial

Ya se ha dicho que una investigación por sospechas de abusos sexuales a niños se inicia debido a que:

a) alguna persona ha detectado indicadores en su comportamiento o en su salud;
b) los niños han realizado algún relato o descripción de situaciones que generan dudas, y/o
c) se detectaron indicadores de comportamientos sexuales inadecuados en personas sospechadas de haber cometido las agresiones sexuales.

Según las características de los indicadores detectados, serán profesionales de servicios no especializados (frente a indicadores inespecíficos) o de servicios especializados (ante indicadores específicos) los que realicen la evaluación.

Sin embargo, la mayoría de las veces, la recolección de información y la decisión de derivar –o no– a equipos especializados dependerá de servicios no especializados. En el Capítulo 3 nos hemos ocupado de los detalles para recabar la información necesaria para tomar esta primera decisión, tanto de fuentes directas (familiares convivientes, víctima) como de fuentes secundarias (otros familiares, otros profesionales, informes escolares, informes médicos, expediente de servicios sociales, expediente judicial, etc.).

Objetivo de la evaluación

La evaluación de las sospechas de abusos sexuales consiste en un proceso sistematizado de recolección de la mayor cantidad posible de información como para afirmar o descartar la ocurrencia de las agresiones sexuales. A veces, puede ser llevada a cabo por un solo profesional; otras veces, requerirá de la colaboración de distintos especialistas.

El objetivo de la evaluación es que los profesionales intervinientes puedan recoger información y formarse una opinión acerca de:

- la fuente y el significado de los relatos o descripciones aportados por los niños o adolescentes;
- los comportamientos observados, y
- cualquier otro elemento que haya despertado sospechas de posibles comportamientos abusivos.

Para tal fin se basarán en sus conocimientos de psicología evolutiva, del trauma y sus efectos y de las características y la dinámica de los abusos sexuales a niños y adolescentes.

Los resultados de las evaluaciones pueden usarse para orientar una intervención terapéutica y/o para colaborar en una decisión judicial. Por lo tanto, es aconsejable que los técnicos, a la hora de comenzar una evaluación, establezcan con claridad su objetivo.

Conviene aclarar que las evaluaciones realizadas por profesionales cuyo objetivo sea la protección infantil revisten algunas características diferentes de las conducidas por el personal policial, judicial y/o forense que utiliza procedimientos específicos para sus propios objetivos. Sin embargo y a pesar de no ser iguales, las evaluaciones llevadas a cabo por los primeros suelen ser de gran utilidad para la investigación policial-judicial, cuyo objetivo es recoger pruebas utilizables para la instrucción de un expediente y para el eventual enjuiciamiento de los sospechados de haber cometido un delito.

Cuando se evalúa una sospecha de abuso sexual infantil *desde el punto de vista forense*, el entrevistador intenta, desde una posición neutral, investigar y valorar la posibilidad de que hayan ocurrido ciertos hechos, planteándose desde el principio explicaciones alternativas e intentando obtener detalles que corroboren los testimonios de los niños. La evaluación forense valora la habilidad que tiene la víctima para proporcionar información y estudia en detalle de qué manera ha realizado las descripciones y los relatos de lo supuestamente sucedido.

Lo importante, cuando se llevan a cabo entrevistas forenses, es que el profesional:

– sea neutral;
– explore otras explicaciones posibles;
– recoja la mayor cantidad de detalles, y
– ofrezca apoyo a la supuesta víctima con una actitud contenedora sin coercionar ni inducir las respuestas.

Cuando la evaluación la realizan *profesionales abocados a la protección infantil*, no solo se explora la sospecha en sí, sino también los efectos que los hechos pudieron tener sobre la supuesta víctima, así como la existencia de problemas y necesidades insatisfechas preexistentes. Por lo tanto, se recomienda:

– neutralidad y objetividad;
– recoger la información y explorar los detalles relacionados con las sospechas;
– valorar los efectos que los hechos puedan haber tenido en la vida emocional y en el desarrollo de las supuestas víctimas, y
– valorar las eventuales necesidades insatisfechas y dificultades familiares preexistentes que pudieran presentar.

Es pertinente recordar a los profesionales que se dedican a la protección infantil y que realizan evaluaciones de sospechas de abuso sexual que existe la posibilidad de que las entrevistas sean analizadas por otros profesionales, y que ellas pueden tener importantes consecuencias en decisiones que se toman en el ámbito judicial relacionadas con el bienestar y la seguridad de los niños y adolescentes.

Es necesario, a esta altura, señalar que no siempre las evaluaciones permiten confirmar o descartar por completo la posibilidad de que las agresiones sexuales hayan sucedido. Si bien ese es el objetivo de la evaluación, en muchos casos los resultados pueden no ser categóricos. Cuando esto ocurre no significa que la evaluación estuvo mal realizada, sino que, lamentablemente, en muchos casos no se cuentan con todos los elementos necesarios para afirmar que los hechos han tenido lugar. Es así que, cuando las evaluaciones no dan resultados concluyentes, serán los profesionales del ámbito de la protección infantil quienes decidirán cuál será el curso a seguir.

Para los niños y adolescentes, las entrevistas constituyen una oportunidad de hablar en detalle con adultos dispuestos a escuchar con calma, sin hacer comentarios críticos. Esto puede representar un alivio importante en los casos en que la supuesta víctima esté dispuesta y tenga las habilidades necesarias para describir qué ha sucedido, en especial si han sido experiencias que le provocan vergüenza o que lo llevaron a pensar que no iba a poder comunicarlas jamás.

Decisiones previas a la evaluación

Para planificar las entrevistas de evaluación de sospechas de abusos sexuales, el equipo deberá decidir:

a) qué modelo de evaluación utilizará (integral/abarcativo, entrevistas con niño/adolescente, etc.);
b) los recursos humanos con los que contará;
c) los aspectos formales de las entrevistas;
d) las características de los recursos materiales que se usarán, y
e) quiénes participarán en el proceso.

Las entrevistas de evaluación pueden ser llevadas a cabo por un solo profesional o por un equipo, según la modalidad que se considere más eficaz y la disponibilidad de recursos humanos. Sin embargo, investigaciones llevadas a cabo en la década de 1990 en los Estados Unidos recomiendan que sean conducidas por equipos interdisciplinarios porque esta opción reduce el número de entrevistas y la cantidad de entrevistadores por los que tiene que pasar la supuesta víctima, aumenta la posibilidad de identificar al agresor y permite efectivizar la acusación conjunta –por profesionales del ámbito de la protección infantil y de la Justicia– en sede judicial.

Estilos de registro de las entrevistas

Dada la importancia que revisten las entrevistas de evaluación en la toma de decisiones y en la intervención –tanto clínica como, eventualmente, legal–, es conveniente guardar un registro adecuado.

El modo de documentación más sencillo y básico que se aconseja llevar es el registro escrito donde consten, de manera textual, las preguntas del entrevistador y las respuestas obtenidas. En el caso de evaluaciones forenses, se debe contar con documentación específica de las preguntas y las respuestas verbales y no verbales sobre la sospecha de abuso sexual.

Según la disponibilidad de recursos técnicos pueden grabarse las entrevistas en audio o en video. En tales casos, se recomienda seguir la normativa local acerca de la protección de datos.

Cuando se proceda a la grabación –en audio o en video– es necesario comunicarlo a los padres y/o cuidadores, así como seguir las pautas de consentimiento previstas en la legislación local.

Cualquiera sea el método de registro que se utilice, hay que explicarle a los entrevistados que el evaluador registrará lo que suceda en las entrevistas y, de no estar contraindicado, explicitar los objetivos.

Cuántos entrevistadores

Es posible que, por motivos diversos –trabajo interdisciplinario, capacitación, etc.– haya profesionales que acostumbren observar las entrevistas. Serán los profesionales a cargo de los casos quienes decidirán acerca de la conveniencia de que esto suceda, teniendo como prioridad que no interfiera en el proceso de evaluación.

Si se decide que habrá otras personas observando las entrevistas, debe informárselo al niño o adolescente, y es conveniente contar con el consentimiento de los adultos responsables de su cuidado.

En caso de que se decida realizar la entrevista con más de un evaluador presente, se acordará previamente –nunca delante del niño o adolescente– qué función desempeñará cada uno, cuáles serán los objetivos de la evaluación y qué temas se abordarán. Lo más adecuado es que al comienzo de las entrevistas estas personas se presenten, expliquen sus funciones y que sea uno de ellos quien haga las preguntas y dirija la entrevista, mientras que el otro tome notas y/u observe los componentes no verbales. Cuando haya dos entrevistadores, para contribuir a que el clima sea menos tenso, uno de los evaluadores puede mantenerse en un segundo plano, colocándose fuera del campo visual del entrevistado.

Si, por las razones que sean, más de dos profesionales tuvieran que presenciar la evaluación, se aconseja que lo hagan a través de un espejo unidireccional*, avisándole al niño o adolescente que habrá otras personas observando las entrevistas. Si fuera necesario, esas otras personas se presentarán al entrevistado antes de comenzar la tarea.

En algunas situaciones, por motivos clínicos, puede ser necesario que el adulto no sospechado o no agresor observe las entrevistas. Siempre conviene valorar, antes de tomar esta decisión, si está correctamente indicada, si representa una presión para el niño o adolescente y si puede afectar la validez del proceso de evaluación.

Precauciones con la documentación del material de entrevistas

– Registro escrito

El objetivo es reflejar de la manera más exhaustiva posible lo ocurrido en las entrevistas, con lo cual deberá incluirse tanto la comunicación verbal como la no verbal (encogimiento de hom-

---

* Cámara Gesell.

bros del niño, negativas con la cabeza, cambios de actitud y/o de comportamiento, retraimiento, etc.). El registro de la comunicación no verbal resulta de gran interés cuando se asocian los cambios observados con lo expresado verbalmente durante las entrevistas.

Es importante recordar que estos materiales deben ser registrados de manera legible y clara, y conservados en el expediente ya que pueden ser solicitados por las autoridades judiciales.

El registro de las preguntas y respuestas de manera textual permite valorar si la entrevista se ha realizado siguiendo las pautas recomendadas y analizar si las preguntas fueron inductoras de respuestas, si se hicieron en forma sesgada o si fueron malinterpretadas.

En los casos en que las anotaciones sean hechas por un segundo evaluador, el evaluador principal deberá revisarlas y hacer los agregados y las correcciones que considere pertinentes.

Cuando las notas sean tomadas por un único evaluador, conviene que lo haga de una manera que altere lo menos posible el desarrollo de las entrevistas. Las posibilidades son: a) tomar notas durante las entrevistas, o b) reconstruir lo sucedido inmediatamente después de terminadas. Si el evaluador elige esta última opción, debe tener presente que el método puede ser cuestionado en un contexto judicial, sobre todo cuanto más prolongado sea el tiempo transcurrido entre la finalización de las entrevistas y el momento de la reconstrucción escrita. Una alternativa podrá ser tomar breves notas durante las entrevistas y redactar el registro más exhaustivo y completo inmediatamente después.

– Grabación en audio o en video

Las grabaciones en audio permiten un excelente registro de los aspectos verbales de las entrevistas, pero no la documentación de la comunicación no verbal que, de cualquier modo, deberá ser registrada por escrito por el entrevistador o un ayudante.

De todas maneras, es aconsejable contar con un colaborador que tome notas para conservar algún registro en caso de que eventuales problemas técnicos con los equipos imposibiliten o dañen la grabación.

Los equipos que se utilicen deben ser confiables y de calidad suficiente como para permitir buenas grabaciones de los sonidos y captar expresiones aun de bajo volumen como, por ejemplo, algo que se ha murmurado.

No es necesario que el equipo esté fuera de la vista del entrevistado. Sin embargo, hay que prestar atención a que no constituya un obstáculo visual ni distraiga al niño o al adolescente. Las cámaras de video deben estar colocadas de manera tal que permitan captar al entrevistado y al entrevistador porque es importante contar con registros que muestren que este no ha establecido alguna comunicación no verbal que fuera sugestiva o inductora de respuestas.

De ser posible, y según las características de la sala de entrevistas, habría que contar con otras cámaras que pudieran seguir al entrevistado para ver si deambula o si no se mantiene todo el tiempo en el mismo sitio.

Ventajas de grabar las entrevistas en video

- Permite un registro riguroso de las entrevistas.
- Registra las expresiones faciales y de los gestos del niño o adolescente asociados con el relato verbal.
- Constituye un documento visual y verbal que puede ser examinado por otros profesionales, aun mucho tiempo después de haber sido obtenido.
- Reduce el número de entrevistas que, de no contar con las grabaciones, deberían llevar a cabo otros profesionales.
- Se convierte en una modalidad de formación continua para el entrevistador que se ve obligado a usar técnicas de entrevistas adecuadas.
- Es una protección legal para el entrevistador.
- La grabación puede desalentar la retractación.
- Constituye un instrumento para refrescar la memoria de la supuesta víctima, sobre todo en las situaciones en que debe testificar en un juicio meses o, aun, años después de ocurridos los hechos.
- Puede ser un elemento que favorezca la confesión de la persona sospechada o acusada.
- Es un instrumento eficaz para que el adulto no agresor termine de convencerse y/o comprenda qué fue lo que sucedió.
- Puede ser utilizado para que otros especialistas den su opinión.

Desventajas de grabar las entrevistas en video

– El procedimiento puede resultar intrusivo, provocar temor y hacer que el entrevistado no quiera brindar información.

– Requiere de logística y de recursos técnicos que pueden resultar prohibitivos para algunos equipos profesionales.

– La calidad técnica de las grabaciones puede ser mala.

– Puede perderse el material debido a fallas técnicas.

– El material puede ser usado para presionar o cuestionar al niño o adolescente.

– Puede prestarse a que se enfoque la atención en ciertas incongruencias del relato más que en los aspectos descriptivos de las conductas abusivas.

– En un proceso judicial, alguna de las partes puede usar fuera de contexto algunos fragmentos de las entrevistas.

– No todos los contactos con los niños o adolescentes son pasibles de ser grabados en video (por ejemplo, comentarios hechos antes de entrar o al salir de la sala de entrevistas).

– Puede ser usado para cuestionar las técnicas de entrevista, dejando de lado el contenido relacionado con los comportamientos abusivos.

– El material puede caer en manos de gente no autorizada (por ejemplo, los medios de comunicación), violando la confidencialidad de la información.

Conservación y archivo de los materiales de entrevista

Se consideran "materiales de entrevista" a:

– todos los documentos escritos recogidos por el entrevistador o su ayudante;
– los dibujos realizados por el niño o adolescente;
– los dibujos utilizados en la entrevista para cualquier fin;
– las grabaciones de video o de audio y cualquier apunte tomado durante las entrevistas.

Es conveniente que cada equipo interdisciplinario cuente con normas acerca de cómo archivar los materiales. En principio, los dibujos y cualquier material escrito por la supuesta víctima deben colocarse en su expediente, teniendo en cuenta que podrían ser solicitados por las autoridades judiciales.

En los casos en que el niño o adolescente quiera llevarse su dibujo, se harán fotocopias que serán guardadas en el expediente. Si el material fuera voluminoso –maquetas, figuras de plastilina– se hará todo lo posible para conservarlo, por ejemplo, fotografiándolo.

Se procederá a preservar toda la información siguiendo la normativa local para la protección de datos.

Lugar en que se realizan las entrevistas

La situación ideal para realizar las entrevistas es una sala específicamente dedicada a ello, en un ambiente tranquilo y libre de elementos que puedan distraer la atención, tanto desde el exterior (ruidos externos, tránsito, interrupciones) como desde el interior (exceso de juguetes, máquinas de fax, teléfonos fijos y/o móviles). Es deseable que sea confortable, sin apabullar a los entrevistados.

Conviene contar con una sala de espera cálida, con juguetes neutros, con posibilidad de convidar alguna bebida y caramelos, y acceso a baños.

Es útil que las dimensiones, el tamaño y el tipo de mobiliario de la sala de entrevistas, así como la variedad y la ubicación de los materiales a utilizar y el decorado, estén de acuerdo con el nivel evolutivo de los entrevistados y que se evite un ambiente intimidatorio.

Los elementos auxiliares que se pueden utilizar en el proceso de evaluación son los muñecos anatómicamente correctos, los dibujos de la figura humana y muñecos comunes. El entrevistador decidirá cuáles de estos elementos utilizará, de acuerdo con su criterio, y los tendrá a mano durante las entrevistas, decidiendo también el momento en que se los proporcionará al entrevistado. Es conveniente recordar que, si bien los niños usan los juguetes como un medio para expresarse y establecer una comunicación, a veces pueden utilizarlos para evitar un tema o para distraerse.

El hecho que no haya demasiados juguetes ni libros facilita que el niño concentre su atención en las preguntas y actividades desarrolladas durante las entrevistas. Sin embargo, como los niños suelen jugar o dibujar mientras conversan con los adultos, se recomienda contar con un número limitado de juguetes que permita organizar una situación de juego libre, además de los materiales específicos que se han mencionado para la exploración de la sospecha de abuso sexual.

Los más pequeños suelen distraerse con facilidad ante estímulos que les resultan atractivos, como las computadoras o las máquinas de escribir, por lo que habrá que quitarlas cuando se realicen estas evaluaciones.

No está contraindicado contar con galletas o bebidas para que puedan servirse, si lo desean. Se aconseja que estén disponibles en todo momento y que estos elementos no sean utilizados para "premiar" algún tipo de respuesta.

Se recomienda que la sala de entrevistas tenga un espejo unidireccional y un equipo de sonido que permita escuchar la entrevista desde la sala adjunta.

No es atinado realizar la evaluación en el lugar donde pudieron haber ocurrido las conductas abusivas (por ejemplo, el domicilio familiar, cuando se sospecha un abuso intrafamiliar) ya que el grado de ansiedad o el temor que podría despertar la situación tal vez influya en la evaluación.

Número de entrevistas

El entrevistador determinará la cantidad de entrevistas que llevará a cabo en cada evaluación, teniendo en cuenta que no en todas abordará el tema de la sospecha. En muchas ocasiones, las entrevistas no pueden centrarse en la sospecha desde el inicio y debe adoptarse un procedimiento menos directo.

En los casos en que no se pueda obtener precisiones del niño o adolescente, persistan las dudas y no se considere adecuado proseguir con las entrevistas, el evaluador podrá estimar beneficiosa una intervención terapéutica no específica que tenga en cuenta la sospecha y que, tal vez, permita obtener información definitoria, o realizar una nueva evaluación en el futuro. Hasta que eso ocurra, se recomienda tomar medidas protectoras para evitar y prevenir la repetición de posibles comportamientos abusivos.

Los entrevistadores*

El resultado y la utilidad de las evaluaciones están directamente vinculados con la manera en que los entrevistadores desempeñan su rol durante el proceso de evaluación. De ahí la importancia de definir y delinear las funciones y las competencias de los profesionales que estarán a cargo de este proceso.

Es primordial, como primera medida, que el entrevistador-evaluador se sienta cómodo al interactuar con niños y adolescentes. Desde ya que no es la única condición, pero es fundamental prestar atención a este hecho, pues es muy difícil superar las tensiones que despierta un entrevistador que no se siente a gusto. Estas tensiones, indefectiblemente, provocarán serios impedimentos en el momento de establecer un vínculo y una comunicación con el entrevistado, lo que obstaculizará la posibilidad de crear y mantener un ambiente amistoso y tranquilizador. Un entrevistador tenso opacará su habilidad para valorar el desarrollo evolutivo del entrevistado, sus habilidades cognitivas, su desempeño y el nivel de sufrimiento que el procedimiento pudiera provocarle.

El entrevistador debe ser flexible y estar dispuesto a aceptar las incongruencias que puedan aparecer en las descripciones, tanto durante una entrevista como en el proceso total, evitando expresar sorpresa, disgusto, descreimiento o cualquier otra reacción emocional ante los relatos de los entrevistados. Conviene que tenga una actitud de apertura en relación con la información que puedan aportar los niños y con las explicaciones posibles ante la sospecha de abuso sexual.

Es importante que, para formarse una opinión, pueda considerar hipótesis alternativas y que esté dispuesto a llevar a cabo entrevistas colaterales con otros adultos significativos para el niño –familiares, profesionales, no profesionales–, sabiendo que las fuentes de información tienen sus limitaciones y que pueden aportar detalles equívocos.

---

* Se utilizará la palabra "entrevistador" en género masculino para no repetir ni dificultar la lectura del texto, pero se refiere a profesionales de ambos géneros. (Nota de la autora.)

Debe además ser paciente, adaptarse al ritmo del niño o adolescente y mantener la objetividad, evitando involucrarse de manera personal, pues esto podría apartarlo de su rol profesional y, en consecuencia, afectar el resultado de las entrevistas.

Una serie de investigaciones realizadas en relación con la influencia del entrevistador en las evaluaciones, arrojaron algunos hallazgos interesantes que mencionamos a continuación.

- Los niños aprecian el apoyo social del entrevistador, que se pone de manifiesto a través de una postura corporal abierta, del contacto visual, de sonrisas y de una actitud amistosa y amable. Se ha demostrado que esto tiene un efecto positivo en los entrevistados, en especial en cuanto a la posibilidad de disentir y de aumentar su resistencia a eventuales preguntas inductoras de respuesta. Con todo, es importante que esta sea la actitud del entrevistador durante todo el proceso, y no solo como respuesta de refuerzo a las afirmaciones que sostengan la posibilidad de que el abuso haya ocurrido.
- Por el contrario, los evaluadores que se muestran poco proclives a apoyar a los niños pueden resultarles atemorizantes y, en consecuencia, inhibir sus testimonios o favorecer que no se opongan ante preguntas inductoras de respuesta.
- Es imprescindible que el entrevistador esté atento a las necesidades emocionales y físicas de los entrevistados: cuánto tiempo pueden mantener la atención, si tienen hambre, si necesitan ir al baño. Es perjudicial para esta tarea fijar las entrevistas a la hora de las comidas o colaciones, o en el momento en que los niños suelen dormir la siesta o deben recibir una medicación.
- Si se le ofrece una bebida o alguna golosina, conviene que estén a mano durante toda la entrevista y que todas las personas presentes puedan servirse a voluntad para evitar que se les pueda atribuir un valor de recompensa por lo que se ha dicho o hecho.
- En el caso de que entre el entrevistador y el entrevistado y/o su familia exista algún conocimiento o contacto

previo a la evaluación, debe valorarse muy bien qué efectos puede tener este antecedente en los resultados.
- Lo mismo sucede cuando hay una relación de parentesco o social preexistente. Los efectos pueden ser muy diversos: tanto puede facilitar el vínculo de confianza como generar en el niño tal rechazo o vergüenza que le impida comentar detalles personales. Por otro lado, esta relación también puede influir en la valoración que haga el entrevistador.
- Cuando se lleven a cabo entrevistas forenses, está totalmente desaconsejado que sean conducidas por personas con quienes exista un vínculo de parentesco o de amistad.
- Un dato no menor al que hay que prestar atención es que muchas veces los niños prefieren ser entrevistados por personas de un género determinado. En casos donde no hay una preferencia explícita, el género del entrevistador tiene poca influencia en la calidad de las entrevistas.

Perfil profesional de los evaluadores

Si bien no existen estándares universalmente aceptados al respecto, es de sentido común que los técnicos evaluadores se correspondan con cierto perfil profesional pertinente. Al respecto, nos guiaremos por lo que recomienda la *American Professional Society on the Abuse of Children* (Asociación Profesional Norteamericana sobre Abuso de Niños), APSAC:

- El entrevistador debe tener título en alguna disciplina reconocida relacionada con la salud mental (psiquiatría, psicología, trabajo social, enfermería o psicología del desarrollo); o estar bajo la supervisión de otro profesional que lo tenga.
- Debe tener experiencia profesional para valorar y tratar a niños y adolescentes y a sus familias. También debe acreditar experiencia de trabajo con niños y adolescentes víctimas de abusos sexuales. Se recomienda una experiencia profesional mínima de 2 años, y de 3 a 5 años en los casos en que tenga que realizar entrevistas forenses. Si el eva-

luador carece de esta experiencia es imprescindible que esté bajo la supervisión de alguien más experimentado.
- El entrevistador debe tener formación especializada en psicología evolutiva de niños y en abuso sexual infantil. Esta formación debe estar documentada (puestos de trabajo, supervisiones, comprobantes de asistencia a conferencias, seminarios y talleres).
- Debe, además, conocer la dinámica y las consecuencias emocionales y comportamentales de los abusos sexuales. Desde ya, debe manejar la bibliografía especializada y estar informado de los temas de relevancia para comprender y valorar las experiencias abusivas.
- Si se trata de una evaluación forense, el evaluador debe tener experiencia en realizar entrevistas forenses y en ofrecer testimonio especializado. Si el evaluador carece de esta experiencia es imprescindible que esté bajo la supervisión de alguien más experimentado.

Recomendaciones para el entrevistador

- Evitar el contacto físico y respetar el espacio físico del entrevistado (por ejemplo: evitar sentarse tan cerca que lo haga sentirse incómodo, mirarlo fijamente, etc.).
- Al dirigirse al niño o adolescente, se aconseja:
  - No sugerir sentimientos ni respuestas (por ejemplo, evitar decirle: "Sé que esto es muy difícil para ti").
  - No hacer promesas, y evitar comentarios tales como: "Todo va a estar bien"; "No tendrás que volver a hablar de esto ninguna otra vez".
  - Si el entrevistado se altera, siente vergüenza o temor, registrar estos sentimientos, absteniéndose de hacer otros comentarios. Puede ser útil acotar: "Suelo hablar con otros niños sobre estos temas, y es algo que puedes hablar conmigo".
  - Evitar observaciones de apoyo que coincidan con los momentos en que los entrevistados aporten detalles relacionados con los abusos y que puedan interpretarse como refuerzo ante lo que han dicho. Por ejemplo:

"¡Qué buena chica!"; "Nosotros somos amigos, ¿no es cierto?".

- Para expresar apoyo, utilizar frases claras de aliento en general, sin animar de ninguna manera a la supuesta víctima en los momentos en que haga alusión a temas relacionados con la sospecha. El mejor momento para alentarla será durante la fase inicial, cuando se quiere establecer un vínculo de confianza, y al finalizar las entrevistas, cuando se esté conversando de temas neutros.
- No utilizar expresiones como "Haz de cuenta que…," "Imagínate que…" u otras palabras que puedan sugerir fantasías o juego.
- Evitar preguntarle por qué se comportó de una manera determinada, por ejemplo: "¿Por qué no le contaste a tu mamá el mismo día en que pasó?". A los más pequeños les resulta difícil responder esas preguntas y pueden creer que se los está culpando por lo sucedido.
- Evitar las llamadas de atención innecesarias sobre ciertos comportamientos que puedan observarse. Es más provechoso solicitarles que modifiquen determinados comportamientos mediante explicaciones como: "Me cuesta escucharte. Me vendría muy bien que me miraras cuando me hablas, creo que así podría escucharte mejor". Sin embargo, si las conductas producidas por el nerviosismo o por actitudes evitativas no obstaculizan el desarrollo de las entrevistas, deberían dejarse pasar.
- Cuando no se entienda lo que el entrevistado dice, pedirle que lo reitere con frases como: "¿Me puedes repetir lo que has dicho?" o "No pude escuchar esta última parte, ¿me la puedes repetir?". No hay que intentar adivinar qué dijo o hacer preguntas tales como "¿Has dicho que…?". Conviene tener presente que los más pequeños suelen aceptar las interpretaciones que los adultos hacen de sus palabras.
- Los descansos para ir al baño o para comer algo no deben ser usados como "premios" por colaborar en las entrevistas. Nunca decir, por ejemplo: "Terminamos con estas preguntas, y te traigo algo para beber".

– Debe tener paciencia con las pausas en la conversación. En algún momento, puede mirar hacia otro lado para permitir que el entrevistado siga hablando. También, a veces, puede ser útil tomarse un breve respiro antes de continuar con las preguntas.

Preparación para las entrevistas

La revelación es un proceso continuo y gradual, que está influido por el contexto de la situación personal y familiar, y por el momento particular que esté atravesando la supuesta víctima.

Por todo ello, resulta muy difícil predecir cómo se comportará un niño o un adolescente durante la evaluación; de todos modos, es posible y recomendable ayudar a crear condiciones para que la supuesta víctima se sienta más cómoda al momento de brindar información. En este aspecto, el entrevistador puede desempeñar un papel muy provechoso, tanto durante la fase de preparación como en las entrevistas mismas.

Recomendaciones ante situaciones particulares

– Cualquier profesional que detecte, en el transcurso de cualquier intervención terapéutica que esté llevando a cabo, indicadores de probable abuso sexual infantil debe realizar la notificación correspondiente según indica la normativa legal sin necesidad de interrumpir el procedimiento que esté realizando.
– De ser posible, se recomienda suspender cualquier tipo de contacto (convivencia, visitas, contactos telefónicos, etc.) no supervisado entre la supuesta víctima de abusos sexuales y su supuesto agresor mientras dure el proceso de evaluación.
– En aquellas situaciones en que la sospecha de abusos sexuales surja en familias donde hay una intervención judicial previa, es conveniente acordar con el juzgado y/o con la fiscalía quién conducirá la evaluación y en qué condiciones se llevará a cabo.
– Cuando se solicite una segunda evaluación de un niño o adolescente por sospechas de abusos sexuales, los técnicos valorarán su utilidad, su conveniencia y si existen otros procedimientos (por ejemplo, la revisión de los materiales obtenidos con anterioridad) que puedan reemplazar nuevas entrevistas a las supuestas víctimas.

111

Temores y preocupaciones del niño o adolescente

Es importante que el entrevistador conozca cuáles son los temores y las preocupaciones que afectan a las supuestas víctimas cuando tienen que afrontar estas situaciones para que sean tenidos en cuenta a la hora de planificar el proceso de evaluación.

En principio, es recomendable consultar con los niños y adolescentes e informarles, dentro de lo posible, lo que sucederá durante las entrevistas y cómo continuará el procedimiento.

Los entrevistados suelen estar preocupados por:

- El ritmo que tiene la investigación y la evaluación: suelen sentir que no tienen tiempo suficiente para comprender qué está sucediendo o para evaluar si están preparados para describir lo que les ha sucedido.
- La carencia de información acerca de lo que está sucediendo y sobre lo que va a pasar cuando se terminen las entrevistas.
- La falta de oportunidad para escoger cuándo y dónde realizar las entrevistas, para solicitar que alguien de su confianza los acompañe en el proceso de evaluación y, en algunos casos, la imposibilidad de elegir el género de la persona que los ha de entrevistar.

Bibliografía

APSAC (American Professional Society on the Abuse of Children): *Psychosocial Evaluation of Suspected Sexual Abuse in Children*, EE.UU., 1997.

Davies, G. M. y Westcott, H. L.: *Interviewing Child Witnesses under the Memorandum of Good Practice: A Research Review*. Policing and Reducing Crime Unit: Police Research Series. Paper 115. Londres, 1999.

Faller, K. C.: *Child Sexual Abuse: Intervention and Treatment Issues*. National Center on Child Abuse and Neglect, U.S. Department of Health and Human Services, Administration for Children and Families, EE.UU., 1993.

Intebi, I. y Osnajanski, N.: *Cuaderno de capacitación. Maltrato a niños, niñas y adolescentes: detección e intervención*, Familias del Nuevo Siglo, Buenos Aires, 2003.

Kuehnle, K.: *Assessing Allegations of Child Sexual Abuse.* Professional Resource Press, EE.UU., 1996.

Myers, J. E. B.: *A Mother's Nightmare–Incest.* Sage, California, 1997.

——————: *Legal Issues in Child Abuse and Neglect Practice.* Sage, California, 1998.

New York State Children's Justice Task Force: *Forensic Interviewing Best Practices,* EE.UU., 2003.

State of Michigan Governor's Task Force on Children's Justice and Family Independence Agency: *Forensic Interview Protocol.* FIA, EE.UU., 1999.

CAPÍTULO 6

FASES DE LAS ENTREVISTAS CON NIÑOS Y ADOLESCENTES

Cuando se sospecha una situación de abuso sexual infantil, las únicas personas que conocen los detalles de lo ocurrido son el agresor y el niño o adolescente agredido. No suele haber testigos que corroboren los dichos, a menos que haya otras víctimas que sufrieran abusos de manera simultánea o algún adulto que haya presenciado accidental o voluntariamente los hechos. Es muy poco frecuente que los agresores suministren detalles de lo sucedido. Así, resulta que el niño se convierte, a veces a pesar de su corta edad, en la única fuente de información.

Por otro lado, las consecuencias de la confirmación de un abuso sexual son bastante graves y afectan a distintos integrantes de un grupo familiar –niños y adultos– en el corto, mediano y largo plazo. Por ello, es imprescindible que la valoración de las sospechas se realice con la mayor objetividad posible, que la lleven a cabo profesionales con formación adecuada en técnicas de entrevistas para que no puedan ser sospechados ni acusados de "contaminar" los relatos o recuerdos infantiles ni de desoír –con la consiguiente desprotección– relatos o descripciones verosímiles.

Para la evaluación y el trabajo directo con las supuestas víctimas de abuso sexual se recomienda estructurar las entrevistas en particular y el proceso en general en una progresión de etapas, cada una de las cuales tendrá objetivos específicos.

Si bien no existe un protocolo único, internacionalmente aceptado, para realizar esta tarea, distintos investigadores están de acuerdo en que estructurar la evaluación por etapas minimiza las influencias del entrevistador en lo relacionado con la distorsión de los resultados, y alienta a los niños y adolescentes a brindar información.

Esta manera de plantear la exploración le permite al entrevistador contar con una guía para "presentar" y comenzar cada fase, facilita la posibilidad de brindar ejemplos a los entrevistados y favorece la utilización de una batería de preguntas más abarcativas por parte de los profesionales.

Los objetivos de esta estructuración son:

a) A lo largo de todo el proceso, transmitir en forma clara a los entrevistados cuál es la tarea del entrevistador e informarles sobre la evaluación en sí misma.

b) Construir *rapport* con los entrevistados para alentar la conversación.

c) Obtener información utilizando los métodos menos dirigistas posibles.

Con todo, la estructuración deberá ser lo suficientemente flexible como para explorar los temas que se consideren relevantes para cada caso, siguiendo una secuencia adecuada. Para ello, además de conocer la estructura de la evaluación, es aconsejable contar con preguntas específicas para realizar en cada una de las etapas.

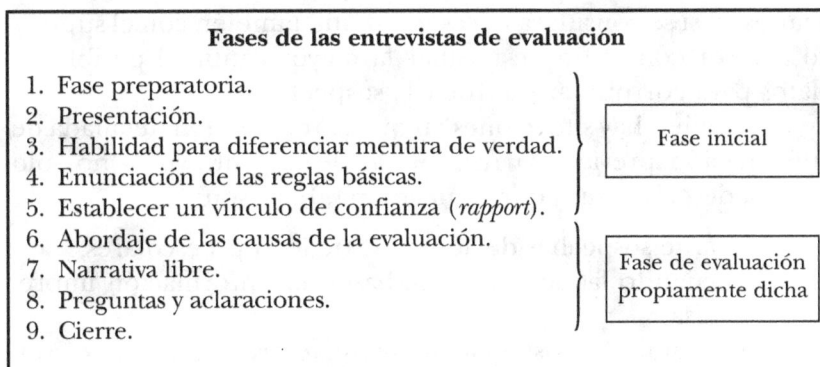

Fases de las entrevistas de evaluación	
1. Fase preparatoria.	
2. Presentación.	
3. Habilidad para diferenciar mentira de verdad.	Fase inicial
4. Enunciación de las reglas básicas.	
5. Establecer un vínculo de confianza (*rapport*).	
6. Abordaje de las causas de la evaluación.	Fase de evaluación propiamente dicha
7. Narrativa libre.	
8. Preguntas y aclaraciones.	
9. Cierre.	

Otra clasificación de las fases de las entrevistas es la que propone el Instituto Nacional de Salud Infantil y Desarrollo Humano (NICHD - *National Institute of Child Health and Human Development)* de los Estados Unidos. Este protocolo es uno de lo más utilizados en la práctica forense a nivel internacional.

Fases según Protocolo NICHD

- Establecer un vínculo de confianza (*rapport*) (fase inicial).
- Práctica en relatos de recuerdos relacionados con un episodio. ⎫
- Relato sobre incidente(s) sospechado(s). ⎬ Fase de evaluación propiamente dicha
- Cierre. ⎭

El orden de estas fases no es rígido; al contrario, es recomendable que cada entrevistador lo adapte a su ritmo y estilo de trabajo, teniendo en cuenta además las características de los niños y los comentarios iniciales que (los niños entrevistados) pudieran haber hecho. La estructura que debe respetarse es: a) fase inicial; b) fase de evaluación propiamente dicha, y c) cierre.

En general, resulta deseable que, además de entrevistar a la supuesta víctima, el entrevistador tenga uno o dos encuentros con otros adultos significativos (progenitores, familiares, hermanos) y, si se considera necesario o útil, también con el supuesto agresor con el fin de recabar la mayor cantidad posible de datos para corroborar o refutar la sospecha.

También hay situaciones en que la recolección detallada de información previa a la realización de las entrevistas no solo resulta deseable, sino que es necesaria. Ellas son:

a) ante sospechas de abusos sexuales a preescolares;
b) cuando las sospechas se basen en información imprecisa, y
c) cuando la existencia de otros factores –tales como conflictos familiares o procedimientos médicos previos que involucren genitales– compliquen la exploración.

117

Por último, no está de más insistir en que conviene realizar las entrevistas tan pronto como sea posible, para reducir al máximo el tiempo entre la revelación o la sospecha y el proceso de evaluación.

Algunas cuestiones importantes

La sugestionabilidad

Además de la habilidad de los niños y adolescentes para recordar y comunicar sus recuerdos, un tema que reviste gran importancia a la hora de evaluar las sospechas de agresiones sexuales es el potencial de sugestionabilidad de las supuestas víctimas.

La sugestionabilidad consiste en "la acción o el proceso de imponer algo (una idea, una actitud, incluso el deseo de un comportamiento) en la mente de otra persona" (Fundudis, 1997). Este concepto también hace referencia a la vulnerabilidad de los recuerdos ante la distorsión y/o la equivocación (Berliner, 1997). Ceci y Bruck (1993) la definen como "el grado en el que la habilidad para registrar, almacenar, reproducir y comunicar los recuerdos de un hecho por parte de los niños está influida por factores sociales o psicológicos".

Cuando se deben explorar este tipo de sospechas, es importante saber si es posible distorsionar los recuerdos de niños y adolescentes y, si así fuera, de qué manera se puede prever, evitar y/o minimizar dicho efecto.

Está bastante difundido el prejuicio de que los niños y adolescentes son muy sugestionables y que, fácilmente, con preguntas inductoras, se los puede confundir o presionar para que formulen acusaciones de agresiones sexuales contra otras personas. Sin embargo, este prejuicio carece de todo fundamento científico y ha sido ampliamente rebatido por las investigaciones desde la década de 1990.

Algunas conclusiones de estas investigaciones señalan que:

– No hay una relación lineal entre la edad y la sugestionabilidad. Los niños y adolescentes no necesariamente son más sugestionables que los adultos.

– Los niños mayores y los adolescentes tienen niveles de sugestionabilidad semejantes a los de los adultos.

– Los más pequeños (menores de 5 años) son más sugestionables que los mayores y que los adultos. Este riesgo se incrementa en los casos en que ha habido sugerencias erróneas y reiteradas en el contexto inmediatamente posterior al momento en que han ocurrido los hechos.

– La sugestionabilidad de los más pequeños se reduce cuando los recuerdos se refieren a temas donde está involucrado su propio cuerpo.

– De cualquier manera, todos los niños, aun los más pequeños, están en condiciones de resistir sugerencias inductoras.

– Aun en situaciones en las que se plantearon preguntas inductoras, los errores observados con mayor frecuencia estaban relacionados con los detalles periféricos de los episodios, aquellos de menor relevancia. Además, se ha observado que aun frente a este tipo de preguntas, tanto los niños como los adultos resisten los intentos de influie o de crear confusión en los aspectos centrales de las experiencias vividas directamente. Más aún, la resistencia se incrementa cuando se trata de experiencias que revisten importancia emocional para los sujetos.

– La participación directa en los hechos rememorados (a diferencia de la observación) disminuye el riesgo de sugestionabilidad.

– Los niños –al igual que los adultos– son sugestionables, pero no en grado tan elevado como señala el prejuicio.

– La sugestionabilidad está causada por la asociación de diversos factores (situacionales o de contexto, sociales, evolutivos, de personalidad y de memoria) que incluyen las características de los hechos en sí, la precisión con que una persona recuerda un hecho específico, el tipo de información que investiga el entrevistador (detalles centrales o detalles periféricos), la manera en que se llevan a cabo las entrevistas, el temor que puede sentir la supuesta víctima, etc.

– Los niños, sobre todo los más pequeños, y los adolescentes son más sugestionables cuando los entrevista una

119

figura de autoridad (con uniforme, personal de las fuerzas públicas, etc.). Un entrevistador puede generar un contexto acusatorio hacia una persona determinada (por lo general, la persona sospechada de las agresiones) y/o describirlo de una manera negativa, lo que puede representar una presión que distorsione los recuerdos infantiles.

– Los más pequeños son más sensibles a sugestiones relacionadas con comportamientos ambiguos (como, por ejemplo, tocamientos que no sean agresiones sexuales incuestionables y que podrían corresponder a cuidados corporales). Pueden confundirse en lo que hace al significado de los comportamientos, pero no confunden lo que percibieron.

– Ceci y Bruck (1993) señalan que los niños en general y los menores de 6 años en particular tienen tendencia a responder de forma incorrecta en las siguientes circunstancias:

  • En un contexto acusatorio, cuando el entrevistador (o una figura de autoridad) de manera reiterada sugiere que el comportamiento de la persona sospechada ha sido inadecuado (sobre todo, cuando el comportamiento es confuso).

  • Si se han realizado entrevistas sugestivas reiteradas*.

  • Si ha habido distorsión en la información posterior a los hechos.

  • Si otra persona ha contribuido a generar recuerdos. Parece ser mucho más sencillo modificar un recuerdo que generar uno completamente falso en la memoria de los niños muy pequeños.

---

* De allí que resulte importante conocer cuántas veces el niño o adolescente fue entrevistado, a cargo de quién(es) estuvieron las entrevistas y qué objetivos tuvieron. Conviene tener presente que la reiteración de entrevistas de exploración no necesariamente implica que estas hayan sido sugestivas o que hayan tenido influencia en los hallazgos posteriores.

Fase inicial

La presentación

El objetivo de esta fase es permitir que el entrevistado se sitúe con comodidad, lo más relajadamente posible, en la situación de entrevista, y que se le suministre una explicación adecuada de lo que sucederá en el proceso de evaluación.

Cuando sea posible, es conveniente ponerse de acuerdo con el cuidador del niño sobre qué información se le ha de suministrar acerca de la investigación. Resulta interesante explorar las explicaciones que tiene pensadas el cuidador y ajustarlas o corregirlas en caso de que no sean adecuadas.

Es bastante frecuente que los niños o adolescentes desconozcan los motivos de la evaluación, que no tengan claro a qué sitio acudirán para ser entrevistados y que teman estar en problemas. Es importante, entonces, apartar tiempo en esta fase inicial para conocer qué sabe la supuesta víctima sobre los motivos de la evaluación, sobre el sitio y las personas que la han de entrevistar y sobre las consecuencias que puede tener su participación en las entrevistas.

No se aconseja que los padres o los adultos responsables de las supuestas víctimas presenten la evaluación como "una conversación" ni como "una charla" con "una persona amiga" o "conocida".
Tiene que quedar claro que se trata de un proceso que lleva un número de entrevistas, conducido por un profesional especializado en protección infantil –o en investigaciones forenses– cuyo interés es ayudar a la supuesta víctima.

Al comienzo de esta fase, el entrevistador debe presentarse con su nombre y apellido, con la profesión y el rol que desempeña. Tendrá que informar que tomará notas de lo que conversen y suceda en las entrevistas, y lo mismo se hará en caso de grabar en video o en audio. Cuando haya observadores del otro lado de un espejo unidireccional, como mínimo, se comunicará esta situación y el equipo decidirá la conveniencia de presentar a las otras personas.

Ejemplo de presentación

Entrevistador/a (E): "¡Hola! Me llamo _____. Soy un trabajador social/psicólogo. Parte de mi trabajo consiste en hablar con los niños sobre las cosas que les pudieron haber pasado".
Si el niño no interrumpe ni hace otra pregunta, se puede continuar:
E: "¿Sabes de qué trabajan los trabajadores sociales/psicólogos?"
Una explicación posible sobre el trabajo de estos profesionales es: "Son personas que han estudiado para ayudar a la gente. Conversan sobre los problemas que esa gente tiene y le ayudan a resolverlos".
El profesional puede mencionar una lista con ejemplos de consultas en las que suelen intervenir, incluyendo situaciones de evaluación de abusos sexuales.

Ejemplo de explicación de uso de una cámara de video o de un grabador

E: "Puedes ver que tengo una cámara de video/un grabador. Lo vamos a usar para grabar lo que hablemos en estas entrevistas, para que me ayude a recordar todo lo que digas, pues podría pasar que me olvidara de algo. Tener nuestras conversaciones grabadas, me permitirá escucharlas y recordar sin necesidad de tomar notas de todo".

Si percibimos que el niño está muy nervioso, conviene preguntarle cómo se siente y suministrar más información sobre las entrevistas, en especial acerca del tiempo que pasará junto al entrevistador, a la cantidad de veces que tendrá que concurrir y a que, una vez terminada cada entrevista, se lo acompañará a la sala donde la persona que lo haya traído lo estará esperando.

Objetivos de la fase inicial

– Presentación del entrevistador, con explicación de cuál es su trabajo en términos sencillos que no confundan al niño.
– Establecimiento de un vínculo de confianza con el entrevistado.
– Valoración sobre la cantidad y la calidad de datos que el niño o adolescente podrá aportar.

- Obtener información básica, a través de preguntas sencillas, acerca de la vida del niño. También el entrevistador podrá suministrar cierta información sobre sí mismo.
- Establecer empatía con las emociones de un niño o adolescente nervioso.

Para ello es recomendable:

- evitar las preguntas que podrían considerarse coercitivas, por ejemplo: "¿Quieres ser mi amigo?";
- usar preguntas abiertas en afirmativo, pues tienen más probabilidades de promover el desarrollo de la conversación;
- al momento de explorar acerca de las sospechas de abuso sexual, hacer todos los esfuerzos posibles para estar a solas con el niño o adolescente aunque, al comienzo de la entrevista, se puede elegir entre estar a solas o con la díada progenitor-niño o adolescente.

Presencia de una persona de confianza para el niño en las entrevistas

Puede suceder que, por razones diversas –niños de corta edad, situaciones de estrés o de temor extremas– el niño o el adolescente no quiera permanecer a solas con el entrevistador. Es aconsejable realizar todos los esfuerzos posibles para quedar a solas, en especial en la fase en que se abordará específicamente el motivo de la evaluación.

En caso de que no se pueda evitar la presencia de un adulto, es necesario ponerse de acuerdo en que estará presente con el fin de colaborar brindando tranquilidad al entrevistado sin participar de manera activa a menos que el entrevistador lo solicite explícitamente. Permanecerá en la sala de entrevistas en silencio, sin contacto visual con el niño y no podrá intervenir directamente sin la indicación del profesional (no debe hacer preguntas, solicitar detalles ni recordarle al entrevistado cuestiones relacionadas con el motivo de la evaluación).

Si bien no siempre es posible predecir qué niños necesitarán el apoyo de un adulto; en las entrevistas que se realicen con los cuidadores conviene advertirles que existe esta posibilidad, y comunicarles las condiciones con las que podrán acompañar a las supuestas víctimas durante las entrevistas. El hecho de hacer esta aclaración a los mayores antes de las entrevistas, no invalida la necesidad de repetir las indicaciones delante de los niños cuando se autorice la presencia de un adulto de confianza.

Estas personas de apoyo pueden resultar necesarias en la fase inicial de una entrevista o en los primeros encuentros con el niño o adolescente. Sin embargo, hay que tener presente que esta situación puede inhibirlos de comentar detalles relacionados con la sexualidad. Por otro lado, es importante que no permanezcan con los entrevistados aquellas personas que podrían ser acusadas de influir sobre las descripciones de las supuestas víctimas –progenitores involucrados en divorcios conflictivos o en problemas de custodia y tenencia de los hijos o terapeutas.

Recomendaciones para la presencia de un adulto de confianza en las entrevistas

1. Ubicarlo fuera del campo visual del niño o adolescente para evitar que pueda influir en el relato.
2. Recomendar que permanezca en silencio durante todas las entrevistas.
3. Indicar que no tome notas durante las entrevistas.
4. Solicitar que esté atento en el transcurso de ellas para que el niño o adolescente perciba, a través del clima de la entrevista y/o de la actitud corporal del adulto acompañante, que lo que está diciendo es importante.
5. Indicar que no tiene que manifestar reacciones durante la revelación, en caso de que se produzca; en especial, las exteriorizaciones verbales, los gestos o las actitudes posturales que puedan tener algún efecto sobre los entrevistados. Conviene tener en cuenta este detalle porque, a pesar de que esté situado fuera del campo visual del entrevistado, pueden producirse movimientos que permitan un mínimo contacto no previsto.
6. En caso de que el niño o adolescente no revele todo lo que pudo haberle contado a esta persona no participante o si revelara episodios diferentes, proponerle que haga los comentarios pertinentes en otro momento a convenir, preferentemente en privado, sin corregir ni señalar las discrepancias delante del entrevistado.

---

7. Recomendar que, si el niño o adolescente busca su apoyo durante las entrevistas, solo debe limitarse a recordarle la importancia de contar la verdad.
8. Señalarle al adulto que todo lo que ocurra en las entrevistas es confidencial y que no debe comentarlo con nadie, a menos que haya una orden judicial que lo autorice.
9. Señalar que no debe comentar con la persona sospechada ni con otras las entrevistas ni el caso en general, ya que podría complicar la situación del niño.
10. En caso de que el adulto no participante fuera alguno de los progenitores o un cuidador, se les recomendará no comentar las entrevistas con el niño o adolescente.
11. Aun cuando fuera el niño o adolescente el que sacara el tema, indicar que hay maneras de brindar apoyo que no influyan en la investigación.
12. Si en algún momento de las entrevistas el entrevistador detectara que el niño o adolescente puede continuar sin la presencia de la persona de apoyo, se aconseja intentar que salga de la sala antes de explorar la sospecha.
13. No deben hacerles promesas al niño o al adolescente acerca de lo que pasará o dejará de pasar como resultado de las entrevistas.

También es importante informar a los adultos sobre otros efectos que podrían causar su presencia en las entrevistas:

1. Es frecuente que, en presencia de sus padres, los niños y adolescentes no revelen información precisa sobre la sospecha debido al temor o a la vergüenza en relación con los abusos, por miedo a la reacción de los padres o en un intento de proteger a los padres de escuchar este tipo de información.
2. Es probable que se objete la presencia de los adultos no participantes y se les acuse de inducir respuestas o de haberlos entrenado para que respondan de una determinada manera.
3. Por el hecho de haber presenciado las entrevistas, existe la posibilidad que se los cite en el futuro como testigos en algún procedimiento judicial.

Habilidad para diferenciar mentira de verdad

El objetivo de esta fase es determinar si el niño o adolescente tiene las habilidades necesarias para diferenciar una afirmación verdadera de una falsa. En algunos países, ante la eventualidad de un procedimiento legal, el entrevistador debe obtener un compromiso verbal de que se dirá la verdad por parte de la supuesta víctima.

En los países donde no se requiere este paso, resulta de utilidad explorar las habilidades del entrevistado para diferenciar la verdad de la mentira. Para ello, se le presentan afirmaciones sobre cuestiones muy concretas que él debe calificar como verdaderas o falsas.

Ejemplo

Entrevistador: "Suelo entrevistar a muchos niños para que me cuenten la verdad sobre lo que les ha sucedido. Por eso, antes de empezar, quisiera asegurarme que comprendes la diferencia que hay entre lo que es verdad y lo que es mentira. A ver, ¿de qué color son mis zapatos? Son negros. ¿Es verdad o mentira que son negros? [Aguarde la respuesta]. Sí, es mentira porque la verdad es que mis zapatos son _____. ¿De qué color es mi camisa? Es _____. Eso, ¿es verdad o mentira? [Aguarde la respuesta]. Sí, es verdad porque mi camisa es _____. Ya veo que comprendes la diferencia entre decir la verdad y decir una mentira. Hoy es muy importante que solo me digas la verdad, que me cuentes las cosas que te sucedieron de verdad".

Ejemplo con niños pequeños

El entrevistador menciona objetos cotidianos y pregunta: "¿Qué tengo en mi mano? Tengo un/a _____ en la mano. Eso ¿es verdad o mentira?".

Es importante preguntar sobre cosas concretas y no sobre cuestiones abstractas como, por ejemplo: "¿Sabes lo que significa decir la verdad?". Tampoco es conveniente pedirle que defina los conceptos de verdad y mentira porque es altamente probable que le cueste responder y que sus respuestas reflejen cierta confusión.

126

> Es conveniente aclarar que la habilidad para diferenciar la verdad de la mentira no tiene relación con la habilidad para suministrar información correcta, ya que un niño o adolescente, aunque carezca de la primera habilidad, puede brindar detalles confiables sobre los hechos.

Enunciación de las reglas básicas

Suele decirse que los niños –sobre todo los más pequeños– son sugestionables y que sus relatos no son de fiar. A partir de las investigaciones realizadas sobre este tema, ha podido establecerse una serie de precauciones para incrementar la fiabilidad de las descripciones infantiles.

El objetivo de esta fase es aclarar con los entrevistados cómo pueden comportarse o qué pueden hacer para entenderse con el entrevistador de la mejor manera posible. También se les brinda información acerca de cómo proceder ante preguntas incómodas, ante preguntas que no hayan comprendido, ante preguntas que no deseen contestar o cuya respuesta desconozcan.

Las investigaciones realizadas sobre interrogatorios a niños señalan que algunos –debido a cuestiones evolutivas y a la educación recibida– responderán todas las preguntas que les haga un adulto, aun las que no tengan sentido o aquellas de las que carezcan de información para poder responder. No suelen considerar la posibilidad de que el adulto se equivoque y, por lo tanto, no acostumbran corregirlo. Tampoco sospechan que el adulto le esté haciendo preguntas con la intención de confundirlos. Suponen, además, que los mayores raramente se equivocan y que un entrevistador adulto sabe mejor que un niño qué es lo que sucedió.

Como sabemos que la información que suministren reviste suma importancia en los casos de sospechas de abuso sexual, es necesario alertarlos sobre estas cuestiones con instrucciones simples y concisas como, por ejemplo: "A veces los niños no saben las respuestas a todas mis preguntas. Y no hay ningún problema con ello. No trates de adivinar. Solo cuéntame lo que sepas de verdad".

127

La enunciación de las reglas básicas consiste en comunicarle con claridad lo que se espera de sus respuestas como parte de la estrategia para alentar la resistencia a la influencia del entrevistador, para evitar sugestionar y/o inducir respuesta en los entrevistados, así como para facilitar el establecimiento de un vínculo de confianza y la eventual descripción de lo sucedido. Se recomienda entonces:

- Tener una actitud amable, no autoritaria.
- Explicar que el entrevistador desconoce detalles acerca de su vida, sobre todo los que se relacionan con los hechos investigados.
- Pedirle que describa lo que "realmente ocurrió".
- Advertirle que cuando se repite una pregunta, no significa que la respuesta que suministró previamente fuera incorrecta.
- Se le debe informar que puede pedirle al entrevistador que le explique cualquier pregunta que no haya comprendido y que no invente ni adivine una respuesta.
- Se le debe permitir que evite responder las preguntas que le resulten difíciles de tratar en ese momento.
- Se le debe alentar a que manifieste que no recuerda o que no sabe, en vez de tratar de adivinar una respuesta.
- Se le debe alentar a que manifieste que está confundido en vez de tratar de adivinar una respuesta.
- Se le debe explicar que, ante preguntas que le resulten difíciles de tratar en ese momento, le estará permitido excusarse de responder y podrá comunicar al entrevistador que no desea hacerlo; este será el comportamiento adecuado, y el inadecuado será decir: "No sé" para evitar la situación displacentera.
- Se le debe alentar a que disienta y corrija al entrevistador cuando este malinterprete los hechos.

La enunciación de las reglas básicas en la fase inicial de las entrevistas no invalida la posibilidad de reiterarlas posteriormente, durante esa misma entrevista o en posteriores. Muchas veces, los más pequeños no consiguen retenerlas en la memoria cuando se las enuncia solo una vez.

Ejemplos

Entrevistador: "A veces los niños no saben las respuestas a todas mis preguntas. Y no hay ningún problema con ello. No trates de adivinar. Solo cuéntame lo que sepas de verdad".

E: "Si no comprendes algo, quiero que me digas que no lo has comprendido. ¿De acuerdo?".

E: "Si te pregunto: '¿Cuál es el nombre de mi perro?' ¿Sabes cómo se llama mi perro? No, ¿verdad? Pues entonces la respuesta correcta es 'No sé'. Otras veces, tendrás que pensar un poco la respuesta a lo que te estoy preguntando. No te preocupes. No tienes que responder las preguntas apenas te las haga".

E: "En el caso de que me equivoque o que yo diga algo que no es verdad, quiero que me corrijas. Por ejemplo, si te digo que tienes 6 años, ¿estoy diciendo algo que es verdad? No, tienes razón. No tienes 6 años, entonces harás muy bien si me dices que me he equivocado".

Construcción de un vínculo de confianza (*rapport*)

El *rapport* se define como "una relación positiva entre el entrevistador y el entrevistado que genera el 'clima' en que se desarrollará el resto del proceso de evaluación y contribuye a aumentar la cantidad y la exactitud de la información suministrada" (Boggs y Eyberg, 1990).

Aunque se la mencione en esta fase específica del proceso, la construcción del vínculo de confianza (*rapport*) comienza ya en los primeros contactos con el niño o con el adolescente.

Aunque parezca que el entrevistado acepta la evaluación y se muestra cómodo interactuando con el entrevistador, esto no significará que puede obviarse esta fase. Los objetivos consistirán en:

a) conocer cómo es el niño o adolescente: cómo se comporta, cómo razona, cómo interactúa con una persona desconocida, cuáles son sus intereses;

b) observar indicadores de algún tipo de problema emocional y/o de salud física;

c) evaluar sus habilidades para participar en las entrevistas;

d) explorar hechos significativos no traumáticos que afecten a su capacidad para realizar relatos y descripciones;

e) intentar que se familiarice y se sienta cómodo en la situación de entrevista.

Guía para el establecimiento del *rapport* (Sattler, 1998)

1. Genere un ambiente de trabajo confortable y seguro que le permita al entrevistado conversar con confianza.
2. El *rapport* se establece sobre una base de confianza, respeto y aceptación mutuas.
3. Llame al entrevistado por su nombre todas las veces que le sea posible.
4. Considere las entrevistas como un emprendimiento conjunto entre el profesional y el niño o el adolescente.
5. Preste total atención al entrevistado.
6. Transmita su interés en escuchar lo que el niño o adolescente tenga para decirle, y subraye que él puede confiar en usted.
7. Brinde seguridad y apoyo cuando haga falta.
8. Escuche de manera abierta, sin prejuicios.
9. Hable despacio y claramente, de manera calma, objetiva, amistosa, que transmita aceptación.
10. Interrumpa solo cuando sea necesario.
11. En la conversación, utilice un tono cálido y expresivo.
12. Mantenga una actitud espontánea, relajada y atenta.
13. Mantenga contacto visual de manera apropiada.
14. Pregunte con diplomacia.
15. Demuestre interés.
16. Perciba y trabaje con la ansiedad que detecte en el entrevistado.

Cuando conversan con una persona adulta, los niños y adolescentes están acostumbrados a que sean los mayores quienes conduzcan la conversación, haciéndoles preguntas, con lo cual es frecuente que muchos entrevistados esperen que la interacción con el entrevistador siga el mismo modelo: un adulto que les hace muchas preguntas a las que deben responder de forma escueta.

En esta fase, el entrevistador tendrá que mostrar cómo se espera que sea la comunicación durante el proceso: el adulto hará preguntas abiertas que permitan respuestas extensas y, en caso de que el entrevistado responda con monosílabos, buscará la manera de profundizar y ampliar los detalles.

Hay varias maneras de conducir esta fase. La más común consiste en hacer preguntas sobre la vida personal del niño o adolescente (la escuela, su familia, sus aficiones, etc.) y, a continuación, evaluar por medio de la conversación y/o del juego las habilidades cognitivas y de lenguaje necesarias para valorar las sospechas. Una vez completada esta tarea, se procede a pedirle que relate un hecho significativo no traumático (una salida, su cumpleaños, una celebración familiar, Navidades, vacaciones, etc.) desde el comienzo hasta el final.

Algunos autores no recomiendan seguir esta secuencia porque refuerza el modelo del adulto que pregunta y el niño o adolescente que responde de manera escueta. Aconsejan comenzar directamente con algunas preguntas dirigidas a temas personales y rápidamente llevar la entrevista hacia el relato del episodio no traumático; también son útiles para la evaluación de las habilidades cognitivas y de lenguaje que ya se han mencionado. Esta modalidad de planteamiento podría dejar en claro que se espera que sea el propio entrevistado quien "conduzca" la conversación.

Cualquiera sea la secuencia que se siga, las habilidades a evaluar son:

- el nivel de comprensión de lo que se le dice;
- la habilidad para comunicarse por medio de expresiones verbales y/o gestuales;
- el nivel de comprensión de conceptos tales como "quién", "qué", "dónde" y "cómo". Si carecen de la habilidad para comprender y manejar estos conceptos básicos no se debe continuar con las entrevistas de evaluación o tener presente que, si se decide hacerlas, no permitirán alcanzar conclusiones certeras. Esto no quiere decir que no se continúe con la evaluación de la sospecha, sino que las conclusiones tendrán que basarse en otras fuentes de información;
- el nivel conceptual y el desarrollo del lenguaje que le permitan conectar los hechos del pasado;
- las nociones básicas de tiempo y de frecuencia;
- las nociones básicas de posiciones corporales;
- el uso adecuado de las preposiciones de lugar.

Cuando se valore que el entrevistado carece del desarrollo conceptual o de lenguaje para responder a preguntas relacionadas con el tiempo, con las posiciones corporales o denote dificultades en el uso de las preposiciones de lugar, el entrevistador debe evitar utilizarlas en la fase de evaluación propiamente dicha.

Comprensión de conceptos básicos

- **Quién:** indica la habilidad del niño o adolescente para identificar a las personas que desempeñan diferentes roles en su vida.
- **Qué:** permite valorar la habilidad para establecer diferencias con actividades o comportamientos iniciados por terceros.
- **Dónde:** indica la habilidad para distinguir y nombrar diferentes lugares.
- **Cómo:** permite valorar si el entrevistado tiene habilidades para articular diferencias.

Comprensión de conceptos temporales

- Momentos del día/del año/meses.
- Cantidad de veces.

Comprensión de conceptos

- Posición de la ropa.
- Posición de los cuerpos.

La falta de habilidades del niño o adolescente para responder preguntas sobre ciertos detalles no garantiza que no haya sufrido una situación abusiva, sino que solo alerta acerca de su inmadurez cognitiva.

Cuando se procede a valorar la habilidad para relatar o describir situaciones no traumáticas pueden elegirse distintos temas y tipos de episodios:

a) episodios que han ocurrido recientemente y que resulten significativos para el entrevistado: por ejemplo, cumpleaños, festividad escolar o religiosa, etc.;

b) secuencias de hechos cotidianos que ocurren de manera regular: por ejemplo, el despertar y los preparativos para ir a la escuela, salidas al parque o visitas a la casa de los abuelos, tíos, primos o las secuencias de su juego preferido, y

c) en casos en que el niño o adolescente se muestre reacio a conversar, el entrevistador puede demostrar interés por alguna actividad en la que sepa que el entrevistado es "especialista", y pedirle información aparentando no saber nada de ese tema.

---

a) Ejemplo con episodio ocurrido recientemente

Entrevistador: "Hace poco (o hace algunas semanas) fue tu cumpleaños (Navidad, fin de curso, etc.). Cuéntame acerca de tu cumpleaños (Navidad, fin de curso, etc.)".

E: "Quiero que me cuentes todo lo que pasó en tu cumpleaños (Navidad, fin de curso, etc.). Tómate tu tiempo, intenta recordar y cuéntame todo lo que haya pasado desde que te despertaste hasta que pasó _____ (cuando el niño o adolescente describe algún otro episodio ocurrido en esa ocasión)".

E: "Y ¿qué pasó entonces?".

E: "Cuéntame todo lo que haya pasado después de que _____ _____ (ese otro episodio mencionado por el niño o adolescente)."

E: "¿Qué más puedes contar sobre _____ (algo que el niño o adolescente haya dicho recientemente)".

E: "Es muy importante de verdad que me cuentes todo lo que recuerdes de las cosas que te han pasado".

---

b) Ejemplo con secuencias de hechos cotidianos que ocurren de manera regular

Entrevistador: "Quisiera saber un poco más de cómo eres tú y de cómo es tu familia. Cuéntame qué haces cada mañana cuando te despiertas para ir a la escuela. Primero sales de la cama y después, ¿qué haces?".

E: "Y ¿qué haces después? Cuéntame todo lo que puedas, desde que te despiertas hasta que llegas a la escuela, aun las cosas pequeñas que no te parezcan demasiado importantes". ➡

E: "Muy bien y, después, ¿qué ocurre?".
E: "Entrevisto a muchos niños y a la mayoría le gusta ir al parque (a visitar a sus abuelos, tíos, primos). A ti ¿también te gusta?".
E: "Muy bien. Cuéntame todo lo que pasa cuando te diriges al parque (a visitar a tus abuelos, tíos, primos). Cuéntamelo todo, desde el principio hasta el final. Primero te diriges al parque (a la casa de tus abuelos, tíos, primos). Y después, ¿qué pasa?".

c) Ejemplo con alguna actividad en la que el entrevistado se "especializa"

E: "Hablando el otro día con tu madre, cuando arreglamos esta cita, me comentó que eres un campeón en _____. Yo no sé nada de ese juego, pero escuché hablar un montón de él y me parece que me encantaría saber cómo se juega. Cuéntame todo lo que sepas del juego así voy aprendiendo."

Los ejemplos anteriores ilustran el modo en que se le pide al entrevistado que describa los detalles de algún hecho usando "ayudas" abiertas y demostrando gran interés por lo que nos está diciendo.

Para establecer *rapport* con un niño o adolescente se recomienda:

- Recoger información utilizando solamente "ayudas" abiertas que promuevan respuestas extensas (por ejemplo: "Cuéntame todo lo que puedas sobre ello").
- Proponerle que colabore proporcionando información con frases como: "Cuéntame todo lo que sucedió, aun las cosas pequeñas que no te parezcan demasiado importantes". O: "Cuéntame todo lo que ocurrió, desde el inicio hasta el fin".
- Se lo puede animar a continuar la conversación por medio de gestos (leves inclinaciones de la cabeza), exclamaciones, mediante la repetición de fragmentos del último comentario que haya hecho el entrevistado (por ejemplo: Niño: "Y se llevó mi bici y la dejó tirada cerca de las hamacas". E: "Oh, ¡la dejó tirada!"). También se los puede alentar, sobre todo a los más reacios, diciéndoles:

"Está muy bien que me lo hayas contado hoy". O: "Esta es tu ocasión especial para hablar. Quiero que seas tú quien converse y yo quien te escuche".
– Conviene aclararle que el entrevistador no se enojará ni se molestará ante lo que el entrevistado pueda contar o describir.

Fase de la evaluación propiamente dicha

Abordaje de las causas de la evaluación

A partir del momento en que se pueda empezar a centrar la entrevista en las sospechas, comienza la parte más importante del proceso de evaluación. Se recomienda hacer la transición hacia esta fase sacando el tema a través de "ayudas" que tengan la menor influencia posible, sin mencionar personas ni hechos en particular.

> Conviene señalar que, por más que las entrevistas de evaluación tengan como objetivo fundamental recoger información de primera mano sobre los posibles abusos, el hecho de no obtener un relato por parte de la víctima no significa un "fracaso" del entrevistador, ni que los abusos no hayan ocurrido, ni que se cierren todas las puertas para continuar con la intervención.

Hay niños o adolescentes que, ni bien se les pregunta si conocen el motivo de la evaluación, describen los episodios abusivos. A ellos se les debe permitir realizar su relato con libertad (narrativa libre), sin interrumpirlos hasta que se note claramente que han concluido todo lo que querían comunicar.

Pero también hay niños que han sufrido abusos y que pueden tener muchas razones para no revelar lo sucedido: que estén asustados o avergonzados; que se arrepientan de las repercusiones que tuvieron las sospechas o la revelación parcial; que el abuso no haya sucedido como se informó; que no recuerden los hechos en detalle porque cuando ocurrieron no les resultaron llamativos, etc.

El hecho de que las supuestas víctimas no aporten descripciones o relatos no impide que, en los casos en que las sospechas persistan, se prosiga con la investigación y, eventualmente, con la intervención. Ante estas situaciones, se recomienda que el equipo interviniente valore el contexto general y decida si continuará investigando. En caso de continuar, serán otros indicadores, provenientes con frecuencia de fuentes secundarias, los que corroboren las sospechas y/o señalen el nivel de riesgo en que se pudiera encontrar un niño o adolescente que no ha revelado una situación abusiva.

Ejemplos de transición y abordaje del motivo de evaluación
(Poole y Lamb, 1998)

Entrevistador: "Ahora que te conozco un poco más, podríamos empezar a hablar de alguna otra cosa. ¿Sabes por qué has venido acá hoy?".
E: "Ahora que nos conocemos un poco más, quisiera que habláramos de por qué has venido acá hoy. ¿Me podrías decir por qué motivo has venido a hablar conmigo hoy?".
E: "Ya es momento de que hablemos de algún otro tema. Sé que tienes algunos problemas en tu familia (o sé que han sucedido cosas en la escuela…). Cuéntame sobre ello".
E: "Sé que te has mudado hace poco y que en _____ te están cuidando ahora. Cuéntame qué ocurrió".

Es importante evitar el uso de palabras tales como "lastimar", "algo malo", "abusó" u otras que reflejen la calificación que está haciendo la persona adulta sobre lo que el entrevistado relata*.

En las situaciones en que las preguntas o "apoyos" neutrales no permitan obtener información, se procede a centrar más los comentarios, sin mencionar aún algunas conductas conocidas o detectadas.

---

* Esta advertencia se refiere tanto a evitar que se atribuya una connotación negativa a los hechos o a la persona responsable de la agresión como a la minimización de lo que el niño relata en función de la buena reputación, de la profesión y/o del vínculo de parentesco de la persona supuestamente responsable de las agresiones (por ejemplo: "Piensa bien lo que has dicho porque una abuela/porque un médico de tantos años/porque un líder religioso/etc. no hace esas cosas").

Se le puede preguntar a la supuesta víctima si habría algo que el entrevistador pudiera hacer para que él se sintiera más a gusto para conversar. Puede resultar de gran utilidad para destrabar las condiciones de trabajo darle la posibilidad de tener cierto control sobre la situación de entrevista, por ejemplo: cambiar la distribución de los asientos, pedir que alguien se retire de la sala o permitirle responder por escrito en vez de oralmente.

El objetivo que se persigue al utilizar estas técnicas alternativas es evitar el uso de preguntas directas que puedan contestarse con un "sí" o un "no", ya que se ha comprobado cierta tendencia –en niños pequeños o en aquellos que han escuchado discusiones entre los adultos sobre el tema– a responder afirmativamente a este tipo de preguntas. Una manera de neutralizar esta dificultad es proceder a formular preguntas abiertas inmediatamente después de una respuesta afirmativa a una pregunta directa. Así, se da lugar a que el entrevistado describa los hechos con sus propias palabras.

Se utilizan diversas técnicas para recoger información de entrevistados reacios a responder a las propuestas de comunicación descriptas en párrafos anteriores. Se aconseja ser cauteloso en la utilización de estas técnicas, sopesando con cuidado las ventajas y las desventajas que pudieran tener.

Técnicas para establecer una conversación enfocada con entrevistados reacios a responder

Comentarios centrados en el tema

Entrevistador: "Me he enterado de que alguien ha estado molestándote".

E: "Tu madre piensa que alguien ha estado molestándote".

E: "Me he enterado que ayer estuviste jugando con alguien y que tu maestra te indicó que dejaras de jugar de esa manera. Estoy muy interesado en el juego de los niños. ¿Me puedes comentar cómo era ese juego?".

Comentarios abiertos con intención de centrar el tema

Enumeración de "cosas preferidas/cosas que no me gustan" sobre diversas personas del entorno del entrevistado.

Preguntas acerca de las personas con las que le gusta estar y con las que no le gusta estar. ➔

– Preguntar si le preocupa tener que conversar con el entrevistador en este momento.
– Preguntar qué podría hacer el entrevistador para que el entrevistado estuviera más cómodo: ir a otro sitio, cambiar el modo en que están sentados, etc.

Narrativa libre

El objetivo de esta fase es alentar y brindar una oportunidad a los entrevistados para que relaten los hechos con sus propias palabras antes de formularles preguntas específicas. Los investigadores sobre el tema están de acuerdo en que las preguntas y los "apoyos" abiertos permiten obtener respuestas más extensas y detalladas que las preguntas focalizadas.

Un error muy frecuente es omitir esta fase del proceso de evaluación, y pasar rápidamente a la fase de preguntas específicas.

Comentarios para comenzar la fase de narrativa libre

Entrevistador: "Cuéntame todo lo que recuerdes sobre eso".
E: "Quisiera entender eso con claridad. Comienza contándome lo primero que ocurrió y continúa con todo lo que sucedió después, aun las cosas pequeñas que no te parezcan muy importantes".
E: "Cuéntame todo sobre ello, desde el principio hasta el final".

Durante todo el proceso de evaluación, y en esta fase en especial, el entrevistador tiene que tener paciencia, respetar y seguir el ritmo y las pausas que haga el entrevistado y sentirse tranquilo para no presionar con nuevas preguntas.

Pueden formularse preguntas abiertas que permitan ampliar la información recogida, tales como: "¿Pasó algo más?" o "¿Qué más puedes decirme sobre esto?", o "Y después, ¿qué pasó?". Para así crear un contexto facilitador mediante gestos o breves frases neutrales que denoten interés por lo que el entrevistado está diciendo; la repetición de frases que haya dicho; la autorización expresa para usar palabras –insultos, malas palabras– que el niño dude en utilizar porque le parecen inadecuadas en la situación de entrevista.

En caso de que el entrevistador perciba que el entrevistado limita su relato debido a que siente vergüenza, puede decirle que él suele conversar con muchos niños sobre estos temas para alentarlo a que le siga contando lo que haya sucedido desde el principio hasta el final.

Si en algún momento de la entrevista cambia el estado anímico del entrevistado –se altera, se pone nervioso, permanece en silencio– conviene que el entrevistador le señale el cambio de actitud y explore qué pudo haber pasado. Es fundamental que tenga en cuenta los cambios que observe sin abundar en comentarios ni establecer hipótesis explicativas extensas. Lo aconsejable es darle tiempo para recomponerse.

Cuando el entrevistado llora en la entrevista, se debe dejar un tiempo para que se calme. No es necesario que se establezca algún contacto físico. Lo indicado es que, antes de proceder a acercarse físicamente, el adulto le pregunte si eso es lo que él desea, si se sentiría cómodo con ese acercamiento y si lo permite. Si la respuesta es negativa, se podrán observar los recursos que utiliza para superar el momento.

En el momento en que se recupere, se puede continuar repitiendo la última frase que dijo o explorando qué sucedió en la entrevista que lo hizo llorar.

En caso de que el entrevistado se encuentre muy afligido, puede preguntársele si quiere continuar hablando sobre el tema que se estaba trabajando o si prefiere hacer una pausa y hablar de otra cosa.

Cuando manifiesta que no quiere hablar nunca más de este tema, puede sugerírsele cambiar por un rato y retomarlo más adelante en el transcurso del proceso de evaluación. El profesional decidirá si lo retoma en la misma entrevista o en alguna posterior.

Es frecuente que, durante esta fase, el entrevistado mencione personas que el entrevistador no conoce ni puede identificar con la información que haya recogido. No es conveniente interrumpir el relato para pedir más detalles. Es preferible dejarlo continuar y proceder a esa exploración en la fase siguiente (preguntas y aclaraciones). El entrevistador puede hacer anotaciones durante la entrevista acerca de los temas que le interese retomar.

Preguntas y aclaraciones

Esta fase comienza cuando el entrevistado ha terminado, sin que queden dudas, con la narración libre. El objetivo es obtener información que sea importante desde el punto de vista legal y aclarar los comentarios realizados.

Las preguntas deben ser muy específicas, y conviene que el entrevistador las tenga preparadas. Se desaconseja pasar de manera desorganizada de un tema a otro. Es conveniente contar con una guía sobre cuestiones que se quieran profundizar y/o detallar, intentando agotar toda la información posible sobre un tema antes de pasar a otro.

El entrevistador tiene que:

– cerciorarse de que tanto la descripción de los hechos como la identidad del supuesto agresor queden expuestos con claridad y sin ninguna ambigüedad (sobre todo si del resultado de la evaluación depende que se tome algún tipo de medida judicial);

– investigar si los hechos ocurrieron una sola vez o en varias ocasiones;

– determinar si hubo testigos o si el niño o adolescente fue testigo de episodios similares de los que hubieran sido víctimas otros niños o adolescentes;

– explorar aspectos específicos de cada caso, como descripción de objetos que podrían constituir pruebas físicas, por ejemplo: presencia de cámaras y/o computadoras.

Se puede considerar que esta es la fase más difícil del proceso de evaluación porque el entrevistador tiene que escuchar cómo la supuesta víctima repasa mentalmente la información ya recogida, decide si continuará preguntando y cuándo cerrará la entrevista. Es fundamental que el entrevistador esté tranquilo y cuente con el tiempo suficiente para tomar estas decisiones.

Los entrevistadores deben tratar de no explorar detalles que no sean necesarios. Uno de los temas que se desaconseja investigar tiene que ver con la exploración de los motivos (las preguntas "¿por qué?"). El niño o el adolescente pueden percibir este tipo de preguntas como una crítica que, a su vez, puede despertar actitudes defensivas. Se las puede evitar preguntando, por ejemplo: "¿Qué hizo que te asustaras?", en lugar de "¿Por qué te asustaste?".

Tampoco es necesario explorar los detalles de, por ejemplo, la vestimenta del supuesto agresor en el caso de una descripción de episodios abusivos reiterados cometidos por un familiar. Es importante saber que, cuando los episodios son repetidos y/o habituales, los detalles suelen fundirse y las respuestas de los entrevistados pueden cambiar –y parecer contradictorias– según los fragmentos de recuerdos que pueda recuperar.

Conviene recordar también que los conceptos que hacen referencia al tiempo (por ejemplo: cuándo ocurrieron los hechos, a qué hora, en qué momento del día) y a los detalles de los lugares físicos puede que aún no se hayan establecido debido a la falta de madurez –evolutiva o de otra índole– del entrevistado. Con lo cual, en esas circunstancias, la información obtenida podría ser confusa o incompleta.

En muchos casos de sospechas de abusos sexuales, el entrevistador tendrá que recoger información acerca de si los hechos ocurrieron solo una vez –o más de una vez–, si el niño o adolescente sabe de alguien más a quien le haya pasado algo parecido con el mismo agresor, o si había otras personas presentes. Todas las cuestiones nuevas que pudieran surgir también deben ser exploradas, aclarando todas las referencias posibles con respecto a los hechos y a las personas involucradas y utilizando preferentemente preguntas abiertas.

Otro factor a considerar es el tiempo transcurrido entre el momento en que ocurrieron los hechos y el de la evaluación. Cuanto mayor sea el tiempo transcurrido, mayor es la posibilidad de que se pierdan y/o se fusionen fragmentos de recuerdos y que la descripción resulte más confusa.

Lo indicado, nuevamente, como en cualquier otra fase de la evaluación, es utilizar preguntas formuladas de la manera más abierta posible.

- **Ejemplo de pregunta abierta en la fase de preguntas y aclaración**

En un caso en el que el agresor utilizaba objetos incautados por la policía:
Entrevistador: "Esta persona que mencionas, ¿solía traer alguna cosa consigo cuando venía a verte?".
E: "Cuéntame cómo era eso que traía".

- **Ejemplo de pregunta para descartar ambigüedad ante una respuesta específica**

Niño: "El que me molestaba era mi abuelo".
Entrevistador: "¿Cuántos abuelos tienes?".
E: "¿Cuál de los abuelos?".
E: "¿Cómo se llama tu abuelo?".

Para ayudar a que los entrevistados se centren en los temas que se están tratando, conviene señalar de forma explícita qué asunto se está abordando en esta parte de la entrevista. Por ejemplo, decirle al entrevistado: "Ahora hablemos de cuando visitabas la casa de tus abuelos".

Asimismo, se recomienda advertir de manera expresa cuando se vaya a cambiar de tema.

En lo que hace al orden en que se abordarán los temas a profundizar y/o a aclarar, conviene seguir el hilo de pensamiento del entrevistado y no atenerse a un orden predeterminado.

Cierre

La fase de finalización de la evaluación es la que menos atención suele despertar en los entrevistadores. Sin embargo, es importante que el momento de cierre se aproveche para responder las preguntas que los entrevistados puedan tener y para agradecerles su tiempo y sus esfuerzos.

Recientemente se está utilizando esta fase del proceso para hacer un resumen y un repaso de la información obtenida de los niños. De esta manera, pueden corregirse errores de comprensión por parte del entrevistador y eventualmente agregar detalles que no se mencionaron en su momento.

IMPORTANTE

No está indicado agradecerles por haber revelado los abusos.
Debe recordarse que, en caso de habérsele prometido o asegurado algo al entrevistado, el entrevistador deberá estar totalmente seguro de que podrá cumplir sus promesas. Si no lo está, lo indicado es manifestar que ello no depende de él.

Conviene preguntarle si desea comentar algo más, algo que no se le haya preguntado y si tiene preguntas para hacerle al entrevistador.

Es recomendable no abandonar la sala de entrevistas inmediatamente después de terminada la fase de preguntas y aclaraciones. Conviene conversar unos minutos con los niños o adolescentes sobre asuntos no relacionados con el motivo de la evaluación para permitirles que se reorganicen de manera relajada.

A un púber o a un adolescente se le puede dejar una tarjeta con el nombre y el número de contacto del entrevistador para el caso de que más adelante recuerde algo que quiera comentar y/o agregar.

Si el niño o el adolescente reveló información compatible con haber sufrido abusos sexuales, se le pueden anticipar ciertas situaciones que ocurren con bastante frecuencia. Se le puede decir que: "Después de haber contado qué les pasó, algunos niños se sienten mejor y otros se sienten peor. Algunos familiares pueden alegrarse de que haya podido contar qué le pasó, pero a otros les puede caer mal. Hay niños que están contentos por haber podido contar, y otros que quisieran no haber abierto la boca. Si te pasa algo de todo esto, no te asustes. Es normal. Me puedes llamar (o puedes pedir que nos veamos). Me gustaría poder ayudarte."

Bibliografía

APSAC (American Professional Society on the Abuse of Children): *Psychosocial Evaluation of Suspected Sexual Abuse in Children*, EE.UU., 1997.

Berliner, L.: "Research Findings on Child Sexual Abuse Investigations". En R. Lieb, L. Berliner y P. Toth (compiladores): *Protocols and Training Standards: Investigating Allegations of Child Sexual Abuse* (págs. 5-23), Washington State Institute for Public Policy, EE.UU., 1997.

Boggs, S. R. y Eyberg, S. E.: "Interview Techniques and Stablishing Rapport". En A. M. La Greca (compilador): *Through the Eyes of the Child: Obtaining Self-Reports from Children and Adolescents*, Allyn and Bacon, Boston, 1990.

Ceci, S. J. y Bruck, M.: "Suggestibility of the Child Witness: A Historical Review and Synthesis". *Psychological Bulletin*, 113(3), págs. 403-439, 1993.

Davies, G. M. y Westcott, H. L.: Interviewing Child Witnesses under the *Memorandum of Good Practice.* A Research Review. Policing and Reducing Crime Unit: Police Research Series. Paper 115, Londres, 1999.

Faller, K. C.: *Child Sexual Abuse: Intervention and Treatment Issues.* National Center on Child Abuse and Neglect, U.S. Department of Health and Human Services, Administration for Children and Families, EE.UU., 1993.

Fundudis, T.: "Young Children's Memory: How Good is it? How Much do we Know About it?". *Child Psychology and Psychiatry Review*, 2, págs. 150-158, 1997.

Kuehnle, K.: *Assessing Allegations of Child Sexual Abuse.* Professional Resource Press, EE.UU., 1996.

New York State Children's Justice Task Force: *Forensic Interviewing Best Practices*, EE.UU., 2003.

Poole, D. A. y Lamb, M. E.: *Investigative Interviews of Children: A Guide for Helping Professionals.* American Psychological Association, Washington, 1998.

Sattler, J. M.: *Clinical and Forensic Interviewing of Children and Families.* Jerome M. Sattler, Publisher, Inc., California, 1998.

State of Michigan Governor's Task Force on Children's Justice and Family Independence Agency: *Forensic Interview Protocol.* FIA, EE.UU., 1999.

CAPÍTULO 7

TÉCNICAS DE ENTREVISTA

La memoria y la habilidad de recordar de niños y adolescentes

Durante muchos siglos se creyó que los niños carecían de las habilidades cognitivas para organizar y dar sentido a sus percepciones, y de la posibilidad de almacenar recuerdos de manera confiable. En estas últimas décadas se ha modificado radicalmente esta visión a partir de investigaciones que demuestran que tienen capacidad de recordar estímulos perceptivos, que con el desarrollo va mejorando su capacidad para "almacenar" recuerdos, y, con la adquisición del lenguaje, su habilidad para comunicarlos*.

Para evaluar las sospechas de abusos sexuales es fundamental comprender cómo los niños y adolescentes adquieren y transmiten sus recuerdos, para así comprender de manera exhaustiva sus testimonios sobre los eventos vividos. En este sentido, hay que tomar en cuenta que la información confiable que puedan suministrar dependerá de su habilidad para recordar, por un lado, y de su habilidad para comunicarlo, por el otro.

Los investigadores del tema sostienen que hay cinco modalidades diferentes de recordar:

---

* Una descripción más detallada puede encontrarse en el Anexo A de este libro, "El testimonio infantil sobre experiencias emocionales repetidas", de Carmen Weingartner Welter y Lilian Milnitsky Stein.

> ➤ El recuerdo libre.
> ➤ El recuerdo "apoyado".
> ➤ El reconocimiento.
> ➤ El recuerdo tipo libreto.
> ➤ El recuerdo reprimido o recuperado.

El **recuerdo libre** es aquel en el que el entrevistado rememora un acontecimiento sin ayuda de ningún estímulo externo, utilizando "estrategias" internas para evocar los hechos. Es una de las formas más complejas de evocación y, por lo general, no es habitual en los niños pequeños; es más factible que puedan acceder a él los adolescentes y las personas adultas.

Ante el pedido de que describan "todo lo que hayan visto", es común que los niños mayores y los adultos suministren mayor información que los pequeños. Sin embargo, en el caso de que estos últimos consigan transmitir cierta información, los datos suelen ser correctos por más que su testimonio haya sido escueto.

Otras veces, ante la pregunta: "¿Qué ha pasado?", los más pequeñitos suelen responder: "Nada", aunque recuerden lo sucedido, con lo cual la posibilidad de ampliar cualquier información dependerá de las preguntas que se les hagan.

Los investigadores coinciden en que:

> ➤ La cantidad de recuerdos libres se incrementa con la edad.
> ➤ Por lo general, los recuerdos libres suelen ser muy precisos.
> ➤ La precisión de los testimonios no suele modificarse con la edad.
> ➤ Omitir detalles es mucho más frecuente que inventar detalles falsos.
> ➤ La cantidad y la precisión de los recuerdos se deterioran a medida que pasa el tiempo.
> ➤ A pesar de que sea común que los niños pequeños tengan recuerdos libres más incompletos y breves que los de los niños mayores, estos recuerdos tienen el mismo grado de precisión (Saywitz y colaboradores, 1996).
> ➤ A pesar de que hay casos aislados de niños pequeños que aportan elementos irreales en sus testimonios, esto es algo excepcional que no necesariamente invalida las otras partes de las descripciones infantiles.

El **recuerdo "apoyado"** es aquel que aparece cuando se utiliza algún tipo de estímulo para evocarlo. El estímulo actúa como "gatillo" asociativo en la mente del entrevistado entre el elemento de ayuda y aquello que está en su memoria. Muchas veces ese estímulo es una pregunta. Cuando se utilizan estas "ayudas" asociativas se intenta colaborar en la reconstrucción de un contexto semejante al del momento en que ocurrieron los hechos.

Otra de las modalidades del recordar, el **reconocimiento**, consiste en presentarle nuevamente el mismo objeto o persona a alguien que tuvo algún tipo de experiencia previa con ese objeto o con esa persona.

El **recuerdo tipo libreto** sucede ante hechos que ocurren de manera reiterada una cantidad significativa de veces, formando una especie de "libreto" mental. Tomemos como ejemplo los paseos a la plaza. Un niño puede recordar muy bien cómo y con quién va y qué hace allí. Sin embargo, puede no recordar en cuál de todas las plazas que visita con su familia ocurrieron los episodios o anécdotas específicas.

Tanto los niños como los adultos tienen dificultades para precisar, aislar y diferenciar detalles de episodios que experimentaron en numerosas oportunidades. Los detalles específicos suelen desdibujarse ante el "libreto" de los sucesos reiterados.

El **recuerdo reprimido o recuperado** es el que aparece después de un tiempo variable en el que las experiencias vividas parecen haberse olvidado. A veces, estos recuerdos son correctos; otras, no. Es un tema que despierta grandes polémicas cuando se refiere a recuerdos de abusos sexuales recuperados por adultos después de transcurridos muchos años. Sin embargo, no es una polémica que se plantee cuando se están evaluando sospechas de agresiones sexuales en entrevistas directas con los niños y adolescentes.

IMPORTANTE

– Los niños pequeños suelen recordar hechos dolorosos y traumáticos durante períodos prolongados. A pesar de ello, ante las sospechas de agresiones sexuales, siempre se aconseja realizar las evaluaciones a la mayor brevedad posible. ➡

- Los hechos que ocurren antes de los 2 o los 3 años suelen olvidarse debido a la amnesia infantil.
- El estrés hace que los detalles centrales de las situaciones que los han provocado queden registrados de manera más duradera en la memoria. Los que pueden desdibujarse son los detalles periféricos.
- Algunos investigadores afirman que, ante situaciones estresantes, los recuerdos se conservan mejor y hay mayor resistencia a las sugestiones.

Hasta el momento, las técnicas de entrevistas para validar las sospechas de abusos sexuales se basan en el interrogatorio verbal. No existen pruebas psicológicas ni "patrones" de juego que resulten indicativos ni confirmen las agresiones. Por lo tanto, uno de los mayores desafíos que enfrenta la mayoría de los investigadores y profesionales que abordan este tipo de problemas radica en la capacidad y en la habilidad para entrevistar a niños y adolescentes por medio de preguntas y respuestas verbales, de una manera eficaz y confiable (Corwin, 1990).

Debido a las distintas fases del desarrollo evolutivo y a las características individuales de las supuestas víctimas, los entrevistadores necesitan contar con instrumentos adecuados para adaptarse a las características específicas de cada etapa y de cada entrevistado.

El hecho de que los más pequeños tengan dificultades a la hora de comunicarse mediante descripciones y relatos verbales no significa que la información que puedan brindar sea poco confiable. El problema reside en que los requerimientos de esta manera de validar las sospechas pueden no coincidir con el nivel de desarrollo de lenguaje de un niño.

De ahí que "sus relatos suelen estar condicionados por una producción sintáctica y por habilidades narrativas limitadas. Los niños pueden recordar más de lo que manifiestan, interpretan las preguntas de los adultos de manera diferente y, en consecuencia, a veces responden de forma tal que pueden parecer poco confiables o incoherentes a quien escucha" (Snyder y colaboradores, 1993).

En este capítulo se abordarán las técnicas que contribuyen a que niños y adolescentes puedan aportar la mayor información verbal posible, sin coercionarlos ni inducir sus respuestas. Para ello, como se trató en el capítulo anterior, deberán haber establecido un vínculo de confianza con el entrevistado para obtener información básica sobre:

- las características de su vida cotidiana;
- el contexto donde podrían haber ocurrido los abusos;
- su desarrollo evolutivo;
- su manera de comunicarse;
- su estado emocional y afectivo;
- su modalidad de funcionamiento en general y de sus habilidades específicas.

Técnicas para obtener información directamente de los niños y adolescentes

- Sesiones de juego libre y focalizado.
- Preguntas abiertas, focalizadas, de elección múltiple, etc.
- Uso de muñecos anatómicamente correctos.
- Uso de dibujos.

Sesiones de juego libre y focalizado

Es de utilidad con los más pequeños. La forma libre consiste en observar el juego, permitiéndoles que utilicen materiales provistos por el entrevistador sin tener una consigna específica sobre lo que se espera que hagan. El entrevistador aporta una cantidad limitada de juguetes acordes con la etapa evolutiva y materiales de dibujo y/o plastilina. Se aconseja limitar la cantidad de elementos de juego para evitar la dispersión y para facilitar el enfoque en algún tema específico si fuera necesario.

La instrucción que se les da es que con esos materiales pueden hacer lo que deseen siempre que no se lastimen, no lastimen al entrevistador y no rompan los materiales.

El objetivo de estas sesiones es conocer en qué fase del desarrollo evolutivo se encuentra el niño, cómo se comunica con un adulto casi desconocido, su modalidad de funcionamiento en general y su estado emocional y afectivo.

Para valorar habilidades específicas (lenguaje, nociones de espacio, de número, de tiempo, etc.), será necesario enfocar el juego en los aspectos que se desean explorar. Sin embargo, es importante destacar que **el entrevistador no debe enfocar el juego en las sospechas de agresiones sexuales**.

El juego focalizado consiste en propuestas para realizar actividades muy concretas. Por ejemplo, si se quiere valorar las nociones de espacio del entrevistado puede decirse: "Vamos a jugar a poner los lápices adentro/debajo/fuera/sobre la caja".

IMPORTANTE

El juego focalizado no consiste en proponer al niño que centre su actividad lúdica en las sospechas que se están investigando, algo que está absolutamente contraindicado. Se lo utiliza para explorar sus habilidades específicas y, eventualmente, su estado emocional y afectivo.

La observación de este tipo de juego resulta sumamente valiosa, también, para hacer comparaciones con lo que le sucede al niño cuando la entrevista está centrada en las sospechas de abusos: si se modifica el tono emocional, el estilo de comunicación verbal, la modalidad de funcionamiento en general, si se resienten algunas habilidades que estaban adecuadamente desarrolladas para la edad, etc.

Estas mismas observaciones valen respecto a niños mayores y adolescentes con relación a cómo se comportan y a cómo se expresan en una situación donde se aborden temas neutros y en otra donde se traten temas relativos a las sospechas.

Las preguntas

Si bien en este apartado se trata el tema de las preguntas por separado, es necesario señalar que, en realidad, las preguntas se realizan en un contexto donde pueden estar utilizándose otros "soportes de ayuda" para recoger información (materiales de juego y/o de dibujo, muñecos anatómicamente correctos, dibujos de figura humana, etc.).

Suele ser habitual centrar toda la atención en este punto y perder de vista que, con frecuencia, resulta más convincente lo que un entrevistado haga o describa utilizando los "soportes de ayuda", que lo que pueda decir.

Las investigaciones sobre las habilidades infantiles para comunicar los hechos que han presenciado o de los que han sido víctimas señalan que:

- los más pequeños presentan mayor fragilidad;
- el uso de "soportes de ayuda" (preguntas enfocadas, muñecos, juguetes, dibujos) permite una mejor comunicación;
- conviene utilizar estrategias para evitar que los niños y adolescentes se avengan a preguntas que sugieren las respuestas;
- es importante adaptar la comunicación según los niveles de lenguaje y de comprensión del niño;
- también es importante formular las preguntas de acuerdo con el nivel evolutivo y con un enfoque individualizado para cada niño (utilizando los términos que él emplea);
- la credibilidad puede valorarse tanto mediante el contenido de la información recogida como por el comportamiento no verbal;
- es importante escuchar lo que el niño o adolescente relate espontáneamente antes de comenzar con las preguntas.

El aporte de información sin formulación de preguntas pone de manifiesto la habilidad del entrevistado para recordar libremente. Cuando se hacen preguntas, el proceso se encamina hacia una fase en la que los recuerdos continuarán emergiendo a través de la utilización de los "soportes de ayuda". Todos los procesos de evaluación de sospechas de abusos sexuales tienen un componente de recuerdos libres y otro de recuerdos con ayuda.

De los estudios sobre los recuerdos libres de niños y adolescentes se desprende que:

- la cantidad de recuerdos libres que puede aportar un niño aumenta con la edad;
- los recuerdos libres suelen ser muy precisos, aun en niños pequeños;
- la precisión de esta información no se modifica con la edad;
- en este tipo de recuerdos es más frecuente la omisión de detalles que la invención o el agregado de detalles falsos;
- la cantidad y la precisión de los recuerdos se deteriora con el paso del tiempo (de ahí que se recomiende valorar las sospechas lo más rápido posible después de la revelación).

Se recurre a los recuerdos con "soporte de ayuda" porque todas las personas –niños y adultos– suelen conocer más detalles de los hechos que han presenciado que los que aportan espontáneamente. Las preguntas funcionan, así, como un ayudamemoria para proseguir aportando información.

Las investigaciones señalan que:

- a pesar de que las preguntas contribuyen a obtener más información, este tipo de recuerdos, es menos preciso que el espontáneo;
- las preguntas abiertas son respondidas con mayor precisión que las específicas;
- las preguntas específicas son respondidas con mayor precisión que las inductoras;
- la falta de precisión es mayor en los niños pequeños.

Cuando corresponda empezar con las preguntas, se recomienda seguir una secuencia específica que vaya de las preguntas más abiertas a las más enfocadas o directas. Este procedimiento tiene como objetivo controlar la posibilidad de que, con su manera de formular las preguntas, el entrevistador influya sobre las respuestas del entrevistado.

La secuencia de las preguntas a formular es la siguiente:

➤ generales;
➤ enfocadas;
➤ de elección múltiple;
➤ por sí o por no;
➤ inductoras (no son necesarias y, por lo general, están contraindicadas).

Se considera sugestión al "acto o al proceso de imprimir algo (una idea, una actitud o una acción determinada) en la mente de otra persona" (Fundudis, 1997). Suele creerse –sin que las investigaciones avalen esta creencia– que los niños, a partir de algunas preguntas inductoras, son ilimitadamente sugestionables y que resulta muy sencillo influir sobre ellos para que aporten una acusación falsa pero creíble de haber sufrido abusos por parte de un adulto.

Una investigación muy conocida de Ceci y Bruck (1993) reveló que los niños (sobre todo los menores de 6 años) tienden a responder de manera incorrecta en circunstancias tales como:

– un contexto acusatorio donde una persona de autoridad o un entrevistador sugiere reiteradamente que un adulto –que ha realizado una acción neutra o ambigua– ha tenido un comportamiento sospechoso;
– entrevistas sugestivas realizadas de manera reiterada;
– situaciones en las que se aporta información distorsionada después de ocurridos los hechos. Tanto los niños como los adultos tienden a incorporar a sus recuerdos alguna información falsa sobre lo sucedido, que pudieran haber leído después de haber presenciado ese hecho.

Con la formación y la supervisión técnica de los entrevistadores se evitan, cuando menos, los dos primeros tipos de situaciones descriptas.

Un tema que suele preocupar a quienes deben tomar decisiones ante la revelación o la confirmación de abusos a niños o adolescentes es el de los recuerdos implantados por terceros. Las investigaciones muestran que es mucho más fácil modificar un recuerdo en la memoria de alguien que "fabricar" e imponer uno totalmente falso.

Preguntas generales

Son preguntas que se utilizan al inicio de las entrevistas o para comenzar a abordar el motivo de la evaluación.

Ejemplo

Entrevistador: "¿Sabés por qué has venido a verme hoy?".

Es probable que niños en edad escolar y adolescentes puedan aportar alguna información con este tipo de preguntas. Con los más pequeños suelen no funcionar, ya que las respuestas más frecuentes son: "No, no lo sé" o "No lo recuerdo".

Otras veces, afirman que saben por qué han ido pero que no quieren decirlo o responden de manera muy vaga. En estas situaciones es necesario usar preguntas más directas.

Las preguntas generales

– Son amplias y abiertas, no enfocan ningún aspecto de un tema;
– son las menos dirigidas;
– son de menor utilidad con niños cognitivamente inmaduros cuando se desea recoger información sobre detalles específicos;
– no favorecen la revelación de detalles contextuales ni de cualquier otra índole para sustentar la veracidad de las sospechas de abusos;
– suelen no permitir que se obtenga la información para llegar a conclusiones firmes sobre la veracidad de la sospecha, sobre todo en los casos con preescolares.

Preguntas enfocadas o focalizadas

Algunos autores las consideran las mejores (Faller, 1993), ya que permiten recoger información sin ser inductoras de respuesta. Pueden estar enfocadas en:

- personas;
- contexto de las sospechas de abusos;
- partes del cuerpo.

En cada uno de estos grupos pueden incluirse preguntas sobre las actividades cotidianas y sobre las rutinas de cuidado e higiene, pues suelen brindar información de importancia.

Preguntas enfocadas en las personas

Conviene comenzar con preguntas sencillas sobre los familiares convivientes: hermanos, madre, padre, etc. (no conviene comenzar con la persona sospechada de cometer los abusos si es un familiar conviviente). Pueden incluirse preguntas sobre la persona sospechada de haber cometido los abusos.

Ejemplos

Entrevistador: "¿Dónde vive Esteban (pareja de la madre)?".
E: "¿Qué actividades/cosas suele hacer Esteban con ustedes como familia?".
E: "¿Hay alguna cosa en especial que haga contigo?".
E: "¿Hay cosas que hace Esteban que te gusten?".
E: "¿Hay cosas que hace Esteban que no te gusten?".
E: "¿Esteban suele hacer cosas que no te gusten?".

Preguntas enfocadas en el contexto de las sospechas de abusos

Ante sus víctimas, los agresores sexuales suelen justificar los abusos como comportamientos o secretos "especiales" entre él y la víctima, o normalizarlos e inducirla a participar por haberlos presentado como juegos.
Si se ha recogido otra información contextual antes de entrevistar a las supuestas víctimas, puede ser explorada con este tipo de preguntas.➜

Ejemplos

Entrevistador: "En tu familia, ¿hay secretos?".

E: "¿_____ (nombre de la persona sospechada) juega contigo?" (de acuerdo con la respuesta obtenida, se prosigue con otras preguntas).

E: "¿Qué hacen cuando tu tío se queda a cuidarte?".

E: "¿Cómo te cuida tu padre cuando tu madre está en el trabajo?".

E: "¿Qué ocurre cuando te estás bañando?".

Preguntas enfocadas en las partes del cuerpo

Suelen utilizarse en conjunto con muñecos anatómicamente correctos y/o con dibujos de la figura humana.

Se comienza pidiéndole al niño que nombre distintas partes del cuerpo, empezando por la cabeza y terminando en los pies, sin centrarse exclusivamente en la zona genital.

Puede preguntarse por las funciones de distintas partes del cuerpo, utilizando los nombres que el niño o adolescente haya usado. Posteriormente, se pueden formular preguntas como las siguientes, en relación con, por ejemplo, el pene.

Ejemplos

Entrevistador: "¿Alguna vez has visto un 'pito' (pene)?" o ¿"Alguna vez le has visto el 'pito' a alguien?".

E: "¿A quién se lo viste?".

E: "¿Para qué sirve el 'pito'?" (si el entrevistado responde "para hacer pis", se le puede preguntar: "¿Y para algo más?").

A una niña o adolescente se le pueden formular preguntas similares en relación con la vagina.

E: "¿Alguna vez le has visto la 'pochola' a alguien?".

E: "¿Alguna vez alguien te pidió que le tocaras la 'pochola'?".

E: "¿Alguna vez te pasó algo en la 'pochola' que no te haya gustado?".

E: "¿Alguna vez te duele la 'pochola'?".

E: "¿Qué cosas te hacen doler la 'pochola'?".

E: "¿Alguien te ha tocado la 'pochola' alguna vez?". Si la niña responde que ella se toca, se le puede preguntar: "¿Y alguien más te la toca?". En caso de que mencione a alguna persona, se continúa con preguntas tales como: "¿Cuándo es que te la toca?".

Cuando el entrevistado no aporta información con este tipo de preguntas focalizadas, puede ser necesario usar preguntas más directas.

Preguntas de elección múltiple

En este tipo de preguntas se le ofrecen al entrevistado distintas alternativas, incluyendo la respuesta correcta. Tiene la desventaja de que a los más pequeños les cuesta seguir y recordar las distintas opciones, sobre todo si el listado es extenso. Además, se recomienda utilizarlas solamente para explorar el contexto en el que pudo haber ocurrido el abuso. No es aconsejable usarlas para describir lo sucedido.

Ejemplos

Entrevistador: "¿Recuerdas si tenías puesta la ropa que usas durante el día o si usabas la ropa de dormir?".

NO se aconseja preguntar

E: "¿Quién te hizo daño en la 'pochola': tu padre o el compañero de tu madre? ¿Los dos? ¿O ha sido otra persona?".

Preguntas por sí o por no

Se las usa, en general, cuando las preguntas más abiertas no han permitido obtener información y el entrevistador sigue sospechando que los abusos pudieron haber sucedido. Se recomienda utilizarlas con precaución porque pueden estimular respuestas "socialmente adecuadas", sobre todo en niños pequeños (respuestas afirmativas porque creen que es lo que se espera de ellos). Este tipo de preguntas sirve para identificar o describir tanto al agresor como los comportamientos inadecuados.

Ejemplos

E: "¿Te quedabas sola con tu primo cuando tu mamá se iba a trabajar?".
E: "¿Fue tu madre quien te puso los dedos en la 'pochola'?".
E: "¿Tu padrastro se metía en tu habitación mientras dormías?".

Preguntas inductoras

Son preguntas que le indican al niño o al adolescente cuál es la respuesta que el entrevistador espera. Se usan con frecuencia en los juicios, pero no deben formularse en la evaluación de las sospechas de abusos. No suele ser necesario usarlas y tienen un efecto contraproducente, pues pueden parecer coercitivas ya que transmiten el punto de vista que tiene el adulto. También pueden influir en la manera como el niño o adolescente haya interpretado lo sucedido y su uso puede desbaratar la validez del proceso de evaluación.

Ejemplos

Entrevistador: "Tu padre te ha chupado el 'pito', ¿verdad?".
E: "¿Ha sido tu abuela quien te ha dicho que el compañero de tu madre le hace esas cosas con el 'pito' a tu hermana?".

Recomendaciones

- Conviene comenzar la exploración dirigida con preguntas generales y pasar a las preguntas enfocadas cuando sea necesario.
- Cuando haya que utilizar preguntas más directas (dentro de la secuencia de preguntas enfocadas, de elección múltiple, por sí o por no), comenzar por las enfocadas.
- Para explorar los detalles, conviene usar preguntas más directas para aclarar y/o profundizar y, cuando se obtiene nueva información, volver a usar preguntas generales y abiertas primero, y enfocadas después.
- Con preescolares hay que tener especial precaución al utilizar las preguntas directas, para evitar que aporten falsos detalles.
- No utilizar preguntas inductoras de respuesta.

Lenguaje y maneras de formular las preguntas

Como ya se dijo, resulta sumamente importante evaluar las habilidades para la comunicación verbal durante la fase de estable-

158

cimiento de *rapport*. Los resultados de esta exploración serán de utilidad para predecir cuánta información un entrevistado puede aportar en respuesta a las preguntas que se le formulen y para orientar al entrevistador sobre el tipo de palabras, el léxico y los niveles de complejidad sintáctica y gramatical que deberá utilizar para elaborar las preguntas.

Es fundamental que el nivel de lenguaje utilizado sea acorde con el nivel evolutivo del entrevistado. Las expresiones adultas o el empleo de términos legales pueden hacer que el niño responda de manera incoherente, confusa y/o incorrecta. Cuanto menos desarrollado esté el lenguaje, mayores son los riesgos de que las descripciones sean mal interpretadas por el adulto o que el niño malinterprete las preguntas del entrevistador.

Que los niños tengan menor fluidez en la comunicación verbal no significa que sean informadores poco confiables.

El hecho de tener en cuenta las habilidades de los entrevistadores a la hora de formular las preguntas obedece a que las entrevistas de evaluación de sospechas de abusos sexuales deben estar enfocadas en las supuestas víctimas. Son los entrevistadores quienes deben adaptarse a la etapa de desarrollo evolutivo en que se encuentran los entrevistados, y no ser estos quienes deban responder con las pautas de razonamiento del adulto.

De allí que sea importante tener en cuenta ciertas cuestiones asociadas a la evolución del pensamiento y del lenguaje verbal.

- Entre los 18 y los 22 meses, los niños:
  - poseen un vocabulario de aproximadamente 50 palabras;
  - utilizan sustantivos y verbos;
  - no usan adjetivos ni adverbios modificadores: sus frases son cortas y escuetas.
- En la etapa preescolar:
  - el lenguaje expresivo se ha ampliado notablemente en relación con el lenguaje del deambulador;

- son capaces de describir de manera correcta experiencias pasadas; sin embargo, no utilizan el tiempo pasado ni tienen el concepto de tiempo totalmente desarrollado;
- tienen una comprensión limitada de los verbos auxiliares;
- tienen problemas para responder a preguntas por sí o por no porque en ellas pueden usarse verbos auxiliares;
- no pueden responder de manera consistente preguntas de por qué, cuándo o cómo.
- Entre los 5 y los 10 años:
  - desarrollan gradualmente la capacidad de comprender y usar palabras polisilábicas, oraciones largas, estructuras gramaticales más complejas y reglas implícitas de la conversación;
  - antes de los 10 años, pueden malinterpretar los términos legales y, si se les pregunta sobre las conductas abusivas en jerga legal aumenta el porcentaje de errores de manera significativa.

Diferentes autores (Walker, 1994; Kuehnle, 1996; Poole y Lamb, 1998; Davies y Westcott, 1999) proponen poner atención en lo siguiente cuando se entrevista a niños y adolescentes:

- Es frecuente que tengan problemas para pronunciar algunas palabras (en especial los más pequeños), lo que puede provocar malentendidos y errores de comprensión, tanto por parte del niño como del adulto. Cuando se sospeche que algo así podría estar ocurriendo, se aconseja solicitar al entrevistado que aporte más detalles como para confirmar que comprende lo que se le está preguntando o que el entrevistador está comprendiendo la respuesta.

Ejemplos

Entrevistador: "No entendí muy bien eso que me dijiste sobre que te tocaba. Explícame un poco más dónde te tocaba".
E: "¿Quién me has dicho que lo hacía? ¿Has dicho 'malo' o 'Mario'?".

– El entrevistador tiene que conversar con el niño pronunciando las palabras como lo haría con cualquier adulto, sin imitar la pronunciación infantil. La única excepción se impone al nombrar las diferentes partes del cuerpo, cuando se debe utilizar los nombres que utilizan los entrevistados.

– Es común que el significado que le atribuye un niño a una palabra no sea el mismo que para el adulto. Cuando las descripciones se refieren a personas, hechos u objetos, es de fundamental importancia aclarar la mayor cantidad de detalles posibles.

Ejemplo

Si se le pregunta a un niño qué pasó en la casa y los hechos ocurrieron en un departamento, es posible que responda que no pasó nada. Para un niño la palabra "casa" puede significar solamente un estilo de construcción específico, y no una palabra que designa a las viviendas en general.

– Los niños pueden parecer contradictorios porque usan las palabras con significados algo distintos que los adultos.

Ejemplo

Para los más pequeños, la palabra "tocar" puede significar solo aquello que se hace con las manos. Si ocurrieron actos tales como besos, felaciones o *cunnilingus*, es posible que, al preguntarles si el supuesto agresor los "tocó", respondan que no.

– Tienden a ser muy literales con el significado de las palabras. Con lo cual, el entrevistador debe estar atento y anticiparse a esta posibilidad, modificando la manera de formular la pregunta para comprobar si el entrevistado comprende lo que se le está solicitando.

Ejemplo

Según la manera en que se usan las palabras pueden responder negativamente cuando se les pregunta: "¿Te pidió que lo tocaras?", y afirmativamente cuando se le dice: "¿Hizo que lo tocaras?". Lo que significa que no hubo un pedido verbal explícito.

- Los menores de 7 años tienen dificultades con conceptos de tiempo como "antes de" o "después de", con lo cual conviene enunciar las preguntas intentando situarlos en el aspecto temporal con otros recursos como, por ejemplo, momento del ciclo escolar, si era un día en el que había escuela o era feriado, o hacer referencia a una actividad concreta que el entrevistado pudiera haber realizado ese día o para esa época.
- Es esperable que no comprendan los términos legales, por lo cual, conviene no utilizarlos.
- A los más pequeños les resulta difícil responder preguntas referidas a más de un concepto. Para que las preguntas les resulten más comprensibles y para que puedan responder con mayor precisión, el entrevistador deberá separar las oraciones complejas en oraciones más cortas: les resultará más sencillo comprender –y responder– tres o cuatro preguntas cortas que una larga.
- Los más pequeños tienden a incorporar las palabras nuevas (nombres, palabras clave o frases) a sus relatos. El entrevistador debe tratar de no mencionar aquello que el entrevistado no haya manifestado espontáneamente para evitar esta posibilidad.
- Se recomienda no usar oraciones en voz pasiva, sino la estructura "sujeto-verbo-sustantivo".

Ejemplo

Entrevistador: "Me dijiste que él te había quitado la ropa…" en lugar de "Me dijiste que la ropa había sido quitada por él".

162

– No se recomienda usar preguntas con una negación.

Ejemplo

Entrevistador: "¿No dijiste que no lo habías visto en el parque?".

– Evite el uso de muletillas, tales como "¿Verdad?" o "¿No es cierto?".

Ejemplo

Entrevistador: "Después él se quitó la ropa, ¿no es cierto?".

– Los pronombres personales como "ella" y "él", o "ellos", "ellas" pueden resultar difíciles de comprender para los más pequeños. Es preferible usar los nombres propios o los sustantivos correspondientes en lugar de los pronombres. Carece de importancia si el entrevistador es redundante y repite el nombre o el rol de la(s) persona(s) de la(s) que se está hablando.

Ejemplo

Entrevistador: "Después de que el tío entró en tu habitación, ¿qué fue lo que pasó?" (en lugar de: "¿Qué hizo después de que él entró en tu habitación?").

– En los casos de niños o adolescentes que muestren dificultades para manejar abstracciones, será necesario usar ejemplos claros y concretos.
– Cuando se observe que los niños o adolescentes tienen problemas en agrupar en categorías, deben evitarse las preguntas donde se utilicen categorías o agrupamientos.

Ejemplo de palabras que se refieren a agrupamientos

Entrevistador: "¿Alguna vez te pasó algo parecido?" (conviene sustituir por una pregunta más específica, como por ejemplo: "¿En alguna otra ocasión tu primo te tocó de la misma manera?").

- Según la etapa evolutiva o el contexto sociofamiliar del niño o adolescente, puede suceder que utilice algunos términos comunes, pero con un significado menos conocido. Por ejemplo puede referirse a la pareja de la madre como su "padre"; o llamar "tío" a algún amigo de la familia. Lo aconsejable es aclarar la identidad de a quién está haciendo referencia.
- Puede ser necesario pedir aclaraciones sobre algunas palabras utilizadas en sus descripciones, en especial las que usan para definir a otras personas. Por ejemplo, adjetivos calificativos como "grande" o "pequeño", o conceptos temporales que se utilicen con una perspectiva personal, o decir que algo ocurrió en "un minuto" (para indicar algo que duró poco tiempo), o que duró un año (para describir que llevó mucho tiempo).
- Es poco habitual que puedan brindar un relato cronológicamente organizado. Por lo tanto, el entrevistador deberá tomar todos los recaudos posibles para comprender la secuencia cronológica de lo que le estén relatando.
- Los comentarios anteriores en relación con el orden cronológico de los hechos descriptos también son aplicables a las evaluaciones de adolescentes porque, si bien comprenden mucho mejor los conceptos de tiempo, pueden tener problemas para organizar los hechos en el orden en el que ocurrieron, ya sea por una dificultad específica con el aspecto cronológico o porque no sean hábiles para narrar o para describir.
- A veces los más pequeños omiten detalles importantes. Por centrarse solamente en un aspecto de lo sucedido, pueden dejar de mencionar otros que son relevantes. Es

conveniente, entonces, hacer preguntas que permitan aclarar la información suministrada.

– El entrevistador debe tener presente que el entrevistado, en su casa o con su grupo familiar, puede hablar un idioma diferente del castellano. Un tema a explorar con el niño o adolescente es el idioma que habla en casa y en cuál prefiere que se hagan las entrevistas. En el caso de que haya que trabajar con un traductor, se desaconseja que esa persona sea un familiar o un vecino. La selección de un traductor requiere el mayor de los cuidados y debe ser una decisión muy bien estudiada.

Uso de muñecos anatómicamente correctos

Los muñecos anatómicamente correctos son muñecos de tela, con un tamaño que resulte fácil de utilizar por los entrevistados. Tienen genitales femeninos y masculinos (vagina, pene, ano y senos) proporcionados y acordes con las características de edad y de género (hay muñecos femeninos y masculinos, niños y adultos). Presentan orificios vaginal y anal, y la posibilidad de abrir la boca, que también tiene la lengua. Los dedos de las manos son movibles y están separados entre sí. Las expresiones de los rostros son neutras. Vienen con vestidos y tienen también ropa interior. Tanto la ropa común como la interior, se puede quitar.

Los profesionales que utilizan este tipo de material auxiliar deben haber recibido formación acerca de la manera de usarlos, además de contar con experiencia para realizar entrevistas forenses y/o de evaluación de sospechas de abuso sexual infantil.

Tanto el uso de los muñecos anatómicamente correctos como del dibujo de la figura humana pueden ser de utilidad como "soportes de ayuda", en especial con los más pequeños que –como se ha reiterado a lo largo de este capítulo– tienen habilidades más limitadas para la comunicación verbal, para expresar de manera no guiada sus recuerdos y para brindar una narración espontánea de los sucesos (Pipe y cols., 1993).

A pesar de ello, la utilización de los muñecos ha sido objeto de controversias, críticas y discusiones. Los investigadores Boat y Everson (1994) señalaron que este instrumento ha generado actitudes extremas, se ha llegado a decir que son "sucios" y "feos" (Tylden, 1987), que son "anatómicamente bizarros" (Raskin, 1990), que son "monstruosidades" (Gardner, 1992) y que de su uso se ha dicho que constituye "un insulto a la decencia" y una "forma de maltrato infantil" (Naumann, 1985). A los profesionales que los utilizan se los ha caracterizado como "incompetentes" (Gardner, 1992) y se los ha acusado de ser "culpables de malas prácticas médicas y de comportamiento no ético" (McIver y Wakefield, 1987).

Por otra parte, algunas investigaciones –cabe señalar que sus resultados no son uniformes ni resulta sencillo generalizar los hallazgos a partir de ellas– señalan que los muñecos anatómicamente correctos aumentan la habilidad de los niños para recordar y describir los hechos. Sin embargo, su efectividad no es superior a la de otras técnicas auxiliares, tales como los dibujos de figuras humanas o los muñecos comunes.

La cantidad de muñecos que se ofrezcan dependerá de la situación particular que se esté investigando. Se sugiere que el entrevistador ofrezca los muñecos vestidos y que sea el entrevistado quien, en caso que le interese o forme parte de algún juego, los desvista.

Los muñecos anatómicamente correctos pueden utilizarse como:

A. Modelos anatómicos: ayudan a que el niño comunique cómo llama a las distintas partes del cuerpo utilizando sus propias denominaciones, para que explique cómo funcionan o para qué sirven algunas partes del cuerpo y para, eventualmente, poner en evidencia conocimientos sexuales inadecuados.

B. Modelos para demostración: permiten que el niño demuestre las acciones con los muñecos y evita que tenga que describirlas con palabras. Este uso es especialmente útil cuando existen dificultades en las habilidades del lenguaje o cuando la verbalización resulta inhibida por razones emocionales. Sirve también para aclarar dudas o eventuales malentendidos del entrevistador. Este tipo de uso no se aconseja con niños menores de tres años y medio ya que, por inmadurez evolutiva, podrían no entender que el muñeco representa su cuerpo. Es frecuente que los más pequeños utilicen el muñeco para representar a otra persona y muestren lo que les pasó en su propio cuerpo. Cuando se pretenda utilizar los muñecos con este objetivo, es recomendable hacerlo después de que el entrevistado haya realizado alguna descripción de comportamientos compatibles con abusos, cuya exploración se profundizará con este instrumento.

C. Estímulo para la memoria: la observación de los genitales, de las características sexuales secundarias (vello pubiano, senos) y de ropa interior puede resultar útil para estimular o activar recuerdos sobre hechos específicos de naturaleza sexual.

D. Instrumento de exploración: esta función se superpone con la anterior, ya que se supone que la observación de los muñecos en un ambiente tranquilo, no amenazador, puede ser una ocasión para que el niño revele espontáneamente sus intereses, preocupaciones y/o conocimientos sexuales.

E. Para romper el hielo: los muñecos pueden facilitar el abordaje de temas sexuales con el entrevistador, ya que dirigen la atención del entrevistado, de una manera no amenazante y no inductiva, a las distintas partes sexuales del cuerpo y sus funciones.

El juego con los muñecos no debe usarse como instrumento diagnóstico. Si bien algunos juegos son más frecuentes entre niños que han sufrido abusos, no existe un estilo de interacción con los muñecos propia de niños que los han sufrido. (Koocher y cols., 1995.)

Cuando el entrevistado brinda alguna información valiéndose de los muñecos anatómicamente correctos, es de suma importancia que el entrevistador profundice la exploración mediante preguntas que el niño responderá o no, según él lo desee. (Bull, 1995; Lamb y cols., 1996.)

167

> *Los detalles obtenidos mediante el uso de los muñecos con niños pequeños deben ser interpretados con cautela.* (Thierry y cols., 2005.)

Uno de los reparos de importancia en relación con el uso de los muñecos anatómicamente correctos es que pueden provocar errores de uso y/o de interpretación por parte del entrevistador, sobre todo cuando evalúa a niños pequeños. Errores tales como:

a) conducir las entrevistas en forma directiva e inductora, llegando inclusive a representar determinados comportamientos sexuales con los muñecos;

b) una interpretación extremista de los comportamientos infantiles con los muñecos, en el afán de obtener un relato verbal exhaustivo;

c) utilizar estas sesiones con los muñecos como "atajos" en el proceso de evaluación, obviando la recolección de información de otras fuentes, y

d) excesiva confianza en la información que se pueda recoger con este instrumento, dejando de lado la que pudiera obtenerse utilizando otras técnicas de comunicación verbal y no verbal.

Si el entrevistador toma los recaudos necesarios, los muñecos anatómicamente correctos resultan valiosos. A la hora de criticar su utilidad, habrá que tener en cuenta cada caso en particular con qué objetivo se los utilizó y cuál era el nivel de formación del entrevistador.

Por otro lado, las conclusiones acerca de si un niño fue víctima de abusos sexuales no pueden basarse exclusivamente en cómo juega o cómo interactúa con los muñecos. Ningún autor los considera como una prueba diagnóstica que confirme o descarte los abusos.

Las investigaciones no avalan una de las críticas más comunes que se hacen a los muñecos: que son sugestivos o que excitan a los más pequeños dada su ingenuidad en lo que hace a los conocimientos sexuales.

Uso de dibujos

Los dibujos pueden usarse en las distintas fases de la evaluación: en la inicial, para romper el hielo y establecer el *rapport*; o en la fase de entrevista propiamente dicha con el objetivo de ayudar al entrevistado a recordar y a comunicar información.

Los pueden usar indistintamente el niño o adolescente o el entrevistador, y sirven para:

- generar un clima distendido y confortable;
- aclarar los relatos y/o las descripciones verbalizados de los entrevistados;
- facilitar el recuerdo de los detalles;
- Activar la memoria;
- reducir la intensidad de la experiencia traumática;
- documentar las descripciones y/o los relatos;
- centrar la atención, sobre todo de los más pequeños;
- probar lodicho, cuando reproducen algo que los entrevistados han descripto o relatado.

En las entrevistas de evaluación pueden usarse los siguientes tipos de dibujos:

- de la cara de un niño: para referirse al entrevistado en los aspectos físicos o para abordar los aspectos emocionales;
- de la familia: para identificar a sus integrantes y a los convivientes;
- de las mascotas;
- de la figura humana: para identificar y nombrar distintas partes del cuerpo, no solo los genitales;
- de lugares relacionados con los hechos que se están explorando;
- de objetos presentes o utilizados en las situaciones que se están explorando.

> No es adecuado usar los dibujos con fines terapéuticos (especialmente porque el proceso que se está describiendo es de evaluación de las sospechas) ni como instrumento para confirmar o descartar los supuestos abusos.

169

Los dibujos –al igual que otros instrumentos del proceso de evaluación– deben usarse junto con otras técnicas conducidos por un profesional formado en diversos aspectos de la protección infantil, que se sienta cómodo desempeñando la función de entrevistador.

Bibliografía

Boat, B. W. y Everson, M. D.: "Putting the Anatomical Doll Controversy in Perspective: An Examination of the Major Uses and Criticisms of the Dolls in Child Sexual Abuse Evaluations". *Child Abuse and Neglect*, Vol. 18, N° 2, págs. 113-129, 1994.

Bull, R.: "Good Practice for Video Recorded Interviews With Child Witnesses for Use in Criminal Proceedings". En G. Davies; S. Lloyd-Bostock; M. McMurran y C. Wilson (compiladores): *Psychology, Law and Criminal Justice: International Developments in Research and Practice*. Berlin, De Gruyter, EE.UU., 1995.

Ceci, S. J. y Bruck, M.: "Suggestibility of the Child Witness: A Historical Review and Synthesis". *Psychological Bulletin*, 113, págs. 403-439, 1993.

Corwin, D. L.: "Child Interviews: Current Research and Practice". *The Advisor*, 3 (2), 1, 1990.

Davies, G. M. y Westcott, H. L.: *Interviewing Child Witnesses Under the Memorandum of Good Practice: A Research Review*. Policing and Reducing Crime Unit: Police Research Series. Paper 115, Inglaterra, 1999.

Faller, K. C.: *Child Sexual Abuse: Intervention and Treatment Issues*. National Center on Child Abuse and Neglect, U.S. Department of Health and Human Services, Administration for Children and Families, EE.UU., 1993.

Fundudis, T.: "Young Children's Memory: How Good is it? How Much do we Know About It?" *Child Psychology and Psychiatry Review*, 2, págs. 150-158, 1997.

Gardner, R. A.: *True and False Accusations of Child Sexual Abuse*. Cresskill: Creative Therapeutics, EE.UU., 1991.

Hiltz, B. y Bauer, G.: "Drawings in Forensic Interviews of Children". *Update* , Volume 16, Number 3, 2003.

Koocher, G.; Goodman, G. S.; White, C.; Friedrich, W.; Sivan, A. y Reynolds, C.: "Psychological Science and the Use of Anatomically Detailed Dolls in child Sexual Abuse Assessments". *Psychological Bulletin*, 118, págs. 199-222, 1995.

Kuehnle, K.: *Assessing Allegations of Child Sexual Abuse*. Professional Resource Press, EE.UU., 1996.

Lamb, M. E.; Hershkowitz, I.; Sternberg, K. J.; Boat, B. y Everson, M. D.: "Investigative Interviews of Alleged Sexual Abuse Victims With and Without Anatomical Dolls". *Child Abuse and Neglect*, 20, págs. 1239-1247, 1996.

McIver, W. y Wakefield, H.: "Behavior of Abused and Nonabused Children with Anatomically Correct Dolls". Manuscrito inédito, EE.UU., 1987.

Naumann, R.: "The Case of the Indecent Dolls or Can Voodoo be Professional?". Manuscrito inédito, EE.UU., 1985.

New York State Children's Justice Task Force: *Forensic Interviewing Best Practices*, EE.UU., 2003.

Pipe, M-E.; Gee, S. y Wilson, C.: "Cues, Props and Context: Do They Facilitate Children's Event Reports?". En G. Goodman y B. Bottoms (compiladores): *Child Victims, Child Witnesses: Understanding and Improving Testimony*, Guilford Press, Nueva York, 1993.

Poole, D. A. y Lamb, M. E.: *Investigative Interviews of Children: A Guide for Helping Professionals*. American Psychological Association, Washington, 1998.

Raskin, D.: Testimonio bajo juramento en el juicio del Estado de Florida contra Bobby Fijnje. Eleventh Judicial Circuit Court, Dade County, Florida, 6 de septiembre de 1990.

Saywitz, K.; Snyder, L. y Lamphear, V.: "Helping Children Tell What Happened: A Follow-up Study of the Narrative Elaboration Procedure". *Child Maltreatment*, 1, págs. 200-212, 1996.

Snyder, L. S.; Nathanson, R. y Saywitz, K. J.: "Children in Court: The Role of Discourse Processing and Production". *Topics in Language Disorders*, 13(4), págs. 39-58, 1993.

State of Michigan Governor's Task Force on Children's Justice and Family Independence Agency: *Forensic Interview Protocol*. FIA, EE.UU., 1999.

Thierry, K. L.; Lamb, M. E.; Orbach, Y. y Pipe, M. E.: "Developmental Differences in the Function and Use of Anatomical Dolls During Interviews with Alleged Sexual Abuse Victims". *Journal of Consulting and Clinical Psychology*, Volumen 73, N° 6, págs. 1125-1134, 2005.

Tylden, E.: "Child Sexual Abuse". *The Lancet*, 2, pág. 1017, 1987.

Walker, A. G.: *Handbook on Questioning Children: A Linguistic Perspective*. American Bar Association Center on Children and the Law, Washington, 1994.

CAPÍTULO 8

SITUACIONES ESPECIALES

Cuando hay que entrevistar a niños o adolescentes en situaciones especiales derivadas de diversas minusvalías o de bilingüismo, será necesario contemplar modificaciones en los procedimientos descriptos en capítulos anteriores.

Con anterioridad a las entrevistas, habrá que identificar qué tipo de necesidad especial plantea el entrevistado para planificar los cambios requeridos. Las indicaciones siguientes persiguen ese objetivo.

Niños y adolescentes con problemas de comunicación

Pueden deberse a:

- minusvalías físicas y/o mentales;
- problemas auditivos y sordera;
- problemas de lenguaje;
- problemas de aprendizaje.

La dificultad que presente el niño o adolescente de ninguna manera condiciona por sí misma la posibilidad de obtener información acerca de las sospechas de agresiones sexuales.

Así, un entrevistado con diagnóstico de ceguera o de sordera podrá tener aptitud visual o auditiva suficiente para utilizarla en el proceso de entrevistas. Lo fundamental será conocer qué tipo de dificultad presenta para poder formular las preguntas de manera que las pueda comprender y responder.

Las minusvalías de niños y adolescentes pueden ser muy diferentes de acuerdo con el grado en que estén afectadas sus habilidades cognitivas y de aprendizaje, de lenguaje, de motricidad y de comportamientos. Por ello, debe actuarse con cautela, procediendo a informarse por medio de un contacto directo con los entrevistados antes de dar por sentada una dificultad basándose solo en informes previos.

Algunos niños mayores y adolescentes pueden tratar de ocultar sus dificultades porque se avergüenzan de su imposibilidad de comprender y/o de responder lo que se les pide.

Sugerencias

- Identificar cuál es el problema o la minusvalía (auditiva, de comprensión, de lenguaje, motora, etc.).
- Consultar con los adultos próximos al niño o adolescente antes de planificar las entrevistas, para que sugieran las mejores maneras de comunicarse con el entrevistado.
- Consultar también con sus maestros y con otros profesionales que se comuniquen habitualmente con él.
- Recordar que en algunos casos, según el desarrollo de ese niño o adolescente, el formato habitual de entrevista puede no resultar de utilidad. En otras ocasiones, se lo podrá adaptar al nivel de comprensión del entrevistado. Los profesionales que participan en su cuidado podrán brindar una valiosa ayuda en el asesoramiento. Para ello, habrá que tener tiempo disponible para entrevistarlos.
- Utilizar palabras y oraciones acordes con el nivel cognitivo y de lenguaje del entrevistado. Para tener una idea de qué es lo adecuado, conviene probar con distintos tipos de preguntas no relacionadas con la exploración.
- Preguntar una sola cosa por vez y evitar las oraciones extensas.
- Hablar despacio y hacer pausas para que el entrevistado pueda comprender lo que se le ha dicho. Un niño o adolescente con estas características puede necesitar más tiempo para comprender la pregunta y expresar su respuesta. ➔

- Puede ser importante repetir una pregunta de una manera más simple.
- Algunos niños o adolescentes pueden interpretar el lenguaje de una manera muy literal. Evitar, entonces, las palabras que puedan tener varios significados y utilizar palabras muy concretas.
- Algunos niños o adolescentes pueden tener dificultad con el uso de los tiempos verbales (usan el presente para algo que ocurrió en el pasado).
- Algunos niños o adolescentes pueden tener problemas con los conceptos de tiempo, sobre todo con el "antes" y el "después", y para establecer el orden secuencial entre diferentes episodios. Conviene tenerlo presente y usar otras maneras de situar un acontecimiento en el tiempo (eventos de su propia vida, sus rutinas, fiestas de la escuela, en la familia, etc.).
- Algunos niños o adolescentes pueden tener dificultades para permanecer concentrados durante lapsos prolongados. Habrá que plantear descansos y realizar otras actividades.
- Es posible que haya que utilizar ayudas visuales y gestos para hacerse comprender.

Niños o adolescentes con minusvalías físicas y/o mentales

Suelen ser personas que aprenden más lentamente y/o que tienen limitaciones en el aprendizaje, lo que puede traerles consecuencias en la vida diaria. Pueden presentar trastornos para articular las palabras y tener un nivel de lenguaje menos evolucionado que lo esperable para su edad. Por ello, podrán tener dificultades para comprender y responder preguntas complejas.

Sugerencias

- Determinar si el entrevistado necesita ayuda para comunicarse y si usa algún aparato auditivo o que le facilite la comunicación.
- Abordar un tema por vez y ser lo más concreto posible en la conversación.
- Si bien es preciso usar palabras y estructuras sencillas, y hablar despacio y con claridad, cuando se entrevisten niños mayores o adolescentes conviene usar el lenguaje apropiado a su edad.
- Darle suficiente tiempo al entrevistado para responder.
- Estar preparado para que las entrevistas lleven más tiempo y tener más paciencia que con otras personas menores.

Niños o adolescentes con dificultades auditivas y sordera

La comunicación es el principal problema de estos niños. Algunos están en condiciones de responder verbalmente porque usan recursos auditivos que los ayudan a escuchar, pero otros, con mayor pérdida auditiva, usan la comunicación gestual y el lenguaje de señas.

Pueden, además, tener dificultades con la escritura, por lo que tampoco es aconsejable este tipo de comunicación.

La regla básica es que, ante estos casos, debe consultarse a un especialista del lenguaje para que asesore acerca de los estilos de comunicación y de las dificultades que el entrevistado pueda tener con el lenguaje. Si hiciera falta un intérprete tendrá que ser alguien que no tenga ningún interés en el desenlace de la investigación.

Sugerencias

- El entrevistador debe mantener su boca a la altura de los ojos del entrevistado e intentar permanecer en la misma posición cuando habla. Si se mueve por la habitación, al entrevistado le será más difícil entenderlo.
- Mirar al niño o adolescente cuando se le esté hablando.
- Verificar que la iluminación sea adecuada para que él pueda ver su rostro y el movimiento de sus labios.
- Hablar con claridad, en el tono habitual, a menos velocidad, sin exagerar el movimiento de sus labios.
- Si el niño o adolescente usa audífono, verificar que el aparato esté funcionando.
- Valorar la posibilidad de recurrir a un intérprete.
- Si se recurre a un intérprete, debe dirigirse al niño o adolescente (y no al intérprete).
- Darle tiempo suficiente al intérprete para que transmita su mensaje de forma completa y para que el entrevistado pueda formular sus respuestas.
- Permitir que el intérprete solicite aclaraciones o que se le repita la información.
- Las dificultades en la comunicación pueden resultar cansadoras y requerir mucha concentración por parte del entrevistado. Habrá que prever descansos para evitar el agotamiento.

Niños o adolescentes con disminución de las facultades visuales o ceguera

La disminución de las facultades visuales implica que el niño o adolescente, según el grado de alteración que padezca, tendrá dificultades para percibir los objetos y las personas que lo rodean. La manera en que esta reducción de la visión afecte a su desarrollo evolutivo dependerá del momento en que haya comenzado el problema. Aquellos que hayan sufrido pérdida de la visión antes de los 5 años pueden presentar retrasos en el desarrollo de conceptos tales como los pronombres personales y los posesivos (por ejemplo: "suyo" y "suyos") y pueden usar palabras que no se correspondan con los significados habituales.

El evaluador deberá explorar si, además de las visuales, el niño o adolescente tiene otras minusvalías.

Sugerencias

– Orientar al entrevistado en el espacio físico en el que se lleven a cabo las entrevistas. Lo aconsejable es que se realicen en un ámbito que le resulte familiar.

– Es recomendable que lo acompañe una persona conocida hasta la sala de entrevistas.

– Brindar información acerca de la distribución del espacio físico y de los detalles de importancia; por ejemplo, de la existencia de un grabador.

– Si el niño o adolescente no estuviera familiarizado con la sala de entrevistas, hay que permitirle explorarla, brindarle toda la información que necesite y acompañarlo hasta la silla que ha de ocupar.

– Se le debe informar quiénes están dentro de la sala y si alguien entra o sale de ese ámbito.

– El entrevistador puede establecer contacto con el niño o adolescente a través de la voz y del contacto físico.

– Para los niños y adolescentes ciegos, los recuerdos de lugares, hechos y actividades tienen un importante componente físico, acorde con las percepciones recogidas por medio de los otros sentidos.

– Tomar en cuenta que el lenguaje corporal del entrevistado puede no ser el esperado (movimientos exagerados, expresiones faciales incongruentes) dado que la ceguera le ha impedido el aprendizaje de gestos y expresiones.

177

Preescolares

En capítulos anteriores se han enunciado algunas recomendaciones específicas para tener en cuenta con "los más pequeños" pero, dadas las dificultades habituales para realizar las evaluaciones de las sospechas de abuso sexual en este grupo etario, no está de más presentar algunas cuestiones puntuales en este apartado.

Sugerencias

- Planificar las citas en el momento del día en que estén despejados y activos, sin que estén próximos a horarios de comidas.
- Tener presente que suelen intentar "adivinar" las respuestas.
- Ante preguntas focalizadas, explicarles que no se espera una respuesta socialmente adecuada.

Niños y adolescentes bilingües

Sugerencias

- Determinar cuál es lenguaje principal del entrevistado, mediante consulta previa a los padres, los maestros y al propio niño o adolescente.
- Evaluar la posibilidad de contar con un intérprete para aquellos casos en que se presuma que el entrevistado tendrá dificultades para comprender o hablar el castellano.

Bibliografía

New York State Children's Justice Task Force: *Forensic Interviewing Best Practices*, EE.UU., 2003.

Saskatchewan Interdepartmental Child Abuse Committee: *Section "C" Interviewing Children and Youth With Disabilities and Conditions Affecting Communication*. Provincial Child Abuse Protocol, Canadá, 1995.

State of Michigan Governor's Task Force on Children's Justice and Family Independence Agency: *Forensic Interview Protocol*. FIA, EE.UU., 1999.

CRITERIOS DE CONFIRMACIÓN DE LAS SOSPECHAS

Una vez que se han realizado las entrevistas con las supuestas víctimas de agresiones sexuales, llega el momento de valorar la información recogida y decidir, en caso de que haya habido una revelación y/o una descripción de episodios compatibles con abuso sexual, si lo que se nos ha comunicado es confiable o no.

La función de los profesionales que realizan la evaluación de las sospechas no es diagnosticar ni certificar si los entrevistados dicen la verdad o si mienten. Su tarea consiste, ni más ni menos, en recoger información de un niño o adolescente, de la manera menos coercitiva posible, y determinar si lo que ha dicho puede ser tenido en cuenta con miras a la puesta en marcha de algún tipo de intervención que podría eventualmente complementarse con una investigación judicial.

Si bien gran parte del material de los capítulos anteriores coincide con las recomendaciones a seguir en las entrevistas forenses, conviene recordar que también los profesionales del ámbito clínico social desempeñan una función muy clara y específica cuando existe la sospecha de que un niño ha sido víctima de abusos. Sin embargo, hay algunas diferencias entre las evaluaciones que llevan a cabo unos y otros.*

---

* Los criterios de confirmación de los que nos ocupamos en este capítulo son de índole clínica. En el Anexo B, "Evaluación del relato del niño víctima de abuso sexual: credibilidad, sugestionabilidad, entrevista y análisis criteriológico", escrito por Josep Ramón Juárez López, el lector encontrará los criterios que se aplican en el ámbito judicial.

Se escucha con frecuencia –incluso entre los profesionales que se ocupan de la protección infantil– que, sobre estos temas, los niños no mienten. Y si bien es cierto que todos los profesionales y los familiares tienen que prestar atención y notificar y/o solicitar la investigación de aquellos casos en los que un niño manifiesta haber sido objeto de agresiones sexuales, aquellos que evalúen las sospechas deberán fundamentar las afirmaciones que hagan sobre la credibilidad de los entrevistados. Deberán estar en condiciones de explicar con claridad por qué consideran que un testimonio es creíble o no, sin valerse para nada de justificaciones idiosincrásicas ni basadas en su intuición.

Para ello, podrán apoyarse en una serie de criterios recomendados por diversos autores e investigadores que han trabajado sobre este tema.

Al valorar la credibilidad de la información recogida en las entrevistas con el niño o adolescente es necesario tener en cuenta:

– el contenido de las descripciones y relatos;
– los detalles contextuales de las descripciones y relatos, y
– el clima afectivo en el que transcurren las revelaciones.

Criterios de validación del testimonio de niños y adolescentes

En 1982, la investigadora estadounidense Susan Sgroi propuso los siguientes criterios de validación:

Elementos para validar los contenidos de los relatos (S. Sgroi, 1982)

– Incidentes múltiples.
– Complejización de la actividad sexual descripta por el entrevistado.
– Presencia de elementos relacionados con el secreto.
– Detalles de conductas sexuales.
– Detalles colaterales.

Posteriormente, otra estudiosa estadounidense de los testimonios de abuso sexual infantil, Kathleen Coulborn Faller, amplió los elementos propuestos por Sgroi, a partir de la revisión de las investigaciones realizadas por ella y por otros profesionales (Benedek y Schetky, 1987; Corwin, 1988; Faller, 1984, 1988; Gardner, 1992; Heiman, 1992; Raskin y Esplin, 1991, y Wehrspann y cols., 1987).

Criterios de validación de los relatos de ASI (Faller, 1993)

- Momento y circunstancias en que se produce la revelación.
- Lenguaje acorde con su etapa evolutiva.
- Cantidad y calidad de detalles.
- Nivel de conocimientos sexuales según la etapa evolutiva.
- Coherencia interna y externa.
- Descripción de las conductas del agresor.
- Posibilidad de que la(s) agresión(es) sexual(es) haya(n) ocurrido.
- Reacción emocional durante la(s) entrevista(s).

Es importante señalar que raramente se encontrarán todos estos elementos al analizar la información recogida. Habrá casos en los que el evaluador no tendrá ninguna duda acerca de la credibilidad del entrevistado, mientras que en otros, debido a diferentes motivos (edad del niño, circunstancias personales, etc.), no se podrá obtener un testimonio claro y definido. Ante esas situaciones, se tendrá que evaluar cuáles de los componentes clínicos presentes refuerzan la credibilidad, cuáles no la afectan y cuáles la reducen.

La falta de habilidades de un niño o adolescente para describir los abusos sexuales no significa que estos no hayan ocurrido. Significa que no han podido confirmarse, algo bien diferente de la posibilidad de que no hayan sucedido. Las investigaciones con adultos que sufrieron abusos sexuales en la infancia indican que muchas víctimas no lo cuentan nunca.

Momento y circunstancias en que se produce la revelación

Los factores que avalan la credibilidad del testimonio son los siguientes:

- Espontaneidad: que se haya producido sin presiones de otras personas, aunque pueda atribuirse la revelación a un estímulo externo que haya favorecido su expresión (por ejemplo: algún comentario trivial, sin relación con los abusos, que, por razones particulares, el niño haya asociado a las agresiones sufridas).
- Ausencia de influencias inadecuadas o de motivos posteriores a los hechos revelados para "inventar" episodios de agresiones sexuales. Que no existan motivos identificables por los evaluadores que lleven a pensar que el entrevistado ha sido presionado para describir una situación que no ha ocurrido ni tampoco que haya razones por las cuales quiera perjudicar a una tercera persona.
- Ansiedad o dudas al momento de revelar las agresiones: este componente emocional evidencia la vergüenza y/o el temor que el entrevistado puede experimentar al comentar las situaciones que ha vivido.

Lenguaje acorde con su etapa evolutiva

Ratifican la confiabilidad de la información los siguientes elementos:

- Uso de vocabulario y lenguaje acorde con la edad. Si bien es frecuente que en la actualidad los padres enseñen a sus hijos las denominaciones correctas de los genitales y, eventualmente, de ciertos comportamientos sexuales, no es habitual que un niño en edad escolar hable de "violación" o de "agresión sexual". La credibilidad de una descripción aumenta cuando el niño utiliza palabras que corresponden a la etapa en que se encuentra en su desarrollo evolutivo o, incluso, si el vocabulario y la manera de estructurar el relato y/o la descripción parecen corresponder a una etapa anterior. Esto se explicaría por el impacto emocional –y la consiguiente regresión– que puede producir el recuerdo y/o relato de lo vivido. **El uso de términos y expresiones adultas deberá ser evaluado cuidadosamente ante la**

posibilidad de que el entrevistado estuviera repitiendo algo elaborado por otra persona.

– Descripción basada en el punto de vista del niño o adolescente. Supone la posibilidad de que aporte detalles que solo puede tener alguien que haya participado en los episodios descriptos. Estos detalles reflejan, además, el punto de vista de su edad. Por ejemplo, el tipo de explicación y/o descripción que aporta ante la sensación provocada por el contacto con el pene erecto cuando la víctima no puede ver lo que está pasando se relaciona con experiencias sensoriales parecidas que ha experimentado. Los más pequeños suelen decir que les "pinchaban con un palito", que les "ponían piedritas", etc., porque saben cuál es la sensación que produce el contacto con los palitos o con las piedras.

Cantidad y calidad de detalles

Los siguientes componentes apuntalan la credibilidad:

– Relato detallado y explícito que incluye detalles del contexto en el que ocurrieron las experiencias. Pormenores acerca del lugar en que sucedieron, quiénes estaban presentes, qué hizo cada una de las personas presentes, etc., para los que, además, emplea sus propias palabras. De ahí la importancia de registrar de manera textual lo que el entrevistado manifiesta en el proceso de entrevistas.

– Detalles poco frecuentes o superfluos. Son aquellos detalles que no están relacionados directamente con las agresiones sexuales pero que ocurrieron o fueron percibidos en el contexto de ellas. Por ejemplo: niños que recuerdan algún adorno de la habitación, la visita de alguna persona el día en que ocurrieron las agresiones, etc.

– Detalles idiosincrásicos y sensoriomotores. Referencias a lo que los entrevistados pudieron haber percibido con sus sentidos durante las agresiones. Suelen ser pormenores muy personales descriptos de manera que solo quien lo haya experimentado puede relatarlo. Por ejemplo, decir que le salía "pis blanco" (por el semen) del pene, con gesto de asco; comentar que, cuando dejaba de hacerle "eso", su agresor se limpiaba con un trapito.

– Comportamientos sexuales de complejización progresiva. Antes de describir los distintos aspectos de este punto, es necesario destacar que si han ocurrido varios episodios de agresiones sexuales, según la edad del entrevistado y la etapa de su vida en el que ocurrieron, puede resultar difícil precisar las fechas y los sitios en los que sucedieron. En esos casos, lo recomendable es comenzar a investigar el último episodio que el entrevistado recuerde. Se aconseja intentar recoger información acerca de la época en que las agresiones comenzaron, con cuánta frecuencia ocurrían y qué características tenían.

- • Episodios múltiples de agresiones sexuales. Raramente la evaluación de las sospechas se realiza cuando el abuso ha ocurrido por primera vez. Lo habitual es que haya transcurrido cierto tiempo y que, por lo tanto, el agresor haya podido consumar los hechos en forma reiterada; en especial cuando ha tenido libre acceso a las personas menores (familiares, amigos de la familia, etc.).

- • Progresión de la actividad sexual. El entrevistado brinda detalles acerca de: a) comportamientos "de transición" en las agresiones sexuales: cómo comenzaron, cómo ocurrieron las primeras agresiones, pero también qué estrategias usaba el agresor para tener acceso y "seducir" a la víctima (estos comportamientos pueden no ser de naturaleza sexual: juegos de cosquillas, compartir la cama mientras miran televisión, etc.); b) la progresión de los comportamientos sexuales de menos a más intrusivos: es absolutamente infrecuente que el agresor comience a abusar de las víctimas mediante, por ejemplo, la penetración. Lo habitual es que se mueva con cautela y comience con conductas con menor compromiso de la intimidad de las víctimas, y avance hacia otras de mayor intrusividad (progresión que puede producirse en poco tiempo o, por el contrario, llevar muchos años); y c) la progresión característica de cada agresión.

- Descripción o relato del orden en que ocurrían las distintas actividades, las que no tenían características sexuales pero que las precedían, y los distintos comportamientos sexuales que pudieran haber ocurrido.

Nivel de conocimientos sexuales según la etapa evolutiva

– Conocimientos sexuales no acordes con el nivel evolutivo. Podrían indicar que la información y los conocimientos provienen de haber vivido de manera directa ciertas experiencias inapropiadas para su edad y/o por haberlas observado. No es esperable ni normal que un niño sin experiencia sexual conozca detalles de sexo oral o anal y, según la edad, de cómo se produce la penetración del pene en la vagina y/o de la eyaculación. Este factor resulta de mayor importancia cuando se trata de niños pequeños que cuando se refiere a las evaluaciones de adolescentes.

– Precocidad en los conocimientos sexuales. Sumado al factor anterior, conviene aclarar y/o descartar hipótesis alternativas como la de que los conocimientos provienen de materiales audiovisuales pornográficos a los que los entrevistados hayan podido acceder circunstancialmente o de manera regular. Aun cuando los conocimientos inadecuados y precoces procedieran de estas fuentes, habrá que evaluar si se trata de una situación de desprotección por parte de padres o familiares poco cuidadosos de su propia intimidad y vida sexual o si se trata de situaciones en que se expone y se exhibe de forma deliberada la sexualidad adulta y/o adolescente a personas menores.

– Erotización prematura. Se refiere a niños y adolescentes excesivamente preocupados e interesados por cuestiones sexuales, tanto en sus juegos como en sus conversaciones, en sus dibujos y/o en sus respuestas a las pruebas proyectivas. Aunque no suele suceder con frecuencia, durante las entrevistas algunos entrevistados pueden presentar comportamientos sexualizados que solo los involucran a

185

ellos y/o dirigidos también al entrevistador. Pueden observarse, también, reacciones llamativas y/o fuera de lugar ante estímulos que pudieran asociarse a cuestiones sexuales.

Coherencia interna y externa: repetición en el tiempo

Esta característica se refiere a que los componentes esenciales de las descripciones y relatos se mantienen constantes y no se modifican, ni en el proceso de evaluación ni en las distintas ocasiones en que los entrevistados han debido detallar lo ocurrido. El niño o adolescente refiere los mismos detalles de los comportamientos abusivos a través del tiempo. Esto no quita que, más adelante, cuando además se hayan tomado medidas de protección efectivas que impidan la reiteración de las agresiones, puedan aportar nuevos detalles y relaten otros episodios de abusos. Cuando esto ocurre, no estamos ante una situación de incoherencia de los relatos, sino ante una reacción muy común de las personas cuando se sienten seguras y protegidas.

Los distintos tipos de coherencia a evaluar son:

- en los elementos centrales: personas involucradas, acciones y/o actividades que se realizaron, etc.;
- en los detalles más importantes;
- con otras declaraciones.

Descripción de las conductas del agresor

Se refiere a conductas que hayan posibilitado el acercamiento, el acceso y que aseguren el mantenimiento del secreto y el ocultamiento de las agresiones.

- Coerción y amenazas. Pueden ser de índole física (amenazas de causarle daño físico al entrevistado, a sus seres queridos, a sus mascotas, a sus pertenencias) o presiones y chantajes emocionales (depende de la función que este niño o adolescente tenga en la solución de los problemas del agresor, de la existencia de "deudas" emocionales y/o materiales de la persona menor con el agresor, amenazas de dejar de quererlo/protegerlo por parte del agresor, etc.).

- "Sobornos" o recompensas. Pueden consistir en regalos, salidas, actitud de preferencia hacia las víctimas o situarlas en un lugar de privilegio, etc.
- Elementos relativos al secreto. Permiten establecer si la víctima comprendía que las agresiones constituían algo que debía ocultarse a los demás: si ocurrían en sitios privados fuera de la vista de otras personas, etc.
- Estrategias del agresor en relación con contar o no los hechos a otras personas. Puede haber manifestaciones claras en el sentido de mantener el secreto, incluso con descripción de las posibles consecuencias si se revela lo sucedido o, por el contrario, actitudes más sutiles que aseguren el "atrapamiento" de las víctimas en la dinámica abusiva.
- Estrategias del agresor para asegurarse la participación de la víctima. Pueden ser explícitas o implícitas, por medio de gestos y actitudes que evidencien una planificación de las agresiones.
- Presiones para que se retracte. Cuando se produjo la revelación, el agresor u otros familiares pudieron haber presionado a la víctima para que se retractara, utilizando argumentos relacionados con las consecuencias reales o potenciales de la intervención (separación del niño o adolescente de su familia, apertura de un expediente judicial, prisión para el agresor, pérdida del sostén económico y/o de la vivienda familiar, afectación de la salud de los miembros de la familia ante el disgusto, etc.).

Posibilidad de que las agresiones sexuales hayan ocurrido

Este aspecto se refiere no solo a que los detalles aportados por las supuestas víctimas sean compatibles con la posibilidad de que las agresiones hayan ocurrido (por ejemplo, que el supuesto agresor tuviera acceso a su víctima en la época en que se sitúan los abusos), sino a que estos pormenores solo podrían ser conocidos por personas que hayan pasado por la situación descripta.

– Relato rico y variado. Si bien alguien puede decirle a otra persona –niño o adulto– qué debe contar, es más difícil influir en la estructura, las inflexiones y la riqueza de los detalles del relato. Podría tratarse de descripciones falsas cuando reiteran siempre el mismo tipo de actividad, sin aportar detalles ni brindar un relato dinámico de lo ocurrido. Conviene diferenciar el relato "vacío" de la desafectivización del relato que se describe en el apartado siguiente.

– Descripción congruente con la posibilidad de haber sufrido abusos sexuales. El entrevistado aporta información sobre dónde ocurrieron las agresiones, cuándo, si había otras personas en el sitio donde sucedieron, qué decía/hacía el agresor para acceder a él, qué ropas tenían puestas, con qué frecuencia ocurrían, si el agresor lo autorizaba a contar lo que sucedía o no, si igual lo contó, a quién, cómo reaccionó esa persona, etc.

Reacción emocional durante la(s) entrevista(s)

Al describir este tipo de hecho, las reacciones emocionales de los niños y adolescentes suelen ser de lo más variadas: tristeza, rabia, vergüenza, enojo, miedo, susto, ansiedad, negativa a aportar información, asco, depresión, excitación (incluso sexual), etc.

También pueden observarse entrevistados que describen situaciones muy crudas sin expresar emociones negativas y utilizando un tono neutro. Es posible que esto precisamente suceda por la gravedad de lo que han vivido (las agresiones sexuales o cualquier otras circunstancias de sus vidas); se defienden de los intensos sentimientos displacenteros mediante el mecanismo de la disociación.

El mismo "aplanamiento" de la afectividad puede verse cuando el entrevistado ha tenido que repetir sus descripciones y relatos un sinnúmero de veces.

En otras ocasiones, no evidencian reacciones emocionales porque las agresiones pueden haber ocurrido bastante tiempo atrás, y los niños hayan recibido algún tipo de atención al respecto, o no tengan presente las experiencias dolorosas.

188

Cuando se centra la exploración en las agresiones, al contrario de lo que ocurre cuando se tratan otros temas, es fundamental observar si se produce algún cambio en el contexto emocional.

Lo importante es que, aun cuando el componente emocional esté ausente, si hay un relato o una descripción de agresiones sexuales, es recomendable proceder con la intervención.

Entre los factores a evaluar están:

– Reacciones emocionales acordes con las descripciones y los relatos. Ante descripciones muy crudas, que los afectan profundamente, muestran dificultad para continuar hablando; se entrecorta la narración con silencios prolongados, con crisis de llanto, con intentos de recomponerse, etc. Otra vez señalaremos que un adulto puede enseñarle a un niño un guión para que repita. Lo que nadie puede enseñarle es a manifestar las emociones concomitantes, en el momento adecuado a ese guión.

– Estado emocional compatible con agresiones sexuales. Cambios en el tono emocional al abordar el tema de las agresiones.

Cuando no se ha podido recabar información

Conviene señalar que no es infrecuente que niños y adolescentes, de los que existen fuertes sospechas de que hayan sufrido abusos sexuales, no proporcionen ninguna información en el proceso de entrevista. A veces sucede que no revelan nada durante el proceso, pero lo hacen posteriormente, generando dudas acerca de si estas revelaciones son verdaderas o si, por el contrario, son producto de preguntas inductoras durante las entrevistas.

Las razones por las cuales las víctimas no proporcionan información sobre los episodios son muy variadas. Puede ser:

– para proteger a un agresor conocido (en especial, si es alguien de su familia);
– porque respeten el pedido o la exigencia de mantener el secreto;

- porque se sientan culpables y/o responsables de lo ocurrido;
- porque sientan vergüenza o pudor;
- porque se sientan amenazados;
- porque prevean resultados negativos de la intervención;
- porque, si son muy pequeños, no comprenden que han sido víctimas de abusos y no registraron ni recuerdan experiencias que hayan llamado su atención.

Los hallazgos de algunas investigaciones (Hershkowitz y cols., 2006) señalan que los entrevistados que no aportarán información tienen comportamientos diferentes ya en la fase de construcción de *rapport* y en el momento de practicar la narración libre. Responden brindando menos información, replicando a lo que se les solicita sin aportar elementos sustanciales, aun cuando la actitud y los comportamientos de los entrevistadores en esta fase sean los mismos para los dos grupos (los que brindan información y los que no).

Es decir que los niños y adolescentes que no estén dispuestos a brindar información sobre las agresiones sexuales tampoco colaboran cuando se les pregunta por otros temas de su vida personal no relacionados con las sospechas: comentan poco sobre sí mismos, sus familias, la escuela y sus preferencias, y son escuetos cuando se les pide descripciones de sucesos personales recientes, como pueden ser cumpleaños o salidas.

Si bien los entrevistadores se esfuerzan más con este tipo de niños, suelen caer en el error de no ofrecer más "soportes de ayuda" para obtener información, con lo cual los entrevistados que necesitarían mayor contención emocional, reciben menos y muestran su resentimiento con su falta de voluntad para proporcionar detalles.

En otras investigaciones ha quedado demostrado que los entrevistados colaboran más cuando los niveles de contención y apoyo en las entrevistas son altos, y que esta actitud de los entrevistadores tiene un efecto positivo y posibilita la recogida de más información.

Todo esto hace que la fase de construcción de *rapport* tenga menos éxito con ellos que con aquellos que serán más colaboradores y que, de allí en adelante, se observe un deterioro progresivo en la dinámica interpersonal de las entrevistas: surgen omisiones y digresiones en la información aportada, y resentimiento ante los comentarios y/o los intentos de ayuda del entrevistador.

Así, se llega a la fase de revelación propiamente dicha con un marcado rechazo e intensa resistencia que lleva a que los entrevistadores utilicen menos preguntas abiertas y ofrezcan menos ayuda, sin notar cuán importante resulta mantener el *rapport* y la contención, en especial en aquellos casos en que los entrevistados puedan tener razones emocionales y de motivación para no revelar.

La importancia de lo señalado radica en que, en algunos casos, la negación de que los abusos hayan ocurrido puede ser irreversible, sobre todo si el agresor ha sido alertado de la investigación y presiona a los niños o adolescentes para que mantengan el secreto.

Estas observaciones, sobre todo los comportamientos y actitudes de los entrevistados en la fase de construcción de *rapport* y en la de narrativa libre, puede alertar al entrevistador y llevarlo a sopesar la conveniencia de postergar la fase de revelación propiamente dicha, recomendando otro tipo de medidas o de intervención antes de poder retomar el proceso de evaluación.

Conclusiones e informes

Cuando se han llevado a cabo todas las entrevistas necesarias y se ha analizado la información recogida siguiendo los criterios planteados en este capítulo, llega el momento de elaborar los informes de cada caso, con las conclusiones a las que haya llegado el entrevistador. Como se ha señalado antes, estas deben basarse en criterios claros, consensuados por investigaciones científicas, que el entrevistador pueda explicar y defender si surgen dudas o desacuerdos. Nunca debe basar sus conclusiones en justificaciones idiosincrásicas ni en explicaciones intuitivas.

Es recomendable que el informe especifique los criterios que haya usado el evaluador para emitir su opinión y, en lo posible, que ejemplifique los aspectos teóricos con viñetas y transcripciones literales de lo manifestado por el entrevistado y/o con descripciones de sus comportamientos y actitudes.

En los casos en que, por las razones que fueran, no se haya podido recoger una descripción que confirme las agresiones sexuales, se podrán explorar criterios provenientes de otras fuentes para obtener conclusiones. Por ejemplo, puede que haya signos físicos de las agresiones (que deberán ser recogidos e informados por personal del ámbito sanitario), puede haber testigos de lo ocurrido o haberse producido la confesión del agresor (algo muy poco frecuente).

Finalmente, conviene recordar que:

> Habrá casos en los que el evaluador no tendrá ninguna duda acerca de la credibilidad del entrevistado, mientras que, en otros, debido a diferentes motivos (edad del niño, circunstancias personales, etc.) no podrá obtenerse un testimonio claro y definido. Ante estas situaciones, deberá evaluarse cuáles de los componentes clínicos presentes refuerzan la credibilidad, cuáles no la afectan y cuáles la reducen.

> Cabe insistir en que las entrevistas de evaluación tienen como objetivo fundamental recoger información de primera mano sobre los posibles abusos. El hecho de no obtener un relato por parte de la víctima no significa un "fracaso" del entrevistador, ni que los abusos no hayan ocurrido, ni que se encuentren cerradas todas las puertas para continuar con la intervención.

Aun el entrevistador más sensible, informado y experimentado puede no obtener respuestas significativas de algunos niños. Cada caso y cada niño son únicos. No existe ningún libreto que garantice el éxito.

La evaluación de las sospechas de abuso sexual plantea a los profesionales cuestiones complejas que requieren de formación específica y actualización continua para responder de manera adecuada a estos desafíos.

Así como es importante que cualquier persona en contacto o que trabaje con niños y adolescentes tenga información y elementos como para poder detectar y notificar las sospechas de abusos sexuales, los profesionales que se ocupan de la evaluación deben tener la capacitación apropiada para recoger información de manera objetiva para poder brindar protección y evitar revictimizaciones.

Esta insistencia en la complejidad del problema y en la necesidad de una adecuada capacitación no debería ser un justificativo para que se escuden aquellos que deben intervenir. Hemos tenido ocasión de entrevistar a familiares de niños víctimas de abusos sexuales que han pasado meses deambulando por diferentes instituciones sin conseguir que se realice la evaluación porque "no había cámara Gesell", "no había pruebas" o "lo tiene que evaluar el forense". También hemos escuchado a profesionales que trabajan con niños, y que por su función deberían realizar este tipo de evaluaciones, excusarse de no hacerlo porque "su función no es 'interrogar' niños".

Nadie niega que se trata de un problema complejo, que exige estudio, "artesanía" y talento, "ingredientes" no demasiado diferentes de los que requieren otras situaciones difíciles que atraviesan los niños y las familias. Pero no se trata de una tarea que solo puedan llevar a cabo profesionales "iluminados" o "eminentes" en su especialidad. Por el contrario, lo deseable sería que todos aquellos que se desempeñan en el ámbito de la protección a la infancia –más aún si esta se encuentra en situaciones de vulnerabilidad– cuenten con los elementos necesarios para realizar una evaluación de sospecha sin presionar ni contaminar los relatos infantiles y con los conocimientos imprescindibles para poder interactuar con la justicia y con los forenses si fuera necesario.

Bibliografía

Faller, K. C.: "Criteria for Judging the Credibility of Children's Statements About their Sexual Abuse". *Child Welfare,* 67, 1988.

Faller, K. C.: "Evaluating Young Children for Possible Sexual Abuse". Trabajo presentado en la Conferencia de San Diego On Responding to Child Maltreatment, EE.UU., enero de 1993.

Faller, K. C.: *Child Sexual Abuse: Intervention and Treatment Issues*. National Center on Child Abuse and Neglect - U.S. Department of Health and Human Services - Administration for Children and Families, EE.UU.

Faller, K. C. y Corwin, D. L.: "Children's Interview Statements and Behaviors: Role in Identifying Sexually Abused Children". *Child Abuse and Neglect*, Vol. 19, N° 1, págs. 71-82, 1995.

Hershkowitz, I.; Orbach, Y.; Lamb, M. E.; Sternberg, K. J. y Horowitz, D.: "Dynamics of Forensic Interviews with Suspected Abuse Victims who Do Not Disclose Abuse". *Child Abuse and Neglect*, 30, págs. 753-769, 2006.

Kuehnle, K.: *Assessing Allegations of Child Sexual Abuse*. Professional Resource Press, EE.UU., 1996.

Orbach, Y.; Hershkowitz, I.; Lamb, M. E.; Sternberg, K. J.; Esplin, P. W. y Horowitz, D.: "Assessing the Value of Structured Protocols for Forensic Interviews of Alleged Child Abuse Victims". *Child Abuse and Neglect*, Vol. 24, N° 6, págs. 733-752, 2000.

Raskin, D. C. y Esplin, P. W.: Statement Validity Assessment: Interview Procedures and Content Analysis of Children's Statements of Sexual Abuse". *Behavioural Assessment*, 13, págs. 265-291, 1991.

Sgroi, S.; Porter, F. y Blick, L.: *Handbook of Clinical Intervention in Child Sexual Abuse*. Lexington Books, EE.UU., 1982.

ANEXOS

A lo largo de todo este libro se ha insistido en la necesidad de que los profesionales que intervengan en la evaluación de las sospechas de abuso sexual cuenten con información actualizada basada en investigaciones acerca de la manera en que recuerdan los niños. Asimismo se ha enfatizado la importancia de que puedan acceder a las técnicas más adecuadas y a las prácticas consensuadas a nivel internacional para poder realizar las entrevistas y facilitar la comunicación de sus recuerdos. Todo ello, sin dejar de lado la necesidad de capacitarse para trabajar de forma interdisciplinaria, incorporando los fundamentos teóricos de las actividades descriptas, la capacidad de empatizar y abordar con el mayor cuidado a niños temerosos, confundidos y/o reticentes a relatar lo que pudieran haber vivido. Esta tarea constituye un verdadero reto a la flexibilidad de las personas que tienen que llevarla adelante.

Por lo general, los profesionales de habla hispana tienen dificultades para encontrar bibliografía en castellano ya que la mayor parte de las investigaciones y de las innovaciones en las prácticas de entrevistas se realizan y se publican en países de habla inglesa (Estados Unidos, Inglaterra, Canadá, Australia, Nueva Zelanda). Esta situación puede generar la falsa creencia de que solo en dichos países hay producción de conocimientos y de prácticas, y que es inexistente en los países hispanolusoparlantes.

Para desmentir esta creencia es que creí imprescindible invitar a participar en este libro a otros colegas, a quienes respeto y admiro por la labor que desarrollan en distintas facetas de la protección a los niños y los adolescentes. Se trata de profesionales de reconocida trayectoria, tanto en sus respectivos países como a nivel internacional. Me pareció fundamental compartir con los lectores los conocimientos y la experiencia que pueden aportar las brasileñas Carmen Weingartner Welter y Lilian Milnitsky Stein, desde el ámbito de la investigación de la memoria de los niños, y el catalán Josep Ramón Juárez López, con la perspectiva de la psicología forense.

El artículo de Carmen Weingartner Welter y Lilian Milnitsky Stein trata sobre la manera en que las experiencias emocionales repetidas influyen en la forma como los niños –y los adultos– recuerdan, y en la posibilidad de comunicar episodios tan asociados a un fuerte componente emocional. Las profesionales brasileñas, además de presentar su sólida fundamentación en investigaciones más recientes de la especialidad, señalan la aplicabilidad de estos hallazgos en la práctica de la evaluación de las sospechas de abuso sexual y en el ámbito forense.

El Grupo de Investigación de los Procesos Cognitivos del Programa de Posgrado de la Pontifícia Universidade Católica do Rio Grande do Sul (PUCRS), Brasil, en donde ambas se desempeñan, desarrolla su labor desde hace más de diez años. Más allá de la labor de investigación y de formación específica, su objetivo también ha sido la difusión en idioma portugués de la bibliografía y de los hallazgos de las investigaciones en la comunidad científica y profesional, tanto en los ámbitos de la psicología y la psiquiatría, como del derecho.

El artículo de Josep Ramón Juárez López plantea cuestiones relacionadas con la sugestionabilidad y sus efectos en la evaluación de las sospechas de abuso sexual infantil en el ámbito forense. Además, propone un análisis de los criterios a aplicar al material obtenido en las entrevistas con niños para determinar la credibilidad de las descripciones infantiles y contribuir a confirmar o descartar la ocurrencia de las agresiones sexuales.

El autor es doctor en psicología y se desempeña como psicólogo en las áreas de peritaje, tratamiento y formación interdisciplinaria. Como psicólogo forense, trabaja en el ámbito de Familia, Menores Infractores y Penal del Equipo de Asesoramiento

198

Técnico y Atención a la Víctima de los Juzgados de Girona, del Departamento de Justicia de la Generalitat de Cataluña, España, desde 1998.

Posee una amplia experiencia no solo en la realización de entrevistas a niños y adolescentes posibles víctimas de abusos sexuales, sino también en la elaboración de informes y en la explicación y defensa de sus conclusiones en audiencias judiciales. Su tesis doctoral precisamente trata sobre la credibilidad del testimonio infantil ante supuestos de abuso sexual.

Como se podrá imaginar el lector después de leer los párrafos que anteceden, resulta para mí un orgullo y un placer esta oportunidad de oficiar de "mensajera", de intermediaria en la difusión de la tarea de profesionales tan prestigiosos y dedicados, y a la vez contribuir a que mis colegas de habla hispana cuenten con un grupo cada vez más amplio de autores de consulta.

EL TESTIMONIO INFANTIL SOBRE EXPERIENCIAS EMOCIONALES REPETIDAS

Carmen Weingartner Welter[*]
Lilian Milnitsky Stein[**]

A partir de una denuncia anónima de que estaba siendo víctima de abuso sexual, Clara, de 10 años, fue entrevistada por una perito forense. Así cuenta que el padrastro había comenzado a abusar de ella cuando tenía siete años. Dice que le tenía mucho miedo y también que sentía vergüenza. Cuenta que él la amenazaba, decía que le pegaría, que la mataría a ella y a su madre si contaba algo, y que, por eso, nunca había revelado nada a nadie. Después de una pelea en la escuela, le contó a la directora lo que estaba sucediendo. Le dijo que el padrastro no siempre había sido así, y que solo había comenzado a pegarle y a abusar de ella después del nacimiento de su hermano

---

* **Carmen Lisboa Weingartner Welter**
Psicóloga del Ministerio Público de Rio Grande do Sul (2000). Especialista en psicoterapia de niños y adolescentes del Centro de Estudos, Atendimento e Pesquisa da Infância e Adolescência (CEAPIA - POA/RS - 1998).
Doctora y Máster de Psicología Forense de la Universidad de Coimbra (Portugal).
Integrante del Grupo de Investigación de los Procesos Cognitivos del Programa de Postgrado de la Pontifícia Universidade Católica do Rio Grande do Sul (PUCRS).

** **Lilian Milnitsky Stein**
Psicóloga, con un Ph.D. en Cognitive Psychology (Psicología Cognitiva) en la Universidad de Arizona, ee.uu.
Máster en Psicología cognitiva aplicada en la Universidad de Toronto, Canadá.
Profesora de la Facultad de Psicología de la Pontifícia Universidade Católica do Rio Grande do Sul (PUCRS), Brasil.
Coordinadora del Grupo de Investigación de los Procesos Cognitivos del Programa de Posgrado de la Pontifícia Universidade Católica do Rio Grande do Sul (PUCRS).
Becaria del Conselho Nacional de Desenvolvimento Científico e Tecnológico (Consejo Nacional de Desarrollo Tecnológico y Científico). Desarrolla investigaciones en las áreas de los falsos recuerdos, la emoción y la memoria, y psicología del testimonio.

menor. Antes, dijo, él era "bueno" con ella. Manifiesta miedo de que lo lleven preso. Cuenta que los abusos sucedían todos los días, pues como el padrastro trabajaba como enfermero en el turno nocturno, él cuidaba de ella y de su hermano durante el día, mientras su madre iba a trabajar. Bien temprano, después que su madre salía, él se sentaba en la cabecera de la cama, encendía el velador, y le decía que iba a leerle una historia para que se despertara. Comenta que era un libro de cuentos de los hermanos Grimm, con la ilustración de una linda princesa en la tapa, de rubios cabellos y con un vestido rosa. No consigue recordar ningún cuento específico que le leyera su padrastro, pero dice que siempre eran diferentes. Sin embargo, se acuerda de fragmentos de historias y de diálogos entre los personajes, aunque no conseguía precisar si los había escuchado durante el último episodio de abuso sufrido, o en otro, o incluso en la escuela. Después de leer, el padrastro se acostaba sobre ella y le pasaba las manos por su cuerpo, mientras le decía que lo hacía porque ella "no era su hija". Clara llora e interrumpe su relato. Entonces, la perito le pregunta si recuerda que el padrastro se quitaba su ropa. Clara se muestra confundida y asustada por la pregunta: "No recuerdo, tenía mucho sueño, recuerdo que él estaba sin ropas y recuerdo el peso de su cuerpo encima de mí". La perito prosigue: "¿Y la bombacha? ¿Te acuerdas si él te quitaba la bombacha?". Clara permanece en silencio durante algunos segundos: "No me acuerdo". En las conclusiones de su informe, la perito considera poco confiable el relato de Clara ya que, en su opinión, la niña no había demostrado recordar detalles importantes, tales como "la bombacha".

¿Qué se supone que deba recordar un niño sobre episodios violentos o traumáticos? ¿Debe esperarse un recuerdo preciso y rico en detalles? Los olvidos, omisiones y distorsiones de la memoria ¿pueden indicar que un hecho no ocurrió? Un niño víctima de reiterados episodios de violencia ¿debe recordar más que un niño que ha sufrido un único episodio? ¿Cuáles son las bases de conocimiento científico que sustentan nuestras "opiniones técnicas"?

Los niños involucrados en cuestiones judiciales, en su mayoría, lo están en condición de víctimas de las más variadas formas de violencia, con frecuencia de modo crónico y continuado. Como se sabe, es raro que de ese tipo de delitos queden otras evidencias que el relato del niño. (Por eso es que este testimonio adquiere extrema importancia en el ámbito judicial.) Dado que el testimonio se basa en los registros de la memoria, es fundamental conocer cómo funciona la memoria de los niños y de los adolescentes, así como los factores que pueden facilitar o perjudicar la calidad de un relato testimonial, en cuanto a la precisión de su declaración. La precisión o exactitud se referirán a la manera en que un relato se corresponde con exactitud a la realidad de los hechos ocurridos. En el ámbito forense, no solo importa saber cuánto pueden relatar los niños, sino que es imprescindible evaluar cuán precisos y confiables pueden ser sus recuerdos, teniendo en cuenta las graves consecuencias que afectarán a todos los involucrados a partir de decisiones judiciales fundadas principalmente en el relato de un testigo o de una víctima.

Debido a la frecuencia cada vez mayor de la presencia de niños en los tribunales por denuncias de abusos sexuales, entre otros factores, se ha impulsado la investigación científica sobre la memoria de los niños durante los años 1980 y 1990, especialmente en los Estados Unidos y en países europeos (para revisión de aspectos históricos, ver Brown, Goldstein y Bjorklund, 2000; Stein y Nygaard, 2003). En la búsqueda de respuesta a cuestiones surgidas especialmente en el ámbito jurídico, los investigadores han tratado de comprender cómo funciona la memoria infantil, así como los tipos de errores a que los niños se muestran más susceptibles. El interés de la investigación científica en el campo de la psicología forense se ha dirigido especialmente al estudio de la memoria de los acontecimientos emocionales, ya que la mayor parte de las declaraciones infantiles se refieren a situaciones emocionalmente intensas, de las que por lo general los niños son víctimas o testigos.

La memoria de los niños en relación con eventos emocionales ha sido investigada científicamente por medio de dos metodologías diferentes: estudios naturalistas y experimentales. Los primeros se proponen estudiar *in situ* los efectos que la emoción provoca en la memoria de las personas que realmente han vivido alguna experiencia traumática (por ej., procedimientos médicos, desastres naturales, hechos violentos). Por su lado, en los estudios experimentales se crean artificialmente situaciones emocionales (por ej., videos, historias y dramatizaciones) para tener un mayor control de las variables en estudio (para revisión, ver Brust, Neufeld, Ávila, Williams y Stein, 2010).

En conjunto, los estudios naturalistas realizados con niños víctimas de algún acontecimiento traumático (Fivush, Sales, Goldberg, Bahrick y Parker, 2004; Peterson y Whalen, 2001) han

203

sugerido que conservan de manera adecuada los recuerdos de este tipo de hechos (por ej., un accidente o desastre natural), mantienen, a lo largo del tiempo, los recuerdos sobre los aspectos centrales de la experiencia, aunque tienden a olvidar los detalles periféricos (Howe, 1998; Pezdek y Taylor, 2002). Sin embargo, algunos estudios experimentales (por ej., Peters, 1991), en los que se solicitaba a los niños que recordaran un acontecimiento emocional dramatizado (por ej., un robo simulado) o algún otro de contenido emotivo (por ej., una historia), indicaron que el incremento de los recuerdos de acontecimientos emocionales puede ir acompañado de pérdida de la calidad de los mismos, tornándose más imprecisos en la medida en que presentan más errores y distorsiones. Inclusive, dichos estudios se refieren a la memoria de acontecimientos naturales o simulados que ocurrieron una única vez. Más recientemente, se ha incrementado el interés de la investigación científica por saber si los niños que fueron víctimas de episodios repetidos de violencia podrían recordar y relatar esos episodios de la misma forma como lo hacen aquellos que fueron víctimas por una única vez. La importancia de este interés reside en que las características cualitativas de la memoria (es decir, si existe riqueza de detalles y qué tipos de detalles se describen) se utilizaron como criterios diferenciadores de los relatos verdaderos y falsos, como instrumentos de evaluación de credibilidad de las declaraciones de los testigos (ver, por ej., Johnson, Foley, Suengas y Raye, 1988; Vrij, 1998). Este problema es aún más delicado cuando estamos ante víctimas vulnerables, como niños y adultos con necesidades especiales, involucrados, por ejemplo, en situaciones de abusos sexuales y otras formas reiteradas de violencia.

Recordemos que el relato de Clara fue considerado poco confiable porque la niña dijo que no recordaba un detalle importante, en opinión de la perito. ¿Existen sólidas evidencias científicas que puedan sustentar la evaluación de la profesional? A pesar de ser bien conocidos los efectos benéficos de la repetición para la memoria, existen evidencias de que la repetición puede facilitar un mejor recuerdo de los aspectos centrales de los acontecimientos repetidos, pero en detrimento de la memoria de los detalles; o sea, de informaciones específicas y periféricas (por ej., Farrar y Boyer-Pennington, 1999; Hudson, 1990; Price y Goodman, 1990). ¿Podemos esperar que la memoria de los niños afectados por un acontecimiento único sea similar a la memoria de los niños que vivieron acontecimientos repetidos? ¿Qué efectos tendrá la repetición de una experiencia en la memoria de los niños? ¿Qué puede esperarse que recuerde un niño, por ejemplo, de episodios repetidos de abuso sexual? ¿Deberán ser sus recuerdos ricos en detalles o tendrá tan solo recuerdos genéricos sin detalles específicos? ¿Será más resistente a informaciones sugeridas y a la creación de falsos recuerdos? ¿O será más susceptible a los errores y distorsiones a los que generalmente está sometida la memoria humana?

El presente anexo tiene como objetivo abordar estas y otras importantes cuestiones sobre la memoria de los niños ante acontecimientos reiterados, por tratarse de un tema puntual en el ámbito científico de la investigación de la memoria y de extrema importancia para la psicología forense, dado que gran parte de los niños involucrados en situaciones judiciales relatan episodios reiterados de violencia. En principio, se presentarán los resultados más importantes de recientes estudios experimentales sobre la memoria de los niños con respecto a experiencias repetidas. Dichos estudios han centrado sus objetivos especialmente en la comprensión de la sugestionabilidad infantil asociada a la vivencia de experiencias repetidas, principalmente en el contexto de entrevistas indagatorias con víctimas o testigos de delitos. Luego, se presentarán los resultados de estudios de campo realizados con niños víctimas de situaciones de violencia crónica y se enfatizarán los resultados relacionados con los recuerdos infantiles con respecto a experiencias traumáticas reiteradas. Finalmente, se presentarán algunas reflexiones sobre las repercusiones de los hallazgos científicos relacionados con los recuerdos de experiencias reiteradas en contextos donde se aplica la psicología, especialmente en la psicología forense.

Los recuerdos infantiles de experiencias reiteradas

Los estudios sobre los recuerdos infantiles de acontecimientos reiterados son importantes porque ofrecen bases para comprender la memoria de los niños víctimas de situaciones traumáticas crónicas, como son los casos de abuso sexual y de maltrato.

Recientemente, en especial a partir de la década de 1990, ha surgido un mayor interés por los recuerdos infantiles de las experiencias reiteradas, lo que ha motivado la realización de nuevos estudios experimentales. En dichos estudios, se ha buscado comprender cuáles son los factores que más intensamente influyen en la memoria de los hechos repetitivos. Los resultados de los estudios experimentales ofrecen contribuciones relevantes en los ámbitos de la psicología aplicada; por ejemplo, la construcción de técnicas y lineamientos específicos para entrevistar a los niños que han vivido episodios reiterados de abuso sexual (Powell y Thomson, 2003; Powell, Thomson y Ceci, 2003; Roberts y Powell, 2006; Sternberg, Lamb, Esplin, Orbach y Hershkowitz, 2002).

Lo que caracteriza a estos estudios es que en ellos se comparan grupos de niños de acuerdo con la condición experimental: si participaron de la experiencia una única vez o repetidas veces (en general, se realizan de cuatro a seis repeticiones). Los investigadores crean una situación que incluye la realización de una serie de actividades y juegos (por ej., realizar alguna actividad física, armar un rompecabezas, doblar papeles, pintar un dibujo, etc.), en los cuales algunos aspectos se mantienen fijos (por ej., realizar una actividad física) durante las repeticiones, mientras que otros son variables (por ej., correr, aplaudir, saltar, bailar, etc.). El mantener algunos detalles fijos y otros variables se explica porque, cuando vivimos repetidas veces un acontecimiento durante nuestras vidas, es difícil que un episodio sea exactamente igual a otro; algunos aspectos se mantienen fijos (o sea, se presentan siempre de la misma manera) y otros son variables. De esta manera, los investigadores buscan comprender la complejidad propia de la memoria de eventos repetitivos, así como aumentar el valor ecológico de sus experimentos y la posibilidad de generalizar sus resultados para situaciones reales, como abusos sexuales reiterados y otras formas de violencia crónica.

Los estudios experimentales sobre la memoria infantil de hechos reiterados han mostrado algunos resultados consistentes y otros controvertidos. Existen pruebas de que, en general, los niños que viven repetidas veces un acontecimiento muestran en sus relatos mayor cantidad de información (McNichol, Shute y Tucker, 1999; Strömwall, Bengtsson, Leander y Granhag, 2004). Sin embargo, los principales objetivos de las investigaciones han sido evaluar no solo la cantidad de información recordada sino especialmente la calidad de la misma (si es precisa, qué tipo de errores de memoria presenta), así como la mayor o menor susceptibilidad de los niños a la sugestión de información falsa cuando viven una situación repetitiva en comparación con la experiencia de un único episodio (Connolly y Lindsay, 2001; Connolly y Price, 2006; Powell y Thomson, 1996; Powell, Roberts, Ceci y Hembrook, 1999; Price y Connolly, 2004; Price y Connolly, 2007).

El estudio sobre la sugestionabilidad ha sido especialmente impulsado ante problemas provenientes del campo jurídico, donde es esencial contar con información precisa. La sugestionabilidad consiste en la tendencia de un individuo a incorporar informaciones distorsionadas, provenientes de fuentes externas a sus recuerdos personales, que pueden ser presentadas de forma intencional o accidental (Schacter, 1999). En general, los factores primarios que influyen en la sugestionabilidad infantil se han clasificado en dos grandes categorías: a) los relacionados con las características de los niños (por ej., factores cognitivos) y b) los relacionados con el contexto de la entrevista (o factores sociales) (Ceci, Bruck y Battin, 2000; Ceci, Crossman, Gilstrap y Scullin, 1998; Melnyk, Crossman y Scullin, 2007). La sugestionabilidad de la memoria de los niños es el resultado de la interacción de ambos factores (Ceci, Kulkofsky, Klemfuss, Sweeney y Bruck, 2007).

Entre los factores que contribuyen a la sugestionabilidad y que están relacionados con las características del niño, se encuentran los factores evolutivos –que se refieren a características generalmente halladas en niños de una misma edad– y los factores individuales –que se refieren a características subjetivas de cada niño en particular, con independencia de cuál sea su edad. La edad del niño, por ejemplo, es uno de los factores evolutivos más firmemente asociados con mayor susceptibilidad a la sugestión. Es sabido que los niños más pequeños, en edad preescolar, son más susceptibles a los efectos de interferencias externas, pueden ser sugestionados por información falsa y, por lo tanto, presentan mayores posibilidades de distorsionar su relato que los niños de edad escolar, adolescentes y adultos (Ceci y cols., 1998; Chae y Ceci, 2006). Sin embargo, como señalan Ceci y colaboradores (2007), a pesar de que la sugestionabilidad constituye un problema primario de los niños pequeños, todos los grupos etarios, incluidos los adultos, son susceptibles a los efectos de las más variadas técnicas de sugestión. Además, el hecho de que los pequeños sean más vulnerables a los efectos de la sugestión no significa que ellos puedan recordar correctamente los hechos o que lleguen a aceptar todas las sugestiones falsas que reciban. Al contrario, los niños tienden a no aceptar una falsa información cuando difiere mucho del contexto vivido o presenciado (Pipe, Lamb, Orbach y Esplin, 2004).

De la misma forma, los investigadores han tratado de identificar los factores individuales que puedan estar relacionados con la sugestionabilidad de la memoria infantil, tales como la inteligencia verbal y las habilidades lingüísticas, el autoconcepto y la autoconfianza, el temperamento, el tipo de vínculo afectivo establecido entre el niño y sus padres y el estilo de afrontamiento, es decir, la capacidad del niño para tolerar situaciones de estrés. Si bien la inteligencia verbal y las habilidades lingüísticas parecen inversamente asociadas a la sugestionabilidad, los demás factores todavía requieren de más investigaciones científicas (Ceci y cols., 2007). El estudio de las características individuales relacionadas con la sugestionabilidad es de extrema importancia en el contexto forense, en la medida en que permitirá identificar y predecir quiénes serían los niños más susceptibles a los efectos de la sugestión, con independencia de su edad (Chae y Ceci, 2006). El conocimiento de dichos factores puede afectar directamente la elección de las técnicas de entrevista forense más adecuadas a las características de cada individuo. Sin embargo, al revisar 69 estudios realizados para examinar las relaciones entre los factores cognitivos y sociales y la sugestionabilidad infantil, Bruck y Melnyk (2004) no encontraron el "perfil" del niño extremamente sugestionable.

En relación con los factores sociales que intervienen en la sugestionabilidad, se observa que este fenómeno suele presentarse con mayor frecuencia en el contexto de la entrevista, aunque no de forma exclusiva. Como resaltan Ceci y colaboradores (2007), la exposición del niño a los rumores y comentarios de sus padres, de otros niños o de otras personas puede ser suficiente para provocar falsos recuerdos. Por ejemplo, en un estudio dirigido por Principe, Kanaya, Ceci y Singh (2006), los niños que simplemente escucharon varias veces las conversaciones y comentarios de otros niños y de adultos sobre un show de magia durante el cual un conejo huía, afirmaron falsamente haber presenciado la escena de la misma forma que los niños que realmente habían vivido la situación.

Ceci, Bruck y Battin (2000) señalaron que existen muchas maneras posibles de sugerirle a un niño información falsa o distorsionada, destacando tres formas de las que puede valerse un entrevistador para obtener por sugestión un patrón de respuestas: 1) el estilo particular de preguntar (o sea, el tipo de pregunta formulada); 2) las características generales o el "ambiente" de la entrevista y 3) la utilización de determinados estímulos y/o técnicas que originan, según los autores, "experiencias fabricadas" (como el uso de muñecos anatómicos u otros recursos).

En relación con el estilo particular de preguntar, se ha demostrado de forma consistente mediante estudios científicos que el uso de preguntas que contengan informaciones sugerentes (por ej.: ¿me puedes contar qué hacía de malo el tío contigo?) y preguntas cerradas (por ej.: ¿te quitaba tu bombachita?), que evocan respuestas del tipo "sí" o "no", comprometen y perjudican la calidad del recuerdo de un niño, haciendo poco fiable su relato. Por ejemplo, los estudios indican que niños en edad preescolar pueden llegar a responder una pregunta del tipo "sí" o "no" aunque no tengan la menor idea de cuál es la respuesta correcta, no comprendan la pregunta o inclusive cuando sea imposible una respuesta de ese tipo. Además, los pequeños evidencian posibilidades significativamente mayores de consentir cuestiones del tipo sí/no antes que a negarlas (Ceci, Bruck y Battin, 2000; Fivush, Peterson y Schwarzmueller, 2002). Igualmente, la repetición de preguntas durante una misma entrevista con frecuencia compromete la memoria de un niño pequeño, en especial cuando se trata de una pregunta sugerente o que haya sido hecha con un tono de voz amenazador. Los niños menores de siete años creen que cuando un entrevistador pregunta lo mismo otra vez es porque no ha aprobado su primera respuesta, lo que, casi invariablemente, lleva a los niños a modificar la respuesta originaria, con el fin de satisfacer la demanda social de la situación (Ceci y cols., 1998; Ceci, Bruck y Battin, 2000; Fivush, Peterson y Schwarzmueller, 2002).

De forma más indirecta, las características generales o el "ambiente" de la entrevista han sido indicados, asimismo, como un factor que no solo perjudica la calidad del relato del niño, sino que también aumenta el grado de estrés vivido durante la declaración. El clima general de la entrevista puede expresarse por medio de un tono amenazante y/o acusatorio, por la acentuación de la relación de desigualdad entre niños y adultos, y por el uso de la "presión de los pares" (al revelar al niño, por ejemplo, hechos o eventos supuestamente mencionados por otros niños) (Ceci, Bruck y Battin, 2000). De la misma manera, se ha indicado como factor comprometedor de la calidad de los relatos testimoniales el uso de determinadas técnicas durante una entrevista por considerárselas de naturaleza sugerente, como por ejemplo la utilización de muñecos anatómicos y otros recursos lúdicos (es decir, juegos en general, dibujos, técnicas de visualización, etc.). Para Ceci, Bruck y Battin (2000), tales técnicas provocan experiencias "artificialmente fabricadas" en la medida en que brindan una nueva fuente de información al niño y le dificultan todavía más la discriminación del origen de sus recuerdos (Bruck, Ceci y Francouer, 2000; Bruck, Ceci, Francouer y Renick, 1995). Por ejemplo, en un estudio realizado con niños de tres años, se les pidió que relataran, utilizando muñecos anatómicos, qué había sucedido durante un examen médico. Además de presentar omisiones e informaciones distorsionadas en sus relatos, algunos niños dijeron que el médico les había metido los dedos, una cuchara o un palito en sus cavidades anales y genitales (Bruck y cols., 1995). Cabe resaltar que la restricción del uso de recursos lúdicos se limita al contexto de las entrevistas indagatorias, que en nada se asemejan a una entrevista clínica, para la cual el uso de juegos y objetos lúdicos puede ser un instrumento útil, pues indican al psicólogo clínico aspectos importantes sobre el funcionamiento mental del niño (por ej., la capacidad de simbolización, las características del juguete, etc.).

Los estudios sobre la sugestionabilidad infantil han auxiliado a investigadores y otros profesionales que actúan en el ámbito de la psicología forense, permitiéndoles mejorar las técnicas de entrevistas indagatorias con niños al impulsar estrategias para recuperar la información "almacenada" en la memoria y para evitar el uso de recursos que puedan comprometer la precisión de los recuerdos que tienen los niños sobre los hechos vividos. Además, el perfeccionamiento de las técnicas de entrevista a partir de los hallazgos científicos ha favorecido la creación de condiciones más adecuadas para que el niño sea escuchado, evitando así múltiples entrevistas e interrogatorios muchas veces impropios y superfluos. Por otro lado, ¿se puede esperar que los niños que fueron víctimas de episodios reiterados de violencia presenten el mismo patrón de repuestas mostrado por niños que tuvieron una única experiencia de ese tipo? ¿Cómo se comportan los niños que vivieron experiencias repetidas ante el fenómeno de la sugestionabilidad?

Se ha observado de forma consistente que los niños recuerdan mejor, con mayor precisión y muestran mayor resistencia a la sugerencia de información falsa sobre elementos del hecho que permanecen fijos durante las sucesivas repeticiones, en comparación con los niños que vivieron el mismo episodio pero una única vez (Connolly y Lindsay, 2001; McNichol, Shute y Tucker, 1999; Powell y Thomson, 1996; Powell, Thomson y Dietze, 1997; Powell y cols., 1999; Roberts y Powell, 2001). O sea: la repetición invariable de determinado aspecto de un acontecimiento que sucede varias veces mejora la memoria de este tipo de información.

Volviendo al ejemplo de Clara, observamos que la niña conservó una buena memoria de los aspectos que se mantenían invariables en los diferentes episodios (que todo comenzaba siempre en el mismo horario, que el padrastro se sentaba en la cabecera de la cama, que encendía el velador, que tomaba el libro de cuentos de los hermanos Grimm, que la tapa del libro tenía el dibujo de una princesa con un vestido color rosa, etc.). Basados en resultados de estudios experimentales sobre la memoria infantil de episodios repetidos, podríamos suponer que un niño que hubiese vivido una

211

única situación de ese tipo podría presentar mayores dificultades en recordar la ilustración de la tapa del libro de cuentos, o de otros aspectos más específicos de la experiencia.

Investigadores como Connolly y Lindsay (2001), Powell y colaboradores (1999) y Price y Connolly (2007) han explicado este incremento de la memoria (es decir: mayor riqueza de detalles y mayor precisión) como consecuencia de la repetición invariable, fundados, entre otras, en la "Teoría de trazos borrosos" (Reyna y Brainerd, 1995), que concibe la memoria a partir de un modelo de representación doble de trazos literales (*verbatim*) y trazos de esencia (*gist*). Los trazos literales, que contienen informaciones exactas, detalles precisos y específicos de un determinado hecho, suelen ser olvidados más rápidamente que los trazos esenciales, que contienen informaciones relativas al significado general del evento (Brainerd y Reyna, 2005). La repetición haría que los trazos literales de los aspectos invariables durante los sucesivos eventos se hicieran más intensos en la memoria y, a su vez, más resistentes al olvido, al igual que a la sugestionabilidad y a la producción de falsos recuerdos.

También la "Teoría de esquemas" (Alba y Hasher, 1983), basada en un concepto constructivista de la memoria, prevé que los aspectos fijos de un evento que se repite serán mejor recordados que los variables. Según esta teoría, cuando una persona vivencia una experiencia repetidas veces se forma un "esquema cognitivo" de ella; es decir, una cognición global sobre la experiencia repetidamente vivida. Por ejemplo, un abogado que estuvo presente en diversas audiencias con una misma jueza se construirá un guión (es decir, un *script*) de esa experiencia. Este tendrá datos generales sobre el tipo de información que se espera encontrar en tales situaciones (hay un juez, un escribiente, un fiscal, el juez se sienta en el centro, el juez inicia la audiencia, son llamados los testigos, el fiscal y el abogado hacen preguntas, etc.) e, igualmente, informaciones específicas sobre el evento que ocurrirá (por ej., la ropa que el escribiente lleva ese día, el cambio de color del cabello de la jueza, el color del portafolio que el fiscal usa para guardar los documentos, el relato del primer testigo, etc.). Al recordar una experiencia reiterada, la persona tiende a basar su recuerdo más en el conocimiento genérico (es decir, en el esquema) construido a lo largo de repeticiones anteriores que en informaciones específicas vividas en un determinado episodio, teniendo mayor facilidad para recordar aquello que es común a lo largo de todas las repeticiones.

La construcción de esquemas es una habilidad extremamente importante para la cognición humana que se desarrolla durante toda la infancia y permite organizar y recuperar la información acumulada en la memoria de forma rápida y económica, sin que demande un gran esfuerzo cognitivo (Gazzanica y Heatherton, 2005). Existen pruebas de que, después de repetidas experiencias, los niños logran construir esquemas que les permiten organizar y recuperar la información común a varios hechos, a pesar de que a los niños pequeños (preescolares) les lleva más tiempo crear dichos esquema por encontrarse sus habilidades cognitivas todavía en la etapa de desarrollo (Farrar y Goodman, 1992; Farrar y Boyer-Pennington, 1999; Fivush, 1998; Price y Goodman, 1990; Roberts, 2002). La principal crítica a la "Teoría de esquemas" se refiere a la idea de que a lo largo de las sucesivas repeticiones de una experiencia, las informaciones específicas, literales, se "perderían" del recuerdo y solo quedaría el significado general de la experiencia, algo que, resaltan Brainerd y Reyna (2005), aún no ha sido confirmado por la investigación científica, pues existen estudios que demuestran que las informaciones literales pueden mantenerse en la memoria durante mucho tiempo (Reyna y Kiernan, 1994; Brainerd y Mojardin, 1998).

Incluso Powell y colaboradores observaron que la repetición, además de aumentar la precisión de las informaciones que se mantuvieron fijas a lo largo de los sucesivos episodios, tiende a atenuar el efecto de los factores típicamente asociados con mayor sugestionabilidad (corta edad del niño y el lapso prolongado entre el momento en que ocurrieron los hechos y la realización de las pruebas de memoria). En su estudio, los niños de entre tres y cinco años que participaron de una serie de actividades lúdicas repetidas veces recordaron más informaciones fijas correctas que otros de la misma franja etaria que participaron una única vez. De la misma manera, los niños del grupo de repetición evaluados solo tres semanas más tarde recordaron más información fija correcta que los niños agrupados bajo la condición de episodio único a quienes se les administró tests de memoria en el mismo lapso.

Por otro lado, como vimos en el ejemplo de Clara, los aspectos que habían sufrido variaciones durante los reiterados episodios de abuso sexual (por ej., el contenido de los cuentos leídos) eran recordados con mayor dificultad por la niña. De hecho, algunos estudios han indicado que los niños que viven experiencias repetidas presentan mayor dificultad para recordar los aspectos variables de las repeticiones, tienen más incorrecciones y aceptan con mayor facilidad la información falsa sugerida para ese tipo de detalles que los niños que vivieron un único episodio (Connolly y Lindsay, 2001; Price y Connolly, 2004; Price y Connolly, 2007). No obstante, otros estudios (Powell y Roberts, 2002; Powell y Thomson, 1996; Powell y cols., 1999) no hallaron diferencias en los recuerdos de los aspectos variables entre episodios únicos o repetidos cuando las evaluaciones de la memoria de los niños se realizaron por medio de preguntas abiertas y directas.

Estos resultados controvertidos indican que no siempre los niños que viven experiencias repetidas serán más sugestionables en lo que hace a los aspectos variables del evento que los que vivieron una sola experiencia. La mayor o menor sugestionabilidad mostrada en el recuerdo de eventos repetidos está influida por factores tales como las diferencias con respecto a los tipos de tests de memoria utilizados, o sea la clase de pregunta que se formule para obtener el relato de los hechos (por ej., que recuerde libremente por medio de preguntas abiertas o que reconozca los hechos a partir de preguntas cerradas); el tipo de sugerencia presentada coherente con el significado general del evento o discrepante), e inclusive la frecuencia con que se presente la información sugerida (Price y Connolly, 2004).

Roberts y Powell (2006), por ejemplo, le presentaron a niños de seis y siete años informaciones sugestivas sobre un hecho (un conjunto de actividades) que un grupo de ellos había vivido una única vez y otro grupo cuatro veces. La mitad de las informaciones sugeridas eran coherentes con el significado principal de la experiencia y, por lo tanto, era posible que hubieran ocurrido. Por ejemplo, una de las actividades consistía en pedirle a un niño que siempre se sentase al nivel del piso, sobre una bolsa de plástico o una almohada u otra cosa. Quien tomaba la prueba sugería: "¿De qué color era el papel sobre el que te sentaste aquel día?". A pesar de que el elemento papel era falso, es una información coherente con la acción de sentarse al nivel del piso, así como con haber usado una bolsa de plástico. El resto de las informaciones sugeridas no guardaban relación con el significado principal de la experiencia y, por lo tanto, era menos probable que hubieran sucedido. Siguiendo con el ejemplo anterior, quien dirigía la experiencia sugería: "¿De qué color era el sofá donde te sentaste aquel día?". Además de que el sofá es un elemento falso, difiere demasiado de la información verdadera como para ser un elemento de sugestión coherente ya que se trata de un objeto sobre el que el niño podría sentarse, pero que está por encima del nivel del piso, ocupa más espacio, etc. Como resultado, estos investigadores hallaron que los niños que habían realizado varias veces las actividades se mostraron más sugestionables en comparación con los que la habían hecho una única vez, siempre que las informaciones sugeridas fueran coherentes con el significado principal de la experiencia. Por el contrario, cuando las informaciones sugeridas eran incoherentes, los niños sujetos a la repetición rechazaban con facilidad este tipo de sugerencia, mostrándose más resistentes a las influencias que los niños del grupo de control.

Los resultados del estudio de Roberts y Powell (2006) son acordes con las hipótesis teóricas presentadas por la Teoría de esquemas y por la Teoría de trazos borrosos. Según la Teoría de esquemas, las personas que han pasado por experiencias repetitivas se muestran más sugestionables ante informaciones falsas coherentes con el esquema construido y, al contrario, más resistentes a la sugestión de informaciones falsas que se apartan del esquema (Farrar y Goodman, 1992). La Teoría de trazos borrosos también indica que, cuando la información sugerida es coherente con el significado principal de la experiencia, es esperable una mayor producción de falsos recuerdos (Brainerd y Reyna, 2005).

En otro estudio, que también tenía como objetivo identificar los factores que podrían explicar la mayor sugestionabilidad de los niños con respecto a las informaciones variables de experiencias reiteradas, Connolly y Price (2006) le dieron el mismo tipo de información sugestiva después de idéntico lapso a niños de edad preescolar y escolar que habían participado de una serie de actividades entre una o cuatro veces. La manipulación experimental se realizó con respecto al tipo de información presentada a los niños que habían participado de experiencias repetidas, donde algunos de los ítems variables de la experiencia repetida tenían un alto grado de asociación semántica (por ej., se le pedía al niño que imaginase que era un jugador de fútbol, de tenis, de básquet y de vóley) y a otros no (por ej., se le pedía al niño que imaginase que era un perro, un avión, una manzana y una montaña). Los niños en edad escolar que habían realizado las actividades reiteradamente tuvieron más falsos recuerdos sugeridos con respecto a los ítems con un alto grado de asociación semántica que los niños en edad escolar que realizaron la actividad una única vez. Esto no se encontró en los niños de edad preescolar, lo que coincide con los resultados de estudios sobre falsos recuerdos espontáneos en niños (Brainerd, Reyna y Forrest, 2002), donde los niños de más edad tuvieron más falsos recuerdos justamente por poseer mayor capacidad para establecer asociaciones semánticas, que los de menor edad, preescolares (para revisión, ver también Barbosa, Ávila, Feix y Grassi-Oliveira, 2010).

De acuerdo con la Teoría de trazos borrosos (Brainerd y Reyna, 2005), tanto la producción de falsos recuerdos espontáneos (generados internamente) como falsos recuerdos sugeridos (inducidos desde el exterior) se encuentra asociada al debilitamiento de los trazos literales de la información original codificada. En situaciones repetidas, es probable que los trazos literales de los aspectos variables se debiliten más rápidamente, haciendo que este tipo de información sea más permeable a los efectos de la sugestión (Powell y cols., 1999). Además, se sabe que es mayor la producción de falsos recuerdos cuando las informaciones que deben recordarse están estrechamente relacionadas semántica e intensamente asociadas con el significado general del evento, efecto que es más evidente aún cuanto mayor sea el lapso que separa al evento de la realización del test de memoria

(Brainerd y Reyna, 2005). De esta manera, los individuos que han vivido eventos múltiples y significativos relacionados pueden relatar incorrectamente detalles consistentes con el significado general de la experiencia (Reyna, Mills, Estrada y Brainerd, 2007).

A pesar de no tratarse exactamente de una teoría sobre el funcionamiento de la memoria, la "Teoría del monitoreo de la fuente" (Johnson y Raye, 1981) ha brindado también explicaciones sobre la mayor sugestionabilidad de los niños con respecto a las informaciones variables de un evento repetitivo. Según este concepto, la aceptación de una información falsa (es decir, la producción de un falso recuerdo por sugestión) ocurre no exactamente por existir un error de memoria (intensidad del trazo, por ejemplo), sino como consecuencia de errores en la elaboración del juicio. De esta forma, un falso recuerdo resultaría de la incorrecta atribución del mismo a una fuente determinada, lo que se complica aún más cuanto mayor sea la semejanza entre las fuentes de información, como sucede en las experiencias reiteradas. Volviendo al ejemplo de Clara, observamos que la niña no conseguía discriminar si los fragmentos de las historias infantiles que le venían a la memoria los había escuchado durante algún determinado episodio de los abusos sufridos o en la escuela, durante la hora de cuentos. Se sabe que las tareas que exigen la discriminación de la fuente de los recuerdos son especialmente difíciles para los niños pequeños dado que el monitoreo de la fuente es una capacidad que se desarrolla a medida que, durante el crecimiento infantil, se van construyendo las habilidades para recordar (en los trabajos mencionados, los autores se refieren a mecanismos y distorsiones de la memoria) y los procesos cognitivos estratégicos (Johnson y Raye, 1981; Johnson, Hashtroudi y Lindsay, 1993; Lindsay y Johnson, 1987, Roberts, 2002).

Los investigadores mostraron que el tipo de error de memoria encontrado con mayor frecuencia en los niños que vivieron experiencias reiteradas ha sido el "error de intrusión interna" o cuando en realidad ha sucedido en otro episodio de la serie de repeticiones. Con todo, se trata de algo que, en algún momento, el niño realmente vivió. Muy difícilmente estos niños presentan "errores de intrusión externa", es decir, es improbable que el niño recuerde algún aspecto que no haya ocurrido nunca, en ninguno de los episodios de la serie de repeticiones (Powell y Thomson, 1996; Powell y cols., 1999; Price y Connolly, 2004; Price y Connolly, 2007; Powell, Roberts, Thomson y Ceci, 2007). En un estudio reciente, Powell y colaboradores (2007) constataron que los niños con experiencias reiteradas aceptaban más fácilmente las sugestiones de aspectos que habían sido efectivamente vividos en algún momento de la serie de repeticiones que las sugestiones sobre aspectos que no habían sido vividos en ninguno de los momentos de la experiencia.

Aunque los errores de monitoreo de la fuente puedan explicar algunos tipos de falsos recuerdos, no todos los falsos recuerdos ocurren por errores en la discriminación de fuentes, como resaltan Brainerd y Reyna (2005). Estos autores recuerdan que existen falsos recuerdos basados exclusivamente en errores de familiaridad. La noción de familiaridad se encuentra asociada al conocimiento de base, previamente existente, que la persona va adquiriendo a lo largo de la vida y que puede resultar de la repetición de la experiencia, pero también de otras fuentes de conocimiento, como el análisis de una determinada situación con otras personas, la lectura de libros, los programas de televisión, etc. Así, un niño podrá relatar, por error, algo que le parezca familiar como algo vivido, fruto de un falso recuerdo basado en el sentimiento de familiaridad (es decir, proveniente de su conocimiento anterior). Roberts y Powell (2001) señalan que el relato de niños que vivieron reiteradas experiencias de un evento, como los casos de abuso sexual crónico, puede estar contaminado por la experiencia de otros eventos relacionados (por ej., múltiples entrevistas sobre el incidente).

La mayor imprecisión en el recuerdo de aspectos variables de un acontecimiento repetitivo, así como las evidencias de una mayor propensión a ser sugestionable por este tipo de información, ha llevado a los investigadores a reconocer que los niños que vivieron experiencias reiteradas tienden a presentar mayor dificultad en discriminar detalles variables que sucedieron durante una serie de experiencias repetitivas (Connolly y Price, 2006; Powell y Thomson, 1996; Powell y cols., 1997; Powell y cols., 1999; Price y Connolly, 2004; Price y Connolly, 2007, Roberts y Powell,

2001; Roberts y Powell, 2006). Nótese que a pesar de que las teorías de esquemas, de trazos borrosos y de monitoreo de la fuente ofrezcan diferentes explicaciones para los tipos de errores de memoria observado en estudios sobre los recuerdos de hechos repetidos, tales enfoques, sin embargo, no difieren en cuanto a la constatación de que las experiencias reiteradas promueven el recuerdo de informaciones fijas y perjudican el recuerdo de informaciones variables. Las principales diferencias entre los mencionados aportes teóricos residen en los mecanismos que explican tal fenómeno, lo que presupone distintos modelos de funcionamiento de la memoria (para revisión, ver Neufeld, Brust y Stein, 2010; Neufeld y Stein, 2001).

Más allá del tema de la precisión de la memoria y de la sugestionabilidad, unos pocos estudios (Strömwall, Bengtsson, Leander y Granhag, 2004) han intentado investigar otras características cualitativas de los relatos sobre recuerdos de eventos reiterados comparados con un evento único. El motivo del interés de los investigadores por la calidad del recuerdo reside, entre otros factores, en la posibilidad de que algunas características cualitativas del relato puedan servir como indicadores de la veracidad de lo recordado. La posibilidad de discriminar entre los relatos basados en recuerdos verdaderos, en falsos recuerdos y en mentiras es sumamente importante para la psicología forense (Pezdek y Taylor, 2000). Los estudios que comparan recuerdos de eventos vividos con recuerdos de eventos imaginados o simulados han detectado una mayor cantidad de detalles verdaderos en los relatos de los primeros que en los de los últimos. Además, el tipo de información relatada (por ej., información contextual, como la descripción del lugar o la hora del día; información sensorial, como la descripción de sensaciones de calor o de dolor; información afectiva, como la descripción de sentimientos de miedo o ira) también se ha asociado a la veracidad de un recuerdo (Barnier, Sharman, McKay y Sporer, 2005; Johnson y cols., 1988; Sporer y Sharman, 2006; Vrij, Akehurst, Saukara y Bull, 2004).

Strömwall y colaboradores (2004) dirigieron un estudio con 87 niños de entre 10 y 13 años que debían recordar una revisación médica simulada. Un grupo de niños fue "revisado" (una o cuatro veces) mientras que a otro grupo de niños se les pidió que imaginaran una revisación médica (igualmente, una o cuatro veces). Los objetivos apuntaban al efecto de la repetición de la experiencia, tanto en la extensión como en la calidad de los relatos de los eventos vividos e imaginados examinados por medio de criterios presentes en dos instrumentos de evaluación de la credibilidad. Al comparar los relatos de los niños que tuvieron una única experiencia, independientemente si los eventos habían sido vividos o imaginados, los niños que habían sido "revisados" o que imaginaron la revisación varias veces hicieron relatos que contenían mayor cantidad de palabras y con más detalles y que abarcaban mayor cantidad de informaciones cualitativamente diferentes (es decir, informaciones temporales, espaciales, etc.).

Los estudios realizados para evaluar la credibilidad de los testimonios infantiles indican que los relatos sobre sucesos familiares presentan más características cualitativas que los no familiares, y alcanzan puntuaciones más elevadas en estas evaluaciones de credibilidad (Vrij, 1998). La repetición de una experiencia es una de las formas de adquirir familiaridad con un evento. Como consecuencia, se presenta el problema de detectar si la familiaridad con el hecho mostrada en los niños tuvo como fuente la repetición de la experiencia o, como vimos antes, si es producto de la influencia de otras fuentes de conocimiento, como las repetidas conversaciones, los programas de televisión, etc. Algunos estudios han advertido que los niños que de alguna manera se encuentran familiarizados con el evento que deben recordar (por ej., por medio de orientaciones verbales) realizan relatos con características cualitativas muy semejantes a los de los niños que realmente vivieron la experiencia (Pezdek, Marrow, Blandon-Gitlin, Goodman, Quas, Saywitz, Bidrode, Pipe, Rogers y Brodie, 2004; Blandon-Gitlin, Pezdek, Rogers y Brodie, 2005).

Parece que la repetición de una experiencia hace más compleja la tarea de recordar y relatar un evento de ese tipo. Existen pruebas que nos permiten afirmar que el recuerdo de un hecho repetido difiere del recuerdo de un episodio único. Sobre la base de las evidencias científicas hasta ahora acumuladas, no es posible confirmar la simple suposición de que un niño sometido a repetidas experiencias de violencia recordará más y mejor los episodios vividos. Los estudios experimentales sobre la memoria de los niños en cuanto a eventos reiterados indican que la repetición de una experiencia produce diferentes efectos en la calidad de los recuerdos, según el tipo de información que se esté recordando. El recuerdo de aspectos invariables del evento ha producido recuerdos más precisos y resistentes a la sugestión de informaciones falsas. Incluso parece ser más difícil para un niño recordar con precisión los aspectos variables de un hecho reiterado y, por lo tanto, es más susceptible a los efectos de la sugestionabilidad. Es frecuente que esos niños relaten detalles de sus experiencias a pesar de que no sepan determinar la fuente de sus recuerdos. No suelen relatar detalles que no hayan ocurrido durante las repetidas experiencias aunque eso no pueda ser interpretado como una garantía de precisión, ya que los estudios indican que, de acuerdo con el tipo de sugestión que se les presente (si es o no coherente con el significado principal del evento), puede observarse un aumento de falsos recuerdos de hechos repetidos (ver, por ejemplo, Roberts y Powell, 2001, 2006). Como se ha visto, una serie de factores pueden interferir en la calidad del recuerdo de experiencias múltiples de un hecho relacionado, lo que requiere cautela y preparación técnica al entrevistar a niños que vivieron episodios de violencia crónica y para evaluar sus relatos.

Han surgido algunas críticas con respecto a los estudios experimentales sobre la memoria de hechos reiterados dado que, como señalan Roberts y Powell (2001), por evidentes razones éticas, los niños que participaron de dichos estudios nunca fueron sometidos a ningún tipo de experiencia traumática similar a, por ejemplo, las de los niños víctimas de maltratos y abusos crónicos, para quienes se pretende generalizar los resultados encontrados. Sin embargo, los resultados de un estudio más reciente de Price y Connolly (2007) en el que niños de cuatro y cinco años participaron de una actividad potencialmente más estresante (clases de natación) donde se buscaba un mayor control del grado de ansiedad que experimentaban, no indicaron resultados diferentes de los mostrados en estudios donde los niños realizaron actividades lúdicas reiteradas no estresantes (es decir, la repetición de la experiencia perjudicó la calidad de los recuerdos de informaciones variables). La única excepción a este tipo de resultados, hallada en el estudio de Price y Connolly (2007), fue que los niños ansiosos se mostraron menos sugestionables en el recuerdo libre (es decir, recordaron menos informaciones falsas) que los niños clasificados como no ansiosos.

Además de los estudios experimentales, las investigaciones con personas víctimas de formas crónicas de violencia, como repetidos maltratos y abusos sexuales, también han contribuido a la comprensión de los efectos de la repetición de experiencias emocionalmente negativas de ese tipo de sucesos en la memoria. En la siguiente sección, se presentan algunos estudios sobre la memoria de adultos y niños sometidos a experiencias traumáticas repetidas.

Los recuerdos de experiencias traumáticas repetidas

Los estudios de campo, realizados con adultos y niños que habían sido víctimas de situaciones de estrés crónico, tales como repetidas experiencias de abusos sexuales o agresiones físicas, constituyen otra forma de llegar a conocer los efectos de la repetición de una experiencia en la memoria. El objetivo de dichos estudios consiste en conocer qué sucede con los recuerdos de esas personas en relación con esos tipos de eventos. ¿Es esperable que recuerden bien y relaten con detalles sus experiencias repetidas de abuso sexual? ¿O es previsible que olviden u omitan detalles?

En su mayoría, se trata de estudios realizados con adultos a quienes se les pide que respondan preguntas sobre los episodios de abuso sexual sufridos durante la infancia. Luego se comparan sus respuestas con otras provenientes de hospitales o comisarías, registradas muchos años atrás (por ej., de 12, 17, 20 o más años de antigüedad). De esta manera, los investigadores intentan evaluar, entre otros factores, la coherencia y la completud en los relatos de episodios repetidos de abuso sexual. La coherencia indicará si el contenido del relato realizado en un determinado momento, después de transcurrido un período, conserva el mismo tipo de información. La completud, por su lado, se refiere a si, luego de algún tiempo, el relato presenta la misma cantidad de información o si existen omisiones. Recordemos una vez más el ejemplo de Clara y supongamos que, pasados diez años de su declaración en la comisaría, ella vuelva a relatar los episodios sufridos, esta vez para ser utilizados en una investigación científica sobre la memoria a largo plazo de reiterados abusos sexuales. Veamos el relato de la joven:

Clara cuenta que, cuando era niña, fue víctima de abusos sexuales repetidos por parte de su padrastro. Recuerda que los actos abusivos sucedían cuando su madre salía a trabajar, que el padrastro le leía cuentos de los hermanos Grimm y que, después, se acostaba sobre ella y comenzaba con los abusos.

En este ejemplo ilustrativo, al comparar el primer relato realizado en la comisaría con el relato de años más tarde, podemos observar que la información brindada por la joven continúa siendo la misma: es la información fundamental del episodio vivido. Por lo tanto, 10 años más tarde el relato de Clara es coherente con el testimonio brindado en la comisaría. Sin embargo, el relato de la joven es menos completo, ha omitido una serie de detalles (por ejemplo, que el padrastro se sentaba en la cabecera de la cama, que encendía el velador, que el libro tenía la ilustración de una princesa rubia con un vestido color rosa, etc.). Como veremos más adelante, la omisión de información en los casos de violencia puede ser el resultado del olvido o de la disposición a no relatar algún detalle en particular que, muchas veces, resulta agobiante y doloroso.

La posibilidad de recordar u olvidar experiencias traumáticas en general, incluidas las reiteradas de abuso sexual, ha sido estudiada y debatida por los investigadores de la memoria (para revisión, ver Brewin, 2007; Schooler y Eich, 2000). Algunos estudios indican que las víctimas de abusos sexuales infantiles pueden llegar a olvidar esas experiencias en la vida adulta (Widom y Morris, 1997; Williams, 1994). Por ejemplo, Williams (1994) entrevistó a 129 mujeres que habían sido atendidas en un hospital por causa de los abusos sexuales sufridos cuando niñas y encontró que el 38% de ellas no relataron la experiencia de abuso, a pesar de que estas habían sido documentadas en el pasado.

Sin embargo, estudios más recientes señalan que la mayoría de los adultos que fueron víctimas de abuso sexual durante la infancia recuerdan coherentemente las experiencias de violencia sufridas (Alexander, Quas, Goodman, Ghetti, Edelstein, Redlich, Cordon y Jones, 2005; Ghetti, Edelstein, Goodman, Cordon, Quas, Alexander, Redlich y Jones, 2006; Goodman, Ghetti, Quas, Edelstein, Alexander, Redlich, Cordon y Jones, 2003). Por ejemplo, Goodman-Brown y colaboradores (2003) entrevistaron a 175 adultos con historias documentadas de abuso sexual infantil, y encontraron que el 81% de los participantes recordaron y relataron sus experiencias abusivas. Los factores que se encuentran positivamente relacionados con la revelación de tales experiencias son, entre otros, la edad más avanzada en la época en que cesaron los abusos, la adecuada contención materna y el menor grado de severidad de los abusos sufridos (medido según la gravedad de los síntomas psicológicos presentados como consecuencia de la situación abusiva).

Las diferencias metodológicas explican muchas de las discrepancias entre los resultados de los estudios más recientes (Ghetti y cols., 2006; Goodman y colaboradores, 2003; Alexander y cols., 2005) y las de los anteriores (Widom y Morris, 1997; Williams, 1994). Ghetti y colaboradores (2006) señalan que es importante saber diferenciar los límites del olvido subjetivo (es decir, cuando la persona dice que no recuerda) y del olvido objetivo (cuando se demuestra que el sujeto no recuerda por medio de algún parámetro de un test de memoria) sobre todo en los estudios con víctimas de abuso sexual, dado que pueden asociarse factores sociales y emocionales, no relacionados con una falla de memoria, en la falta de capacidad para revelar una experiencia de este tipo. Ghetti y colaboradores señalan que es importante ser cauteloso al interpretar como prueba de olvido las "fallas de memoria" surgidas en algunos estudios con víctimas de abuso ya que puede tratarse de una incapacidad para relatar y revelar información referente a la experiencia abusiva y no exactamente una incapacidad para recordar los episodios vividos.

Además de la coherencia y de la completud de los relatos de experiencias traumáticas, se trate de episodios únicos o reiterados, existen estudios (Peace y Porter, 2004; Porter y Birt,

2001; Porter y Peace, 2007) que intentan evaluar otros aspectos cualitativos de los recuerdos traumáticos autobiográficos, tales como el grado de vivacidad de los recuerdos, la presencia de información sensorial y emocional, entre otros. En estos estudios, se les pidió a los participantes que evaluaran sus propios recuerdos en base a criterios seleccionados de acuerdo con los objetivos de la investigación (es decir, evaluar cuán claro era su recuerdo de un hecho determinado). Las investigaciones sobre las características cualitativas de la memoria han contribuido a la construcción y perfeccionamiento de instrumentos de evaluación de la credibilidad de los relatos.

El hecho de que generalmente los recuerdos traumáticos sean bien recordados y se mantengan coherentes a lo largo del tiempo, al menos en cuanto a los aspectos principales de la experiencia, no significa que su precisión esté garantizada o inmune a los procesos de deterioro de la memoria. Existen, entre otros, estudios (Pezdek, 2003) sobre recuerdos autobiográficos del tipo *flashbulb* (ver Pergher, 2010) que han demostrado que, a pesar del alto grado de vivacidad de tales recuerdos y de su coherencia temporal, pueden contener incorrecciones y distorsiones, conservadas de forma consistente durante las sucesivas pruebas de memoria (Christianson y Lindholm, 1998; Laney y Loftus, 2005). En el ejemplo que vimos antes, a pesar de que el relato de Clara se muestre coherente y consistente a lo largo del tiempo, no puede afirmarse con absoluta confianza que se trate de un relato 100% preciso, libre de distorsiones.

Schelach y Nachson (2001) analizaron la precisión y otras características de la memoria de cinco sobrevivientes del campo de concentración de Auschwitz, de entre 58 y 74 años que habían permanecido prisioneros por períodos de 3 a 27 meses. Se compararon los recuerdos de estos sobrevivientes con documentación registrada de dos fuentes confiables. El nivel general de precisión de los recuerdos del campo de concentración fue del 60%. Los autores concluyeron que a pesar de que hechos extremamente traumáticos, como es la permanencia en un campo de concentración, tienden a ser bien recordados, con un buen grado de precisión, aun durante largos períodos (más de 50 años después), pueden olvidarse detalles importantes. En este estudio, por ejemplo, fueron bastante pobres los recuerdos sobre el tipo de comida que les daban, la disposición del campo y las condiciones de las instalaciones. De la misma forma, fue bastante bajo el rendimiento con respecto al reconocimiento de caras, ya que ninguno de los sobrevivientes pudo reconocer al comandante del campo (Rudolf Höss) y solo dos identificaron al famoso doctor Menguele, que en Auschwitz seleccionaba, entre los prisioneros nuevos, quiénes irían a la cámara de gas y quiénes a los alojamientos.

Existen pocos estudios sobre la memoria de experiencias repetidas de abuso sexual o de otras formas reiteradas de violencia hacia niños o adolescentes. Orbach, Hershkowitz, Lamb, Sternberg y Horowitz (2000) evaluaron los relatos de 96 niños de entre 4 y 13 años víctimas de abuso sexual. Al comparar los relatos de los niños sobre los eventos traumáticos vividos, estos investigadores encontraron que los relatos de los niños víctimas de abusos sexuales múltiples contenían una cantidad significativamente mayor de detalles que los de los niños que habían padecido un único episodio. En otro estudio, Ghetti, Goodman, Eisen, Qin y Davis (2002) evaluaron la consistencia de los relatos de abuso sexual y físico de 222 niños de entre 3 y 16 años que formaban parte de una investigación penal. Los relatos de abuso sexual tenían más consistencia que los relatos de abuso físico. Los niños de más edad eran más consistentes (es decir, daban la misma información en momentos diferentes) con respecto a ambos tipos de abusos. Las niñas eran más consistentes que los niños en los relatos de abuso sexual. Especialmente en relación con las experiencias reiteradas, los autores observaron que los niños tendían a ser menos consistentes (es decir, daban informaciones diferentes en momentos diferentes) cuando habían sufrido múltiples experiencias abusivas perpetradas por diferentes agresores. Aún así, es necesario resaltar que, en estos estudios, el hecho de que tales recuerdos se hayan mostrado consistentes no significa que fueran precisos, dado que no se puede comparar los recuerdos de los abusos sufridos con una fuente de registro inequívoca (Giezen, Arensman, Spinhoven y Wolters, 2005).

Con el objetivo de identificar los factores que pudieran predecir el olvido o el recuerdo de episodios de violencia familiar,

Greenhoot, McCloskey y Glisky (2005) examinaron las relaciones existentes entre la memoria de estos episodios de violencia familiar y la memoria de otros tipos de eventos y circunstancias ocurridos durante la infancia. Para ello, entrevistaron a 153 adolescentes de entre 12 y 18 años que seis años antes habían participado de un estudio más amplio sobre violencia doméstica. Estos jóvenes habían sido testigos o víctimas de dos tipos de agresiones frecuentes: agresión hacia sus madres y/o agresión y abusos hacia ellos mismos. La mayor parte de los adolescentes recordó y relató episodios de violencia familiar vividos durante la infancia como víctima y/o testigo (66% de los adolescentes que había presenciado actos de agresión contra sus madres y 80% de los adolescentes que habían sido víctimas de agresión y abuso relataron algún episodio violento). Sin embargo, no conservaron bien muchos detalles de sus relatos anteriores referidos a la agresión y al abuso, especialmente en las situaciones en que la madre era el centro de la agresión. Además, los adolescentes se mostraron más resistentes a la sugestión de informaciones incorrectas cuando ellos mismos habían sido víctimas de las agresiones. Al analizar la prevalencia del "olvido completo" en función del grado de violencia asociado a los episodios de agresión, se observó una tendencia a no contar las formas más severas de violencia a diferencia de lo que ocurría con las formas moderadas. Dicha tendencia era aún más acentuada para situaciones en que la agresión era dirigida directamente a los adolescentes (el 82% de los que habían sido víctimas de violencia severa cuando niños falló en el relato de tales experiencias). El olvido de otros sucesos no relacionados con la violencia familiar (por ej., cambio de escuela o de residencia, muerte o intento de suicidio de un miembro de la familia) llegó a índices similares a los observados con respecto a diferentes formas de agresión dentro de la familia, mientras que lo olvidado con mayor frecuencia fueron los episodios de agresión severa sufridos dentro de la familia (Greenhoot y cols., 2005).

Sin embargo, como señalan Ghetti y colaboradores (2006), es necesario ser cauteloso al interpretar las "fallas de memoria" presentes en este tipo de estudios (por ejemplo, el de Greenhoot y cols., 2005) como pruebas de olvido dado que, como ya se ha señalado, puede tratarse de un error en el relato de tal información que no necesariamente es consecuencia de fallas de memoria. Goodman-Brown, Edelstein, Goodman, Jones y Gordan (2003) observaron en un grupo de 218 niños y adolescentes (de entre 2 y 16 años) que habían sido abusados sexualmente que factores tales como la edad del niño, el tipo de abuso sufrido (intra o extrafamiliar), el miedo a las consecuencias negativas de su revelación y el sentimiento de haber sido responsables de la situación abusiva influían en la disposición del niño a revelar y relatar una experiencia de ese tipo. Los niños de más edad, víctimas de abusos intrafamiliares, demostraron un mayor temor a las consecuencias negativas de su revelación, mientras que los niños que se sentían responsables del abuso tendían a demorar la revelación de los episodios.

También en otros estudios se ha hallado la tendencia a no revelar detalles de violencia sexual. Leander, Granhag y Christianson (2005) pudieron comparar los relatos hechos en la policía por 64 niños de entre 8 y 16 años que habían atendido llamadas telefónicas obscenas confirmadas por grabaciones encontradas en la computadora del abusador. Los investigadores constataron que todos los niños habían omitido gran parte de las afirmaciones y preguntas hechas por el abusador relacionadas con contenidos sexuales, relatando menos del 10% de ese tipo de información. En cambio, los niños consiguieron relatar cerca del 70% de las preguntas neutras (sin contenido sexual) que el abusador hacía en sus llamadas. Además, los investigadores encontraron un alto grado de precisión en las respuestas que los niños habían dado a las preguntas del abusador, con índices, por ejemplo, de 88,9% de respuestas correctas respecto de preguntas neutras (por ej., "¿Dónde vives?", "¿Tienes hermanos?"); 83,3% a las relacionadas con contenidos sexuales generales (por ej., "¿Sabes qué es sexo?" o "¿Crees que besar es lo mismo que hacer sexo?", y 75,7% a preguntas de contenido sexual dirigidas directamente al niño (por ej., "¿Cómo sabes tú cuándo estás excitado?" o "¿Te gustaría hacer sexo con tu hermano?).

En otro estudio similar, Leander, Christianson y Granhag (2007) analizaron las entrevistas de ocho niños que habían sido víctimas de un único episodio de abuso sexual realizado por un extraño. En el momento de la investigación la policía había encontrado en casa del delincuente fotos de los niños desnudos y/o en situaciones sugestivas de abuso. En ese entonces los niños habían sido entrevistados por la policía y examinados por un médico. A pesar de haber relatado infinidad de detalles de lo sucedido antes y después del ataque sufrido, lo que demuestra buena memoria, los niños ofrecieron muy pocos detalles relacionados con la violencia sexual en sí (fue solo el 7,6% del total), y cinco niños no dieron detalle sexual alguno. Por el contrario, en 97 ocasiones los niños expresaron su resistencia a describir ese tipo de detalles.

En los dos estudios antes descriptos (Leander y cols., 2005, 2007), los investigadores concluyeron que el haber omitido información específicamente sexual no se debía que la hubieran olvidado, ya que los niños demostraron tener muy buena memoria para otro tipo de información, sino a que tenían una disposición a no hablar de ese tipo de asuntos. Aunque se refieran a episodios únicos de abuso sexual, los resultados de estos estudios son importantes en la medida en que nos alertan sobre el hecho de que, al relatar una experiencia de abuso sexual, un niño no solo está recordando una experiencia única o repetida, sino que también está hablando sobre algo que por lo general no quiere hablar, ya sea por miedo, sentimiento de culpa u otros factores. Y es justamente por eso, por tratarse de un asunto delicado y difícil de hablar para un niño, que es de extrema importancia la forma en que se lo interroga y se lo entrevista; no solo por motivos técnicos, para obtener un relato de mejor calidad, sino y especialmente por razones éticas, para proteger al niño de interrogatorios abusivos, muchas veces innecesarios y técnicamente poco válidos (Bull, 2010). La técnica de entrevista utilizada para obtener la declaración de un niño víctima de abusos sexuales puede ser uno de los factores que contribuyan a aumentar la resistencia del niño a hablar sobre lo sucedido. La inexistencia de una etapa preparatoria de la entrevista, de un ambiente apropiado y especialmente la falta de un entrenamiento adecuado del entrevistador puede comprometer la calidad del relato testimonial, además de abrumar a los niños que están dando testimonio y provocarles aún más sufrimiento (ver Welter y Feix, 2010; Feix y Pergher, 2010).

En síntesis, los estudios realizados con adultos que vivieron experiencias traumáticas crónicas en su infancia sugieren que las personas conservan los recuerdos de este tipo de eventos, con un elevado grado de coherencia, además. No obstante, obsérvese que por tratarse de estudios naturalistas es muy difícil que se pueda evaluar el grado de precisión de estos recuerdos dado que, la mayoría de las veces, no se cuenta con un registro del hecho original. En los estudios realizados con niños víctimas se ha demostrado que ellos recuerdan con riqueza de detalles las experiencias reiteradas de abuso sexual a pesar de que tiendan a ser menos coherentes en los casos en que fueron víctimas de un episodio único. Además, los niños víctimas de abusos sexuales mostraron una tendencia a ser más precisos en relatos libres, en ausencia de preguntas sugestivas. Sin embargo, aunque los estudios naturalistas ofrezcan valiosas contribuciones para comprender la memoria de niños y de los adultos que vivieron experiencias traumáticas reiteradas, la imposibilidad de un mayor control metodológico limita el valor potencial de los resultados encontrados dado que no permite aislar y probar los factores que podrían explicarlos.

Consideraciones finales

¿Podemos suponer que el relato de Clara es poco fiable porque dijo que no se acordaba de las "bombachas", como lo consideró la perito? Desde el punto de vista de la investigación científica sobre la memoria no existe base para tal afirmación. A lo largo de este anexo vimos que los niños que vivieron experiencias reiteradas pueden tener buena memoria, con recuerdos precisos y mayor resistencia a la sugestionabilidad de algunos aspectos de los sucesivos episodios del hecho, especialmente aquellos que fueron invariables. Sin embargo, puede ser muy difícil para estos niños recordar otros aspectos del hecho en sí, especialmente aquellos detalles variables de las diferentes experiencias, dado que la repetición, en esos casos, hace que sus recuerdos sean más imprecisos y susceptibles a la sugestión. Tales constataciones no significan que los niños implicados en eventos repetitivos no puedan presentar "errores" de memoria relacionados con los aspectos fijos y "aciertos" en relación con los aspectos variables de los episodios vividos.

Aun con la perspectiva de la investigación científica, en el relato de Clara no sabemos de qué tipo de información se trata la "bombacha"; si es fija, variable, central o periférica, incluso porque observamos que no fue una información evocada libremente por la niña, sino sugerida por la perito. ¿Se trata este realmente de un "detalle importante"? ¿Por qué debería esperarse que la niña recordara ese aspecto? Si bien los estudios muestran que los niños que vivieron experiencias reiteradas pueden recordar bien los eventos reiterados, con riqueza de detalles, no podemos olvidar que los estudios también muestran, por otro lado, que esos niños pueden tener olvidos, errores, distorsiones y fallas de memoria, dado que la repetición no "inmuniza" a la memoria contra los errores producidos por su funcionamiento normal. Los errores y fallas de memoria no necesariamente son indicativos de falta de credibilidad de la totalidad de un relato testimonial.

La declaración de los niños involucra, además de factores relacionados con las funciones cognitivas, aspectos relacionados con la actividad emocional de los niños. En lo que hace a las funciones cognitivas, como vimos a lo largo de este capítulo, los estudios indican que el niño cuenta con capacidad para recordar experiencias pasadas, aunque también que tiene dificultades en elaborarlas. Es importante tener presente que brindar un relato detallado, preciso de un episodio pasado es una tarea de alta complejidad tanto para niños como para adultos. El funcionamiento normal de la memoria, como nos recuerda Schacter (1999), implica también el olvido y la pérdida de detalles. Desde el punto de vista emocional, es evidente que el relato de los niños en el ámbito forense casi siempre incluye la experiencia de situaciones traumáticas, generadoras de tensión y ansiedad. Es posible y frecuente que un niño se resista a relatar experiencias de violencia dirigidas directamente a él, más aún cuando dicha violencia es de naturaleza sexual. Así suele suceder y no se debe a que el niño no recuerde lo que ocurrió. Al contrario, los estudios naturalistas y experimentales sugieren que los niños consiguen recordar experiencias traumáticas durante períodos prolongados. Es muy probable que eso suceda porque el niño no se encuentra dispuesto a hablar de lo que ocurrió por sentimientos diversos, tales como el miedo, la vergüenza y la culpa. Los estudios demuestran que los niños se resisten y tienden a postergar la revelación de situaciones de violencia sexual (Goodman-Brown, Eldelstein, Jones y Gordon, 2003; Leander, Christianson y Granhag, 2007; Leander, Granhag y Christianson, 2005; London, Bruck, Ceci y Shuman, 2005). El hecho de que Clara dijera que no se acordaba de la "bombacha" no significa que no recordase ese detalle aunque sí puede indicar que simplemente no quería hablar de ese detalle, no por razones de falta de memoria, sino por factores de índole emocional.

La investigación científica sobre la memoria ha contribuido en gran manera al campo jurídico, especialmente en el desarrollo de técnicas adecuadas de entrevistas indagatorias con niños. Gracias a las contribuciones de los estudios científicos sobre la memoria se sabe que la forma de obtener el relato de un niño debe estar rodeada de cuidados, respetando criterios éticos y técnicos. Las técnicas de entrevistas desarrolladas a partir de los estudios científicos han contribuido a aumentar el valor de la prueba testimonial en la medida en que están dirigidas a obtener testimonios de mejor calidad. Desde el punto de vista ético, dichas entrevistas han priorizado el respeto y la preocupación por el bienestar de los niños implicados en situaciones judiciales, preservándolos en lo posible de cuestionamientos pocos recomendables, impropios e innecesarios.

Bibliografía

Alba, J. W. y Hasher, L.: "Is Memory Schematic?", *Psychological Bulletin*, 93, págs. 203-231, 1983.

Alexander, K. W.; Quas, J. A.; Goodman, G. S.; Ghetti, S.; Edelstein, R. S.; Redlich, A. D.; Cordon, I. M. y Jones, D. P. H.: "Traumatic Impact Preditcs Long-term Memory for Documented Child Sexual Abuse", *Psychological Science*, 16, págs. 33-40, 2005.

Barbosa, M. E.; Ávila, L. M.; Feix, L. F. y Grassi-Oliveira, R.: "Falsas memórias e diferenças individuais". En L. M. Stein, *Falsas memórias. Fundamentos cien-*

tíficos e suas aplicações clínicas e jurídicas (págs. 133-154), Artmed, Porto Alegre, 2010.

Barnier, A. J.; Sharman, S. J.; McKay, L. y Sporer, S. L.: "Discriminating Adult's Genuine, Imagined, and Deceptive Accounts of Positive and Negative Childhood Events", *Applied Cognitive Psychology*, 19, págs. 985-1001, 2005.

Blandon-Gitlin, I.; Pezdek, K.; Rogers, M. y Brodie, L.: "Detecting Deception in Children: An Experimental Study of the Effect of the Event Familiarity on CBCA Ratings", *Law and Human Behavior*, 29, págs. 187-197, 2005.

Brainerd, C. J. y Mojardin, A. H.: "Children's and Adult's Spontaneous False Memories: Long-term Persistence and Mere-Testing Effects", *Child Development*, 68, págs. 1361-1377, 1998.

Brainerd, C. J. y Reyna, V. F.: *The Science of False Memory*. Oxford University Press, Nueva York, 2005.

Brainerd, C. J.; Reyna, V. F. y Forrest, T. J.: "Are Young Children Susceptible to the False-memory Illusion?", *Child Development*, 73, págs. 1363-1377, 2002.

Brewin, C. R.: "Autobiographical Memory for Trauma: Update on Four Controversies, *Memory*, 15, págs. 227-248, 2007.

Brown, R. D.; Goldstein, E. y Bjorklund, D. F.: "The History and Zeitgeist of the Repressed-False-Memory Debate: Scientific and Sociological Perspectives on Suggestibility and Childhood Memory". En D. F. Bjorklund (Ed.), *False-Memory Creation in Children and Adults. Theory, Research, and Implications* (págs. 1-30). Lawrence Erlbaum Associates, Publishers, New Jersey, 2000.

Bruck, M. y Melnyk, L.: "Individual Differences in Children's Suggestibility: A Review and Synthesis", *Applied Cognitive Psychology*, 18, págs. 947-996, 2004.

Bruck, M.; Ceci, S. J. y Francouer, E.: "Children's Use of Anatomically Detailed Dolls to Report Genital Touching in a Medical Examination: Developmental and Gender Comparisons", *Journal of Experimental Psychology Applied*, 6, págs. 74-83, 2000.

Bruck, M.; Ceci, S. J.; Francouer, E. y Renick, A.: "Anatomically Detailed Dolls do not Facilitate Preschooler's Reports of a Pediatric Examination Involving Genital Touching", *Journal of Experimental Psychology Applied*, 1, págs. 95-109, 1995.

Brust, P. G.; Neufeld, C. B.; Ávila, L. M.; Williams, A. V. y Stein, L. M.: "Procedimentos experimentais na investigação das falsas memórias". En L. M. Stein, *Falsas memórias. Fundamentos científicos e suas aplicações clínicas e jurídicas* (págs. 42-68), Artmed, Porto Alegre, 2010.

Bull, R.: "The Investigative Interviewing of Children and other Vulnerable Witnesses: Psychological Research and Working/Professional Practice", *HYPERLINK* "http://www.ingentaconnect.com/content/bpsoc/lcp;jsessionid= 1jxvl9vqj79il.alexandra" \o "Legal and Criminological Psychology" Legal and Criminological Psychology, 15 (1), págs. 5-23, 2010.

Ceci, S. J.; Kulkofsky, S.; Klemfuss, J. Z.; Sweeney, C. D. y Bruck, M.: "Unwarranted Assumptions about Children's Testimonial Accuracy", *Annual Review Clinical Psychology*, 3, págs. 311-328, 2007.

Ceci, S. J.; Bruck, M. y Battin, D. B.: "The Suggestibility of Children's Testimony". En D. F. Bjorklund (Ed.). *False-memory Creation in Children and Adults. Theory, Research, and Implications* (págs. 169-202), Lawrence Erlbaum Associates Publishers, New Jersey, 2000.

Ceci, S.; Crossman, A. M.; Gilstrap, L. L. y Scullin, M. H.: "Social and Cognitive Factors in Children's Testimony". En C. P. Thompson, D. J. Herrmann, J. D. Read, D. Bruce, D. G. Payne y M. P. Toglia, *Eyewitness Memory. Theoretical and Applied Perspective* (págs. 15-30), Lawrence Erlbaum Associates, Mahwah, 1998.

Chae, Y. y Ceci, S. J.: "Diferenças individuais na sugestionabilidade das crianças". En A. C. Fonseca, M. R. Simões, M. C. T. Simões, M. S. Pinho (Eds.), *Psicologia Forense*, págs. 471-496, Almedina, Coimbra, 2006.

Christianson, S. A. y Lindholm, T.: "The Fate of Traumatic Memories in Childhood and Adulthood", *Development and Psychopathology*, 10, págs. 761-780, 1998.

Connolly, D. A. y Price, H. L.: "Children's Suggestibility for an Instance of a Repeated Event Versus a Unique Event: The Effect of Degree of Association Between Variable Details", *Journal of Experimental Child Psychology*, 93, págs. 207-223, 2006.

Connolly, D. A. y Lindsay, D. S.: "The Influence of Suggestions on Children's Reports of a Unique Experience Versus an Instance of a Repeated Experience", *Applied Cognitive Psychology*, 15, págs. 205-223, 2001.

Farrar, M. J. y Goodman G. S.: "Developmental Changes in Event Memory", *Child Development*, 63, págs. 173-187, 1992.

Farrar, M. J. y Boyer-Pennington, M. E. B.: "Remembering Specific Episodes of a Scripted Event", *Journal of Experimental Child Psychology*, 73, págs. 266-288, 1999.

Feix, L. y Pergher, G. K.: "Memória em julgamento: Técnicas de entrevista para minimizar as falsas memórias". En L. M. Stein, *Falsas memórias. Fundamentos científicos e suas aplicações clínicas e jurídicas* (págs. 209-227), Artmed, Porto Alegre, 2010.

Fivush, R.: "Children's Recollections of Traumatic and Nontraumatic Events", *Development and Psychopathology*, 10, págs. 699-716, 1998.

Fivush, R.; Peterson, C. y Schwarzmueller, A.: "Questions and Answers: The Credibility of Child Witness in the Context Specific Questioning Techniques". En Eisen, M. L.; Quas, J. A. y Goodman, G. S, *Memory and Suggestibility in the Forensic Interview*, págs. 331-354, Lawrence Erlbaum Associates, Mahwah, 2002.

Fivush, R.; Sales, J. M.; Goldberg, A.; Bahrick, L. y Parker, J.: "Weathering the Storm: Children's Long-term Recall of Hurricane Andrew", *Memory*, 12, págs. 104-118, 2004.

Gazzaniga, M. S. y Heatherton, T. F.: *Ciência Psicológica. Mente, cérebro e comportamento*. Artes Médicas, Porto Alegre, 2005.

Ghetti, S.; Goodman, G. S.; Eisen, M. L.; Qin, J. y Davis, S. L.: "Consistency in Children's Report of Sexual and Physical Abuse", *Child Abuse and Neglect*, 26, págs. 977-995, 2002.

Ghetti, S.; Edelstein, R. S.; Goodman, G. S.; Cordon, I. M.; Quas, J. A.; Alexander, K. W.; Redlich, A. D. y Jones, D. P. H.: "What can Subjective Forgetting Tell us about Memory for Childhood Trauma?", *Memory and Cognition*, 34, págs. 1011-1025, 2006.

Giezen, A. E. van; Arensman, E.; Spinhoven, P. y Wolters, G.: "Consistency of Memory for Emotionally Arousing Events: A Review of Prospective and Experimental Studies", *Clinical Psychology Review*, 25, págs. 935-953, 2005.

Goodman, G. S.; Ghetti, S.; Quas, J. A.; Edelstein, R. S.; Alexander, K. W.; Redlich, A. D.; Cordon, I. M. y Jones, D. P. H.: "A Prospective Study of Memory for Child Sexual Abuse: New Findings Relevant to the Repressed-Memory Controversy", *American Psychologist*, 14, págs. 113-117, 2003.

Goodman-Brown, T.; Edelstein, R. S.; Goodman, G. S.; Jones, D. P. H. y Gordan, D. S.: "Why Children Tell: A Model of Children's Disclosure of Sexual Abuse", *Child Abuse and Neglect*, 27, págs. 525-540, 2003.

Greenhoot, A. F.; McCloskey, L. y Glisky, E.: "A Longitudinal Study of Adolescents' Recollections of Family Violence", *Applied Cognitive Psychology*, 19, págs. 719-753, 2005.

Howe, M. L.: "Individual Differences in Factors that Modulate Storage and Retrieval of Traumatic Memories", *Development and Psychopathology*, 10, págs. 681-698, 1998.

Hudson, J. A.: "Constructive Processing in Children's Event Memory", *Development Psychology*, 26, págs. 180-187, 1990.

Johnson, C. F.: "Child Sexual Abuse", *The Lancet*, 364 (9432), págs. 462-470, 2004.

Johnson, M. K.; Foley, A. M.; Suengas, A. G. y Raye, C. L.: "Phenomenal Characteristics of Memories for Perceived and Imagined Autobiographical Events", *Journal of Experimental Psychology: General*, Vol. 117, No. 4, págs. 371-376, 1988.

Johnson, M. K. y Raye, C. L.: "Reality Monitoring", *Psychological Review*, 88, págs. 67-85, 1981.

Johnson, M. K.; Hashtroudi, S. y Lindsay, D. S.: "Source Monitoring", *Psychological Bulletin*, 114, págs. 3-28, 1993.

Laney, C. y Loftus, E. F.: "Traumatic Memories are not Necessarily Accurate Memories", *Canadian Journal of Psychiatry*, 50, págs. 823-828, 2005.

Leander, L.; Christianson, S. A. y Granhag, P. A.: "A Sexual Abuse Case Study: Children's Memories and Reports", *Psychiatry, Psychology and Law*, 14, págs. 367-398, 2007.

Leander, L.; Granhag, P. A. y Christianson, S. A.: "Children Expose to Obscene Phone Calls: What they Remember and Tell", *Child Abuse and Neglect*, 29, págs. 871-888, 2005.

Lindsay, D. S. y Johnson, M. K.: "Reality Monitoring and Suggestibility: Children's Ability to Discriminate among Memories from Different Sources". En S. J. Ceci, M. P. Toglia y D. F. Ross (Ed.), *Children's Eyewitness Memory*, págs. 92-121, Springer-Verlang, Nueva York, 1987.

London, K. L.; Bruck, M.; Ceci, S. J. y Shuman, D. W.: "Disclosure of Child Sexual Abuse: What Does the Research Tell us About the Ways that Children Tell?", *Psychol Public Policy Law*, 11, págs. 194-226, 2005.

Melnick, L.; Crossman, A. M. y Scullin, M H.: "The Suggestibility of Children's Memory". En M. P. Toglia, J. D. Read, D. F. Ross y R. C. L. Lindsay (Ed.), *Handbook of Eyewitness Psychology, vol. 1: Memory for events*, págs. 401-427, Lawrence Erlbaum Associates, Inc., Mahwah, NJ, 2007.

McNichol, S.; Shute, R. y Tucker, A.: "Children's Eyewitness Memory for a Repeated Event", *Child Abuse and Neglect*, 23, págs. 1127-1139, 1999.

Neufeld, C. B.; Brust, P. G. y Stein, L. M.: "Compreendendo o fenômeno das falsas memórias". En L. M. Stein, *Falsas memórias. Fundamentos científicos e suas aplicações clínicas e jurídicas*, págs. 21-41, Artmed, Porto Alegre, 2010.

Neufeld, C. M. y Stein, L. M.: "A compreensão da memória segundo diferentes perspectivas teóricas", *Revista de Estudos de Psicologia*, PUC-Campinas, 18, págs. 50-63, 2001.

Orbach, Y.; Hershkowitz, I.; Lamb, M. E.; Sternberg, K. J. y Horowitz, D.: "Investigating at the Scene of the Crime: Effects on Children's Recall of Alleged Abuse", *Legal and Criminological Psychology*, 1, págs. 135-147, 2000.

Peace, K. A. y Porter, S.: "A Longitudinal Investigation of the Reliability of Memories for Trauma and Others Emotional Experiences", *Applied Cognitive Psychology*, 18, págs. 1143-1159, 2004.

Pergher, G. K.: "Falsas memórias autobiográficas". En L. M. Stein, *Falsas memórias. Fundamentos científicos e suas aplicações clínicas e jurídicas*, págs. 101-116, Artmed, Porto Alegre, 2010.

Peters, D. P.: "The Influence of Stress and Arousal on the Child Witness". En J. Doris (Ed.), *The Suggestibility of Children's Recollections* (págs. 60-76), American Psychological Association, Washington, 1991.

Peterson, C. y Whalen, N.: "Five Years Later: Children's Memory for Medical Emergencies", *Applied Cognitive Psychology*, 15, págs. 7-24, 2001.

Pezdek, K.: "Event Memory and Autobiographical Memory for the Events of September 11, 2001", *Applied Cognitive Psychology*, 17, págs. 1033-1045, 2003.

Pezdek, K.; Marrow, A.; Blandon-Gitlin, I.; Goodman, G. S.; Quas, J. A.; Saywitz, K. J.; Bidrode, S.; Pipe, M. E.; Rogers, M. y Brodie, L.: "Detecting Deception in Children: Event Familiarity Affects Criterion-Based Content Analysis Ratings", *Journal of Applied Psychology*, 89, págs. 119-126, 2004.

Pezdek, K. y Taylor, J.: "Discriminating Between Accounts of True and False events". En D. F. Bjorklund (Ed.), *False-Memory Creation in Children and Adults* (págs. 69-91), Erlbaum, Mahwah, NJ, 2000.

Pezdek, K. y Taylor, J.: "Memory for Traumatic Events for Children and Adults". En M. L. Eisen, J. A. Quas y G. S. Goodman, *Memory and Suggestibility in the Forensic Interview* (págs. 165-184), Lawrence Erlbaum Associates, Mahwah, 2002.

Pipe, M. E.; Lamb, M. E.; Orbach, Y. y Esplin, P. W.: "Recent Research on Children's Testimony about Experienced and Witnessed Events", *Developmental Review*, 24, págs. 440-468, 2004.

Porter, S. y Birt, A. R.: "Is Traumatic Memory Special? A Comparison of Traumatic Memory Characteristics with Memory for other Emotional Experiences", *Applied Cognitive Psychology*, 15, págs. 101-117, 2001.

Porter, S. y Peace, K. A.: "The Scars of Memory. A Prospective Longitudinal Investigation of the Consistency of the Traumatic and Positive Emotional Memories in Adulthood", *Psychological Science*, 18, págs. 435-441, 2007.

Powell, M. B. y Roberts, K. P.: "The Effect of Repeated Experience on Children's Suggestibility Across two Questions Types", *Applied Cognitive Psychology*, 16, págs. 367-386, 2002.

Powell, M. B.; Roberts, K. P.; Ceci, S. J. y Hembrooke, H.: "The effects of Repeated Experience on Children's Suggestibility", *Developmental Psychology*, 35, págs. 1462-1477, 1999.

Powell, M. B.; Roberts, K. P.; Thomson, D. M. y Ceci, S. J.: "The Impact of Experienced Versus Non-experienced Suggestions on Children's Recall of Repeated Events", *Applied Cognitive Psychology*, 21, págs. 649-667, 2007.

Powell, M. B. y Thomson, D.: "Children's Memories of an Occurrence of a Repeated Event: Effects of Age, Repetition, and Retention Interval Across Three Question Types", *Child Development*, 67, págs. 1988-2004, 1996.

Powell, M. B. y Thomson, D. M.: "Improving Children's Recall of an Occurrence of a Repeated Event: Is it a Matter of Helping Them to Generate Options?", *Law and Human Behavior*, 27, págs. 365-384, 2003.

Powell, M. B.; Thomson, D. M. y Ceci, S. J.: "Children's Memory of Recurring Events: Is the First Event Always the Best Remembered?", *Applied Cognitive Psychology*, 17, págs. 127-146, 2003.

Powell, M. B.; Thomson, D. M. y Dietze, P. M.: "Memories of Separate Occurrences of an Event: Implications for Interviewing Children", *Families in Society*, 78, págs. 600-608, 1997.

Price, H. L. y Connolly, D. A.: "Event Frequency and Children's Suggestibility: A Study of Cued Recall Responses", *Applied Cognitive Psychology*, 18, págs. 809-821, 2004.

Price, H. L. y Connolly, D. A.: "Anxious and Nonanxious Children's Recall of a Repeated or Unique Event", *Journal of Experimental Child Psychology*, 98, págs. 94-112, 2007.

Price, D. W. W. y Goodman, G. S.: "Visiting the Wizard: Children's Memory for a Recurring Event", *Child Development*, 61, págs. 664-680, 1990.

Principe, G. F.; Kanaya, T. y Ceci, S. J. y Singh, M: "Believing is Seeing: How Rumors can Engender False Memories in Preschoolers", *Psychological Science*, 17, págs. 243-248, 2006.

Reyna, V. F. y Brainerd, C. J.: "Fuzzy-trace Theory: An Interim Synthesis", *Learning and Individual Differences*, 7, págs.1-75, 1995.

Reyna, V. F. y Kiernan, B.: "The Development of the Gist Versus Verbatim Memory in Sentence Recognition: Effects of Lexical Familiarity, Semantic Content, Encoding Instructions, and Retention Interval", *Development Psychology*, 30, págs. 178-191, 1994.

Reyna, V. F.; Mills, B.; Estrada, S. y Brainerd, C. J.: "False Memory in Children: Data, Theory, and Legal Implications". En M. P. Toglia, J. D. Read, D. F. Ross, R. C. L. Lindsay (Eds.), *Handbook of Eyewitness Psychology, Vol. 1, Memory for Events* (págs. 479-507), Lawrence Erlbaum Associates, Mahwah, NJ, 2007.

Roberts, K. P.: "Children's Ability to Distinguish Between Memories from Multiple Sources: Implications for the Quality and Accuracy of Eyewitness Statements", *Developmental Review*, 22, págs. 403-435, 2002.

Roberts, K. P. y Powell, M. B.: "Describing Individual Incidents of Sexual Abuse: A Review of Research on the Effects of Multiple Sources of Information on Children's Reports", *Child Abuse and Neglect*, 25, págs. 1643-1659, 2001.

Roberts, K. P. y Powell, M. B.: "Evidence of Metacognitive Awareness in Young Children who Have Experienced a Repeated Event", *Applied Cognitive Psychology*, 19, págs. 1019-1031, 2005.

Roberts, K. P. y Powell, M. B.: "The Consistency of False Suggestions Moderates Children's Reports of a Single Instance of a Repeated Event: Predicting Increases and Decreases in Suggestibility", *Journal of Experimental Child Psychology*, 94, págs. 68-89, 2006.

Schacter, D. L.: "The Seven Signs of Memory: Insights from Psychology and Cognitive Neuroscience", *American Psychologist*, 54, págs. 182-203, 1999.

Schelach, L. y Nachson, I.: "Memory of Auschwitz Survivors", *Applied Cognitive Psychology*, 15, págs. 119-132, 2001.

Schooler, J. W. y Eich, E.: "Memory for Emotional Events". En E. Tulving y F.M. I Craik (Ed.), *Handbook of memory* (págs. 379-392), Oxford University Press, Nueva York, 2000.

Sporer, S. L. y Sharman, S. J.: "Should I Believe This? Reality Monitoring of Accounts of Self-experience and Invented Recent and Distant Autobiographical Events", *Applied Cognitive Psychology*, 20, págs. 837-854, 2006.

Stein, L. M. y Nygaard, M. L. C.: "A memória em julgamento: uma análise cognitiva dos depoimentos testemunhais", *Revista Brasileira de Ciências Criminais*, São Paulo, 11, págs. 151-164, 2003.

Sternberg, K. J.; Lamb, M. E.; Esplin, P. W.; Orbach, Y. y Hershkowitz, I.: "Using a Structured Interview Protocol to Improve the Quality of Investigative Interviews". En M. L. Eisen, J. A. Quas y G. S. Goodman: *Memory and Suggestibility in the Forensic Interview* (págs. 409-438), Lawrence Erlbaum Associates, Mahwah, 2002.

Strömwall, L. A.; Bengtsson, L.; Leander, L. y Granhag, P. A.: "Assessing Children's Statements: The Impact of a Repeated Experience on CBCA and RM Ratings", *Applied Cognitive Psychology*, 18, págs. 653-668, 2004.

Vrij, A.: "Verbal Communication and Credibility: Statement Validity". En A. Memon; A. Vrij y R. Bull, *Psychology and Law. Truthfulness, Accuracy, and Credibility* (págs. 3-31), McGraw-Hill, Londres, 1998.

Vrij, A.; Akehurst, L.; Saukara, S. y Bull, R.: "Let me Inform you How to tell a Convincing Story: CBCA and Reality Monitoring Scores as a Function of

Age, Coaching, and Deception", *Canadian Journal of Behavioral Science*, 36, págs. 113-126, 2004.

Welter, C. L. W. y Feix, L. F.: "Falsas memórias, sugestionabilidade e testemunho infantil". En L. M. Stein, *Falsas memórias. Fundamentos científicos e suas aplicações clínicas e jurídicas* (págs. 157-185), Artmed, Porto Alegre, 2010.

Widom, C. S. y Morris: "Accuracy of Adult Recollections of Childhood Victimization, Part 2: Childhood Sexual Abuse", *Psychological Assessment*, 9, págs. 34-46, 1997.

William, L. M.: "Recall of Childhood Trauma: A Prospective Study of Women's Memories of Child Sexual Abuse", *Journal of Consulting and Clinical Psychology*, 62, págs. 1167-1176, 1994.

EVALUACIÓN DEL RELATO DEL NIÑO VÍCTIMA DE ABUSO SEXUAL: CREDIBILIDAD, SUGESTIONABILIDAD, ENTREVISTA Y ANÁLISIS CRITERIOLÓGICO

Josep Ramón Juárez López*

El silencio, la entrevista y la sugestionabilidad

Aunque sea a partir de los seis años cuando el relato de los hechos se convierte en el indicador primario de sospechas de abuso y/o maltrato infantil, en edades previas también deberemos prestar atención (con todas las precauciones necesarias) a la explicación o narración de los presuntos incidentes por parte de los niños[1].

Existe una cuestión que debemos tener en cuenta: los niños no suelen ofrecer extensas explicaciones del abuso. No olvidemos que la mayoría han estado silenciados y entrenados para guardar secreto. Roland C. Summit, en 1983, describió el síndrome conocido como "de acomodación" (o adaptación) al abuso sexual. Aunque no vamos a detenernos en este autor, sí

---

* Doctor en psicología. Psicólogo clínico y forense. Pedagogo y mediador. Ha trabajado en el ámbito del maltrato y abuso sexual infantil –en las áreas de peritaje, tratamiento y formación interdisciplinaria– desde 1992.
Psicólogo forense del ámbito de familia, menores infractores y penal (maltrato y abuso sexual) del Equipo de Asesoramiento Técnico y Atención a la Víctima de los Juzgados de Girona, del Departamento de Justicia de la Generalitat de Catalunya, desde 1998 y hasta la fecha.
Profesor asociado de la Universidad Nacional de Educación a Distancia (UNED) de Girona (1990-2002) en las asignaturas de Estadística I y II, Psicometría, Métodos de Investigación y Psicología de la Personalidad.

[1] Utilizaremos el término genérico de niño o niños para referirnos tanto al género masculino como femenino, siempre en un sentido no sexista y sin ánimo de discriminación.

mencionaremos que el síndrome está compuesto de cinco categorías, de las cuales dos definen la vulnerabilidad básica de los niños y tres son contingentes a la agresión sexual: el secreto, el desamparo y la indefensión; la trampa y la acomodación; la revelación tardía, no convincente y contradictoria y, por último, la retractación.

Por tanto, cuando los niños víctimas de abuso o bajo sospecha, se encuentren ante nosotros para ser entrevistados –incluso con un proceso de adaptación y acomodación bien trabajado que nos permita una buena compenetración o *rapport*– sobre dichos acontecimientos, sus explicaciones o discursos difícilmente serán detallados y llenos de significados, con lo cual estaremos obligados a iniciar la consiguiente fase interrogativa. La entrevista será, pues, decisiva en nuestra valoración del relato de sospecha de abuso sexual.

Una entrevista que le facilite hablar de lo ocurrido y del agresor, que reconozca sus sentimientos y que nunca introduzca ningún atisbo de culpa sobre el niño, sin una sola pregunta de recriminación o reproche ("¿Por qué lo dejaste hacerlo?", "¿Por qué no lo dijiste antes?", "¿Por qué no dijiste, no huiste o luchaste", etc.) y sobre todo, una entrevista que nunca debe contaminar, sugestionar ni inducir al niño para que mencione nada que no haya sido realmente producto de su experiencia y vivencia real.

Antes de mostrar al lector un modelo de entrevista que podemos utilizar, debemos abordar el tema de la sugestionabilidad infantil.

Loftus (1979) ya afirmaba que la sugestionabilidad es una característica universal y natural de la memoria humana. Para Ceci y Bruck (1995), la sugestionabilidad es la capacidad por la cual los individuos aceptan la información postevento incorporada contingentemente en su recuerdo. También la han definido como el grado en que la codificación, el almacenaje, la recuperación y el relato pueden ser influidos por la variación de factores internos y externos.

El trabajo de Alonso-Quecuty (1998) sobre las creencias erróneas acerca de testigos y testimonios menciona cómo la investigación demuestra que la sugestionabilidad tiene efectos en los niños de edad preescolar debido al efecto distorsionador de las preguntas sesgadas. Los estudios de Mira y Diges (1991) referidos por Alonso-Quecuty (1998) confirman que es errónea la creencia de que los niños son sugestionables e inexactos en su testimonio. Esta misma autora, presenta el estudio de Ceci y Bruck (1993) donde se recogen las cuatro circunstancias en las que un niño puede ser más sensible a la sugestión:

a) El bajo estrés del episodio sobre el que declara.
b) Su condición de mero observador de la acción.
c) Ser preguntado sobre detalles periféricos.
d) Hablar de hechos no relacionados con el suceso.

Por el contrario, las circunstancias que llevarían al niño a resistir la posible influencia sugestiva serían:

a) Que el episodio sea muy estresante.
b) Haber participado en la acción.
c) Ser interrogado sobre detalles centrales.
d) Hablar de lo sucedido.

En esta misma línea, Wells (1978), en su conocido artículo "Applied Eyewitness Testimony Research: System Variables and Estimator Variables", distinguía entre las variables a estimar y las variables propias del sistema, incorporando especialmente en estas últimas la forma en que se toma la declaración a los testigos, el lenguaje y los giros gramaticales empleados en las entrevistas de interrogación y las instrucciones y sistemas de identificación de personas.

Tal y como nos refiere Mira (1991), el tipo y la forma del lenguaje puede afectar a los testigos, al menos de estas tres maneras: por la forma de iniciar el interrogatorio, por la atmósfera (favorable o desfavorable, creada alrededor del testigo) y por la manipulación de las frases con que se interroga, es decir, con la inducción sugestiva, parcial o completa, que se dé a las respuestas. La sugestionabilidad del niño nos obliga, por tanto, a controlar nuestra metodología de entrevista, nuestras ideas preconcebidas y/o expectativas, y nuestra forma de presentarnos ante el niño.

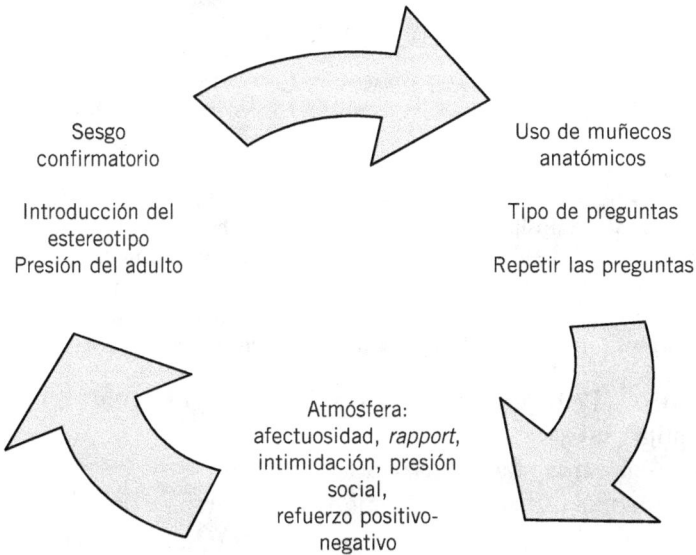

Gráfico 1. Control sugestivo del entrevistador.

El control del estereotipo negativo sobre el presunto agresor, pese a que puede facilitar al niño su expresión de los hechos, puede tener un poderoso efecto negativo sobre la exactitud de su relato. Así, el entrevistador (con la buena intención de ayudar al niño) puede formular las preguntas refiriendo claramente que el presunto agresor es, en efecto, una mala persona, o que no es digna de ninguna contemplación ni lástima, para que así, el niño cuente las experiencias negativas que haya sufrido con esta persona. Pero debemos saber que el hecho de introducir estos atributos negativos del presunto agresor, puede convertirse en una invitación indirecta a explicar experiencias negativas que en realidad no hayan sucedido, o que no se hubieran producido con esa persona precisamente. El clásico experimento de Leichtman y Ceci (1995) de Sam Stone, un hombre bueno pero torpe, es un ejemplo magnífico para entender la potencia de este efecto:

El experimento consistió en preparar a preescolares (de 3 a 6 años) durante cuatro semanas, introduciéndoles el estereotipo de Sam Stone, un hombre torpe que siempre rompía las cosas de los otros, sin querer, puesto que era poco hábil y ordenado. Un día, un hombre que se hizo pasar por Sam Stone, fue a la clase, estuvo dos minutos, saludó a los niños y niñas, leyó un libro y se marchó sin incidente alguno. Después los niños fueron entrevistados durante las cuatro semanas posteriores con preguntas capciosas que acusaban a Sam de haber roto un libro y de haber estropeado un oso de peluche. El 46% de los niños de 3 a 4 años dijeron espontáneamente que Sam había sido el autor de tales hechos, y lo mismo dijeron el 30% de los niños de 5 a 6 años. Lo peor fue que la mayoría de los investigadores que presenciaron el registro de una selección de estas entrevistas no supieron determinar si lo que explicaban los niños era un hecho real o producto de la sugestión.

Endres (1997), en su trabajo sobre la sugestionabilidad del niño testigo, nos ofrece una serie de aportaciones que hemos resumido en estos cuatro apartados.

Primero: el interrogatorio sugestivo interfiere en una amplia gama de tareas de memoria y de juicios sobre la identificación de las personas, tal y como lo demuestran los primeros estudios de Loftus (1979) sobre la memoria de testigos. Esta misma autora dice que debe considerarse la sugestionabilidad como una característica natural y universal de la memoria humana.

Segundo: la sugestionabilidad parece presentarse en función tanto de factores personales (rasgo) como circunstanciales (estado), por lo que es necesario la presencia de influencias sugestivas típicas para poder evaluar la sugestionabilidad individual.

Tercero: podemos diferenciar dos tipos de interrogatorios: con baja sugestionabilidad (preguntas abiertas) y con alta sugestionabilidad (preguntas principales con premisas que implican descripción, evaluación, expectación, conformidad, dudas, promesas, etc.).

Cuarto: en la evaluación de la sugestionabilidad de los niños, hay autores como Arntzen (1993), Raskin y Esplin (1991) que prefieren el método no estandarizado que consiste en lanzar "señuelos sugestivos" sobre aspectos periféricos durante el interrogatorio. Es decir, añadir información falsa deliberadamente, para ver si el niño la acepta (lo que evidenciaría su sugestionabilidad) o si realmente la corrige o la niega (que sería indicador de su resistencia a la sugestión). No obstante, su consecuente y potencial efecto de contaminación del relato del niño en aspectos que inicialmente no aparecían en su propio relato desaconsejan la utilización rutinaria de este sistema, y reclama una evaluación específica por medio de los instrumentos psicométricos disponibles.

Los tests más conocidos son los de Burger (1971), Bottenberg y Wehner (1971), Zimmermann (1979, 1982, 1988), Gudjonsson (1984) y, finalmente, el propuesto por Endres y Scholz (1995); todos ellos comentados y citados por el propio Endres (1997). Su interpretación debe ser cautelosa, puesto que una mayor sugestionabilidad no es indicadora –*a priori*– de una menor credibilidad de la declaración.

Así, pues, podemos sintetizar y conceptualizar la sugestionabilidad (SG) con una perspectiva tetrafactorial: la personalidad del niño, la fuerza de la memoria (influencia del olvido), la naturaleza de las preguntas y el ambiente de la entrevista. Estos cuatro factores están íntimamente relacionados e interactúan sobre el niño.

Gráfico 2. Perspectiva tetradimensional de la sugestionabilidad.

Para finalizar este apartado, como norma general, podemos recordar la regla de los tres años, según la cual, hasta los tres años de edad, difícilmente podremos recibir una narración ligada a un recuerdo detallado y preciso. Entre los tres y seis años (pre-escolares), los niños tienen un riesgo muy elevado de ser conta-minados si no se han aplicado los controles y buenas prácticas, tanto en la intervención profesional como por parte de los adul-tos cuidadores, en su rutinaria interacción con el niño. Entre los seis y los nueve años, ante la presencia de actuaciones sugestivas, pueden ser más resistentes y mucho menos aquiescentes (es decir, se oponen y no consienten tácita ni pasivamente las suge-rencias del entrevistador). A partir de los nueve años, de acuer-do con su propia maduración y sus capacidades cognitivas, los niños son mucho menos influenciables, y a partir de los 12 años, su resistencia a la sugestión es similar a la de los adultos.

> **0-3 años: recuerdo difuso (amnesia infantil)**
> **3-6 años: alta sugestionabilidad**
> **6-9 años: baja sugestionabilidad**
> **9-12 años: muy baja sugestionabilidad**
> **A partir de los 12 años: sugestionabilidad similar al adulto**

Evaluación criteriológica de la credibilidad del niño

No hubiera sido adecuado iniciar el tema de la evaluación de la credibilidad del relato del niño sin haber considerado los ante-riores apartados. Como puede apreciarse, la valoración de la rea-lidad de las explicaciones de los niños que están bajo sospecha de abuso sexual nos obliga a tomar una serie de precauciones con anterioridad que, de no conocerlas y no considerarlas, pue-den, sin duda alguna, conducirnos a conclusiones sesgadas y equivocadas.

En este apartado presentaremos los conceptos de credibi-lidad y análisis criteriológico del contenido del relato del niño. De hecho, estos son los dos conceptos básicos, que junto a la téc-nica de entrevista, conformarán los pilares de nuestra interven-ción técnica.

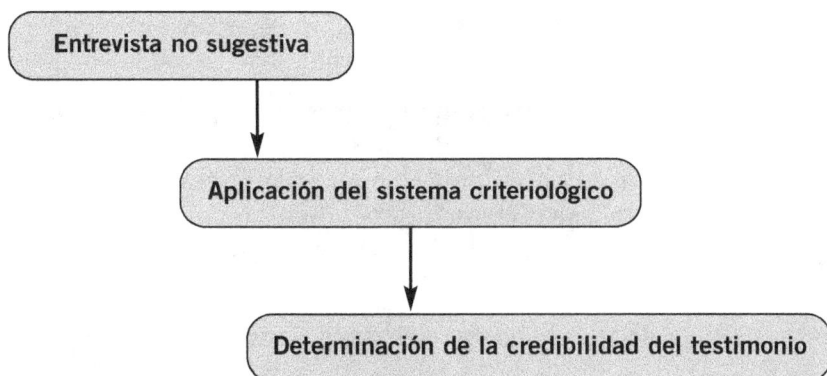

Gráfico 3. Pilares de la evaluación de los testimonios de sospecha de abuso sexual infantil.

Antecedentes históricos

A finales de los años 70, se comenzó a tener interés por la evaluación de la credibilidad que, en principio, tenía como objeto de estudio al testigo honesto; es decir, el testigo que sin ánimo de mentir explica sus recuerdos en función de la exactitud de su memoria. Posteriormente, el objeto de estudio pasó a ser (tal y como nos refieren Manzanero y Diges, 1993) el testigo deshonesto; es decir, aquel que voluntariamente miente.

En la reunión de expertos mundiales sobre evaluación de la credibilidad de 1988, en Maratea (Italia) con el auspicio de la OTAN, uno de los objetivos de dicho encuentro fue, precisamente, la unificación de las diferentes perspectivas teóricas y de investigación sobre esta temática, que empezaba ya a emerger y a producir un importante volumen de publicaciones. Se recogieron tres concepciones teóricas que fueron desarrolladas por sus principales expertos. Estas mismas tres perspectivas respecto de la evaluación de la credibilidad han sido citadas posteriormente por diversos autores (Yuille, 1989; Alonso-Quecuty, 1991, y Masip y Garrido, 2000), dividiendo y diferenciando la evaluación de la credibilidad en:

a. La credibilidad mediante el uso de técnicas psicofisiológicas.

b. La credibilidad de las manifestaciones no verbales.
c. La credibilidad del relato verbal.

Como podemos observar, estas tres concepciones pueden diferenciarse, además, según donde se centre la atención: en el propio sujeto (uso del polígrafo y manifestaciones no verbales) o en el contenido de su relato, independientemente de las características del sujeto (indicadores verbales).

La evaluación de la credibilidad del relato verbal

Undeutsch (1989) ya estableció que debemos distinguir entre el aspecto cognitivo y el aspecto motivacional[2] a la hora de realizar un estudio científico de la credibilidad de las declaraciones. Esta misma concepción ha sido recogida por Lamb, Sternberg y Esplin (1994) al diferenciar entre el concepto de competencia y credibilidad. La primera (competencia) se refiere a la habilidad, la capacidad del entrevistado para decir la verdad, mientras que la segunda (credibilidad) se refiere a la voluntad del sujeto para decir esta verdad. Para Diges y Alonso-Quecuty (1993) esta misma dicotomía se conceptualiza entre los dos ejes del testimonio que estas autoras expresan como exactitud-inexactitud y verdad-falsedad, relacionadas, respectivamente, con la competencia y la voluntad del testigo.

Así, podemos diferenciar dos aspectos básicos para determinar la credibilidad de un testigo:

a. La capacidad del sujeto para decirnos lo que realmente él vivió como real, considerándose aquí su capacidad de recordar los detalles (memoria), su habilidad verbal para expresar los detalles con precisión y corrección (expresión y riqueza verbal, inteligencia) y su resistencia a las influencias exteriores que hayan podido contaminar su

---

[2] El componente cognitivo se refiere a la capacidad o competencia mental para explicar los hechos. Es decir, el grado de madurez para verbalizar los incidentes. El componente motivacional, por su parte, señala la voluntad "legítima" de explicar la verdad y la realidad, frente a una voluntad o motivación "espuria" de no decir la verdad, y así perjudicar deliberadamente al inculpado o para obtener un beneficio secundario.

recuerdo (sugestionabilidad). Es decir, aquí nos plantea-
mos si el testigo es capaz de decir lo que para él es la
verdad.

b. Por otro lado, deberemos considerar la voluntad del
sujeto para desear y querer expresar lo que realmente
él experimentó; es decir, para no mentir. Los intereses
propios del sujeto o de las personas cercanas a él pueden convertirse en una potente arma capaz de orien-
tarlo para expresar solo una parte de la realidad vivida
(errores de omisión o de eliminación) o para expresar
los hechos tergiversados sin un ápice de verdad (errores de emisión o de introducción de información). Es
decir, la mentira puede darse cuando conscientemente
se oculta parte de la información, se altera su contenido o, simplemente, cuando se inventa.

No debemos olvidar que cuando hablamos del concepto de
credibilidad del relato, debemos diferenciar entre la credibilidad
de los sujetos y la de las declaraciones. Tal y como nos explica
Endres (1997), debemos diferenciar entre la credibilidad general (es decir, la del testigo como persona) y la credibilidad específica (la que se refiere a su relato o declaración).

Como bien podemos imaginar, la tarea del experto que evalúa la declaración no es determinar la honestidad del testigo, sino
aplicar los criterios de realidad que nos permitan conocer la credibilidad de la declaración emitida.

Los primeros sistemas criteriológicos y el CBCA-SVA

El sistema criteriológico más conocido y estudiado ha sido el
CBCA-SVA, desarrollado por Steller y Kohenken en 1988. Destacar
que pese a su utilización y consideración dentro del ámbito de
la valoración del testimonio como una prueba psicológica, y pese
a su consideración por algunos autores (Cortés y Cantón, 2000)
como un procedimiento estandarizado, en realidad no se trata
de un test ni de una escala estandarizada sino de un método
semiestandarizado (Steller, 1989) para la evaluación de la credibilidad de las declaraciones. El método o prueba de credibili-

dad original se dividía en dos pruebas complementarias: el *Criterion Based Content Analysis*, CBCA (análisis del contenido en base a criterios) y el *Statement Validity Assessment*, SVA (evaluación de la validez de la declaración).

Dicha prueba está basada en la hipótesis teórica de Undeutsch. Según dicha hipótesis, podemos encontrar criterios de realidad que nos permitan diferenciar los relatos verdaderos de los falsos. La hipótesis teórica de Undeutsch afirma que los relatos de víctimas de agresión o abuso sexual difieren de los relatos imaginados o creados. Estas diferencias se centran en el carácter específico de los detalles que se expresan. Dichos detalles son los que se recogen en forma de criterios[3]; es decir, de variables predictoras del grado de credibilidad final del relato. Naturalmente, cuanto mayor sea la presencia de criterios predictores, mayor será el grado de credibilidad del relato expresado.

Cabe decir que la orientación teórica de dicho instrumento de evaluación es básicamente cognitiva, tal y como señala Hernández (1995) al referirse a los procesos de memoria y a las características del testimonio asociados con la realidad.

Tal y como nos explica Wegener (1989) después de muchos trabajos preliminares, Steller y Koehnken (1989) realizan con el CBCA-SVA una integración sistematizada de los criterios estudiados por otros muchos investigadores. Así, este trabajo unifica los hallazgos de Undeustch, Arntzen, Trankell y Szewczyk, combinando y organizando un total de 19 criterios en las cinco categorías que componen el CBCA. Estos mismos autores, Steller y Koehnken (1994) nos advierten que aunque todos los autores usaron el concepto de "criterios de realidad", la técnica de Trankell (1972) no puede ser comparada con la de Undeustch, Arntzen y Szewczyk puesto que la autora sueca describe un método holístico-intuitivo, mientras que los autores citados presentan una detallada lista de criterios definidos.

---

[3] La definición académica de la palabra criterio, que proviene del griego χριτήριον, de κρινειν (juzgar), se define, precisamente, como la norma para conocer la verdad. Y también como juicio o discernimiento.

Así, la primera clasificación de criterios es ofrecida por Arntzen (1970), la cual fue posteriormente comentada y criticada por diversos autores, como Sporer y Koehnken, y de la que reproducimos algunos de sus criterios:

- Cantidad y especificidad de los detalles.
- Reproducción de sus conversaciones.
- Descripción de sucesos internos.
- Descripción de sucesos típicos pero incomprendidos.
- Interconexión con circunstancias externas temporales.
- Complicaciones negativas durante el curso de la acción.
- Cadenas de respuesta complicadas.
- "Estructura de cebolla" de los contenidos.
- Detalles raros (niños).
- Detalles específicos de la ofensa.

Muchos de estos criterios los encontramos repetidos en el listado sistematizado por Undeutsch (1989), realizado para analizar los relatos aislados de testimonios:

- Anclaje en el tiempo y el espacio.
- Concreción (claridad y definición, especificación, intensidad).
- Riqueza de los detalles explicados.
- Originalidad (descripción individual, sin clichés ni estereotipos).
- Consistencia interna.
- Mención de detalles específicos del abuso particular.
- Referencia a detalles que excedan a la capacidad del testigo.
- Informe de experiencias subjetivas, estados de ánimo.
- Mención de complicaciones inesperadas.
- Correcciones espontáneas, especificaciones, complementos.
- Autorreproches entremezclados.

Finalmente, Steller y Koehnken (1989) presentan en Maratea (Italia) la versión de los 19 criterios para el análisis de las declaraciones, y que detallamos a continuación:

- Estructura lógica.
- Producción no estructurada.
- Cantidad de detalles.
- Incardinación en el contexto.
- Descripción de interacciones.
- Reproducción de conversaciones.
- Complicaciones inesperadas.
- Detalles poco usuales.
- Detalles superfluos.
- Detalles mal interpretados.
- Asociaciones externas relacionadas.
- Estado mental subjetivo del niño.
- Atribuciones al estado mental del agresor.
- Correcciones espontáneas.
- Admisión de falta de memoria.
- Dudas sobre el propio testimonio.
- Autodesaprobación.
- Perdón al acusado.
- Detalles característicos.

Así, a partir de los trabajos de estos y otros investigadores, podemos establecer un continuo cronológico en el sistema de criterios establecido para evaluar la credibilidad de una declaración:

Undeutsch (1967-88) → **Arntzen** (1970) → **Szewczyk** (1973) → **Dettenborn** (1984) → **Steller** (1989)

En 2002, con motivo de la tesis desarrollada por Juárez se plantea la última evolución de los sistemas criteriológicos. Se trata del ECN (Evaluación de la Credibilidad Narrativa), un sistema criteriológico perfeccionado y que nace de las propias palabras de Steller (1989): "El sistema integrado del CBCA solo tiene una relevancia heurística. La lista de criterios puede ser complementada por aquellos que se descubran por la investigación futura". Por ello, el ECN integra algunos de los criterios cognitivos originales del CBCA, pero se completa con otros criterios de realidad obtenidos a partir del propio desarrollo de la investigación, al mismo tiempo que elimina algunos de los criterios que ya habían sido objeto de crítica y de duda por su escasa discriminación. Los 16 criterios del ECN son los siguientes:

- Producción circular, no lineal.
- Detalles sexuales erróneos (solo en preescolares).
- Descripción de interacciones.
- Reproducción de diálogos.
- Complicaciones inesperadas.
- Presencia detallada del secreto.
- Imposición de reglas conductuales.
- Obtención de favores, ganancias, privilegios.
- Detalles poco usuales.
- Detalles superfluos.
- Atribuciones sobre el agresor.
- Relación envolvente, de seducción-control.
- Correcciones espontáneas.
- Admisión de falta de memoria.
- Detalles característicos.
- Progresión del abuso.

El ECN mantiene la filosofía del modelo de Steller y, evidentemente, acepta la hipótesis de Undeustch, según la cual los relatos reales contienen una serie de características narrativas diferentes de los relatos fabricados o inventados. A continuación detallamos los cinco criterios incorporados a partir de nuestra investigación y que posibilitan un incremento de la validez externa del listado criteriológico, ECN, hasta un 0,854 (frente al 0,651 del CBCA), y de la fiabilidad interna hasta un 0,829 (frente al 0,735 del CBCA).

Explicación y ejemplificación de los nuevos criterios del ECN

Desde nuestra experiencia práctica, relacionada con la *presencia del secreto*, se dan habitualmente dos criterios íntimamente relacionados: la *imposición de reglas de conducta* y la *obtención de favores, ganancias, privilegios*.

La presencia del secreto comienza junto con las interacciones sexuales. En la mayoría de los casos, el abusador sabe que está transgrediendo la ley, por lo tanto, se protege como todos los delincuentes para no ser descubierto y hará todo lo que pueda para continuar sin ser sorprendido. Su alternativa es imponer la ley del silencio y establecer determinadas reglas de conducta (como la ducha o la limpieza inmediata tras el abuso o el cambio de ropa). Para ello, todas las fórmulas son posibles, desde la amenaza, la mentira y la culpabilización del niño hasta el chantaje, el consentirle favores y privilegios o la manipulación psicológica. El abusador convence al niño del peligro que existe para él, para el propio abusador y para su familia si se divulga lo que pasa entre ellos. El niño termina por aceptar esta situación y se adapta para sobrevivir. Así entramos en la dinámica del chantaje, obteniendo favores, regalos y privilegios del abusador. Esto cierra el círculo abusivo en la medida en que estas respuestas adaptativas del niño permiten la desculpabilización del abusador y, al contrario, aumentan la culpabilidad y vergüenza de la víctima. Naturalmente, esto incrementa el secretismo y el silencio del niño.

Los casos más dramáticos se producen cuando la relación entre el niño y el abusador es totalmente erotizada por este, perdiendo incluso así el niño la capacidad de experimentar la situación abusiva como víctima e identificándose como cómplice. En estos casos es frecuente que el niño experimente placer en la relación, lo que producirá consecuencias catastróficas en su vida adulta.

Ejemplos del criterio: existencia del secreto

"Cuando no podía aguantar más y le decía que se lo diría a mi madre, él me decía que ella ya lo sabía y que era mejor no decir nada a mi padre de verdad y que si no guardábamos el secreto él nos mataría" [...] "me decía que si mi mamá se enteraba, yo sería la culpable, que me internarían y que él no me iba a ayudar luego [...] Siempre me decía que era un secreto solo entre él y yo, que los demás no lo entenderían y que yo era diferente a las demás."

Ejemplos del criterio: imposición de reglas de conducta

"Era de noche, quería que fuera a la cama siempre con pantalones cortos y que dejara la puerta de la ducha abierta" [...] "me obligaba a acompañarlo siempre a buscar agua a la fuente de la montaña, allí es donde me tocaba y me hacía esas cosas [...] insistía en que me pusiera la minifalda y en el coche me metía la mano en mis braguitas [ropa interior de las niñas]." ➡

Ejemplos del criterio: obtención de favores, ganancias y/o privilegios

"A mí sí que me daba dinero para golosinas y me compraba ropa de marca, a mis hermanos no les daba nada, siempre los golpeaba cuando se portaban mal" [...] "Me prometió la moto y cuando cumplí los 14 años me la compró del color que yo quería [...] A mí me dejaba ver la televisión hasta la hora que yo quería, solo tenía que pasar luego por su cama y darle un beso de buenas noches."

Para entender el criterio de *relación envolvente, de seducción-control*, con coacción o presión, debemos saber que en la fase inicial del abuso, el abusador manipula la dependencia y la confianza del niño, incitándolo a participar en los actos abusivos que él presenta como un juego o como comportamientos normales entre adultos y niños o entre padres e hijos. Muchos de estos abusadores eligen una zona de la casa donde no corren peligro de ser descubiertos; por ejemplo, pueden habilitar la bodega de su casa, una habitación de invitados, un despacho o pueden hacerlo en la habitación de los niños cuando el resto de la familia duerme.

Un momento singular elegido por los abusadores corresponde al período en el que la mujer ingresa en el hospital para dar a luz un nuevo hijo. Esa ausencia de la mujer ofrece al marido una buena oportunidad para quedarse a solas con sus hijos y, al mismo tiempo, la relación incestuosa con los hijos se convierte en un equilibrador del falso sentimiento de pérdida y abandono contingente al nacimiento que experimenta el padre incestuoso. Otro momento especial, coincide con los turnos laborales de noche de las madres, que a menudo son aprovechados como espacios de total impunidad para condicionar el clima emocional del hogar. El abusador se siente libre del control del otro adulto, y los niños lo saben.

Existe un desequilibrio en la estructura de poder de la pareja. El maltratador y abusador sexual intrafamiliar se presenta con frecuencia en estructuras familiares rígidas, patriarcales, donde el padre ocupa una posición dominante, déspota, ejercida mediante la fuerza y la coacción. Algunos abusadores utilizan la violencia para reforzar su poder y su control familiar pero, en general, utilizan más la presión psicológica, social o económica para conseguir sus propósitos (seducción, valorización del niño, regalos, recompensas diversas, chantajes, valores machistas). Otras veces se trata del modelo inverso; es decir, una madre dominante y un padre pasivo, que no se siente seguro fuera de una relación incestuosa. El abusador erotiza la relación con sus hijas, mezclando a la vez ternura y seducción. Se trata en estos casos de estructuras familiares en las que predomina el aglutinamiento, con fronteras intergeneracionales demasiado laxas. Además, el abusador desorienta objetivamente al niño y se presenta como un sujeto lleno de cualidades. Por nuestra propia experiencia en la evaluación del relato de abusos, podemos afirmar que resultaría extremadamente difícil que un menor que fabule, pudiera recrear en su mente un proceso relacional tan complejo como el que acabamos de describir.

El niño está a merced de su abusador y para controlar la angustia, la culpabilidad y la soledad puede recrear una imagen satisfactoria de sí mismo y de su agresor, distorsionando la realidad y minimizando su esfera relacional. Se aísla en un mundo creado a medida del abusador, no del niño. A su vez, esta idealización es producto de la distorsión cognitiva, consecuencia a su vez de la necesidad vital de todo niño de recibir cuidados de los adultos y de pertenecer a un núcleo relacional.

Ejemplos del criterio: relación envolvente, de seducción-control

"Me decía que yo era la niña más bonita de la casa, siempre me llamaba para que lo ayudara a llevar los libros al sótano [...] al subir me tocaba detrás [...] un día me dijo que tenía que darle un beso con lengua y que él me enseñaría a hacerlo bien, que yo aún no sabía [...] no me dejaba salir con mis amigos, porque decía que no se fiaba de ellos."

"Me dijo que eran cosas normales entre padre e hija, que había libros que lo explicaban, y yo me lo creí [...] no tenía fuerzas para nada, yo sabía que cada noche era lo mismo y si no lo hacía conmigo, lo haría con mis hermanos pequeños, yo prefería que fuera conmigo." ➡

"No sabía por qué me lo decía [...] me pidió que fuera a casa con un amigo de la escuela y que lo llevara a la habitación y que hiciera con él [el compañero de escuela] lo que me había enseñado [...] noté cómo estaba detrás de la puerta y cómo miraba mientras le 'chupaba' a mi amigo [...] cuando terminé se marchó [el compañero de escuela] pero yo no lo podía acompañar, después vino mi padre y me pidió que le hiciera lo mismo."

"Cada día me preguntaba qué había hecho, con quién había hablado, qué había dicho [...] me cogía fuerte por el brazo, me hacía doler y me miraba como un loco [...] sabía que si hablaba con alguien, me mataría, lo sabía."

En referencia al criterio de la **progresión del abuso sexual**, siendo este habitual en el abuso intrafamiliar, también pensamos que en general es útil para detectar el abuso extrafamiliar con una figura relacional cercana al menor y en situaciones no puntuales o episódicas, donde evidentemente no existe progresión alguna. Es importante señalar que la casuística sobre los abusos sexuales, lejos de tratarse de casos aislados y puntuales, presentan una diversidad de abusos que se suceden en el tiempo. Así, un abusador no completa una relación sexual inmediatamente, como podría pensarse. El coito propiamente dicho se produce en un momento bastante avanzado de la interacción sexual abusiva.

Con frecuencia, el abusador comienza con gestos de exhibicionismo, paseándose medio desnudo ante el niño o, por ejemplo, dejando al descubierto sus órganos sexuales mientras mira la televisión sentado junto al niño. En otros casos, invita al niño a entrar en el baño mientras se está duchando. Más adelante, a estos comportamientos se añaden otros abusos "voyeuristas" en los que el abusador solicita al menor que le muestre sus órganos genitales, para seguir con los tocamientos de las zonas genitales del niño y obligarlo a manipular los genitales del abusador. El proceso continuará con otros comportamientos, como ser el acto masturbatorio en presencia del niño, o el abusador obligará al niño a masturbarse a sí mismo. Muchas de estas acciones iniciales, además, se desarrollan como una especie de "juego secreto" íntimo, en el que el abusador va incrementando su poder y manipulación sobre el niño. Esta erotización siempre es previa a la sexualización final de la conducta que persigue el abusador. Será en etapas más avanzadas cuando el abusador llegará a penetrar al niño, comenzando a menudo por sexo oral –felación–, siguiendo con la penetración digital anal y/o vaginal, y también por lo que se denomina "penetración seca", que consiste en frotar su pene en la zona anal y/o vaginal de la víctima hasta eyacular, pero sin penetrar realmente al niño. La penetración genital o coito se da en la fase más avanzada de este proceso.

El hecho de que para muchos médicos, psicólogos, educadores, pediatras u otros profesionales de la infancia, estos comportamientos se sitúen en el registro de lo impensable, explica también la dificultad que ellos tienen para poder detectar precozmente este tipo de situaciones, lo que deja a los niños sin ninguna posibilidad de protección. El adulto que no ha conocido en su experiencia personal situaciones semejantes, que en su práctica profesional no ha tenido que enfrentarse a este tipo de tragedias o que no ha recibido la formación necesaria, tiene una gran dificultad para enunciar la hipótesis diagnóstica de abusos sexuales y para visualizar esta progresión abusiva que en sus primeras etapas es silenciosa y confunde notablemente a los niños.

Ejemplos del criterio progresión de los abusos sexuales

"En la otra casa me tocaba por debajo de la manta, yo notaba su respiración y me hacía la dormida [...] al final notaba como él se movía y gritaba algo [...] en la casa nueva yo ya dormía en una habitación sola y él muchas noches se acostaba conmigo [...] me besaba y hacía que le moviera su pene con la mano [...] un día me obligó a hacérselo con la boca [...] intentó dos veces metérmela pero no pudo, yo ya no podía aguantar más."

"Al principio se metía en mi cama, por detrás de mí y me abrazaba con mucha fuerza. No me daba besos, me tocaba los pechos [...] en el verano empezó a bajarme el pijama pero no las braguitas [...] al final noté como ponía su pene en medio de mis piernas, se movía y se movía [...] me ponía la mano en la boca para que no gritara y ni siquiera chillara [...] el último día, al final se movió de golpe y se echó atrás, hizo como un grito y se fue."

La evaluación del testimonio mediante la GEA-5

Pese a la consolidación del uso de sistemas criteriológicos para evaluar el relato del niño bajo sospecha de abuso sexual, a lo largo del tiempo se han sucedido una serie de críticas que han evidenciado cómo este modelo de evaluación es limitado e insuficiente en sí mismo. No podemos dejar de considerar otros aspectos relevantes para comprender y evaluar óptimamente el complejo fenómeno del abuso sexual infantil.

De hecho, la evaluación del testimonio sobre abuso sexual infantil ha sido siempre un tema difícil ante el cual hemos tenido poca ayuda para pautar y facilitar esta delicada labor.

Cuando evaluamos el testimonio infantil de abuso sexual, la credibilidad de su relato es un aspecto más de dicha evaluación. Pero debemos ampliar nuestra labor a otros aspectos tan importantes o más que el propio relato del niño. Esta es la filosofía de la GEA-5, ampliar nuestra valoración a cinco factores entrelazados: la competencia o capacidad, la fidelidad y constancia declarativa, la originalidad del recuerdo, la credibilidad del relato y, por último, su competencia clínico-social, es decir, de la sintomatología existente y del modelo familiar-relacional.

Debemos anticipar que para la valoración de la credibilidad de las declaraciones, se ha desarrollado un nuevo sistema criteriológico denominado ECN: Evaluación de la Credibilidad Narrativa. Dicho instrumento integra tanto algunos de los criterios cognitivos originales del modelo de Steller como otros nuevos criterios obtenidos a partir de nuestra propia investigación. En el final de este apartado, presentaremos y definiremos sus elementos básicos.

Además, presentaremos un modelo propio de entrevista, denominada EASI, que precede al modelo de evaluación GEA-5. Como ya hemos tratado a lo largo de este anexo, evaluar el testimonio es una tarea a la que precede una entrevista que debe encajar a la perfección con dicho sistema de valoración.

La guía de entrevista: EASI

La EASI[4] se basó originariamente en el protocolo de investigación para víctimas de abuso sexual realizado por el equipo de Michael Lamb en el NICHD (National Institute for Children Health & Human Development), en su versión 3.0 publicada en la revista *Child Abuse and Neglect,* el año 2000. No obstante, existen marcadas diferencias entre la EASI y el protocolo de investigación del NICHD. Estas han sido, por un lado, la consideración e introducción de diferentes áreas de competencia infantil (memoria, personalidad, aquiescencia), además de un área específica para el conocimiento corporal/sexual, y un mayor desarrollo del suceso explorado. En dicha entrevista aceptamos la utilización, como elementos de ayuda (nunca como elementos propiamente diagnósticos) para facilitar el *rapport* y la identificación de personas, tanto del dibujo de la familia como del HTP (casa-árbol-persona) junto a la utilización de *puzzles* corporales y, en casos muy específicos y concretos, de los Muñecos Anatómicamente Sexuados (MAS).

La EASI consta de los siguientes cuatro apartados: un primer paso que nos permite afianzar el *rapport* y conocer al niño. Se establecen las reglas (condiciones) de la entrevista, se da permiso al niño para corregirnos en caso de que podamos inducirlo a error con nuestras intervenciones, y se inicia el relato de aspectos neutrales (no traumáticos) para facilitar las primeras narrativas lingüísticas detalladas por parte del niño. Superar las respuestas monosilábicas (sí-no) es un aspecto esencial en este primer nivel. Además, el niño nombra las diferentes partes del cuerpo (incluidas las genitales) antes de relacionarlas directamente con los hechos supuestamente abusivos, aspecto que permite superar muchos bloqueos basados en la nominación de los órganos sexuales involucrados en los abusos. Hemos dividido este apartado en cinco puntos:

---

[4] Se ha denominado a la guía de entrevista con el acrónimo de EASI, que proviene del nombre completo de Entrevista para la evaluación del Abuso Sexual Infantil, del cual se han elegido, para su mejor pronunciación, tan solo las letras correspondientes a Entrevista del Abuso Sexual Infantil: EASI.

1. Introducción a la entrevista y evaluación de la diferenciación entre verdad/mentira, fantasía/realidad, aquiescencia y aproximación a la personalidad de base.
2. Exploración de la capacidad para relatar eventos (área familiar).
3. Exploración de la capacidad para relatar eventos (área escolar).
4. Exploración de la capacidad para recordar (aniversarios, celebraciones).
5. Exploración de su conocimiento sobre las partes del cuerpo/conducta sexual (*puzzles*).

Un segundo paso en el cual introducimos el tema o incidente fundamental e iniciamos la entrevista de investigación propiamente dicha. En este apartado, si el contexto de la sospecha del abuso es el domicilio familiar, se hará referencia al área familiar como elemento puente para abordar el incidente. Si es el contexto escolar, entonces será este el elemento puente, y así con los diferentes contextos en función de la especificidad del caso. Son estos tres puntos:

6. Identificación del suceso.
7. Desarrollo de la narrativa libre.
8. Profundización y aclaración: preguntas abiertas, encadenadas, específicas y, finalmente, directivas.

A partir de nuestra experiencia, introducir este elemento (incorporado también en otros modelos de entrevista, como la CI, *cognitive interview*) tiene una utilidad doble: nos permite a los entrevistadores no interpretar erróneamente las palabras y conceptos narrados por el niño, y por otro lado permite al niño enriquecer con detalles su declaración en una última revisión del contenido de su relato de memoria. Como puede observarse, se invierte el rol: el niño escucha y el entrevistador relata, lo cual le facilita al primero un nuevo canal de recuerdo.

9. Repaso de últimos detalles: síntesis detallada del evento relatado.

El final de nuestra entrevista sobre sospechas de abuso, sobre todo si el niño ha narrado hechos de índole sexual o de maltrato, nunca puede ser un final del compromiso. Debemos sostener este final para conseguir "descomprimir" al niño. Nuestra experiencia diaria nos ha permitido desarrollar la técnica gráfica del pastel de cumpleaños. Preguntamos la edad y los ingredientes más sabrosos que desearía encontrar en este dibujo rápido de su pastel de cumpleaños. Dibujamos varias capas (chocolate, bizcocho, crema…) y, naturalmente, colocamos (dibujamos) las velas que luego soplará y que se apagarán (simuladamente y como parte del objetivo de descomprimir) para dar lugar a la despedida. La habilidad del entrevistador o el desarrollo de cualquier otra técnica de este estilo serán válidas para obtener este traslado del niño al contexto posterior de nuestra entrevista.

---

10. Finalización y cierre sostenido: técnica del pastel de cumpleaños.

La entrevista no sugestiva es muy fácil de entender y comprender cognitivamente por los profesionales, pero es tremendamente difícil de desarrollar en el contexto propio de la entrevista a un niño bajo sospecha de abusos sexuales. La formación y entrenamiento, el perfeccionamiento y la continua revisión de los vicios propios de cada entrevistador tiene aquí un peso importantísimo y muchas veces determinante en el éxito de nuestra labor.

La guía de evaluación: GEA-5

Una vez finalizada la entrevista, el siguiente paso es evaluar el material recogido. A la guía para la evaluación del testimonio de los niños, la hemos denominado con el acrónimo GEA-5: Guía para la Evaluación del testimonio de Abuso sexual infantil, y, al igual que en la entrevista EASI, se han elegido tan solo las tres primeras letras "Guía de Evaluación del Abuso" para facilitar su dicción y simplificar su nomenclatura. Esta guía está basada en las aportaciones de Raskin y Esplin (1991), Offe (2000), Manzanero (2001) y de Fabian (2001), incorporando un sistema de hipótesis que deben ponerse a prueba durante el transcurso de dicha evaluación. Como ya se ha anticipado en la introducción del presente anexo, se establecen cinco hipótesis de confirmación por una razón fundamental: este sistema propuesto estaría conformado por una serie de formulaciones "en positivo" sobre la figura de los niños y adolescentes testigos. Es decir, no deseamos plantear la hipótesis de incapacidad (Offe, 2000), sino la de competencia; no deseamos plantear la hipótesis de sugestionabilidad, sino la del recuerdo original; no deseamos hablar de hipótesis de mentira, sino de fidelidad-constancia; no establecemos la hipótesis de falta de credibilidad, sino la de credibilidad narrativa, y, por último, no se establece la hipótesis de simulación y/o falta de compatibilidad social, sino la de compatibilidad clínico-social.

La razón de esta nomenclatura, en coherencia con la perspectiva de la psicología positiva, es precisamente colaborar con la eliminación de un vocabulario representacional negativo sobre la infancia, de tal forma que se presenten las cualidades del testimonio infantil afirmándolas y no tanto sus limitaciones, dándolas por supuestas para posteriormente negarlas, destacar especialmente la falsa creencia que durante mucho tiempo ha invalidado el testimonio infantil, "los niños no dicen la verdad", y que últimamente ha despertado el interés y la defensa de numerosos autores en pro de la validación y aceptación del testimonio de los niños.

Tal y como menciona Casas (1988), es necesario el análisis de las representaciones sociales mayoritarias acerca de la infancia en nuestras sociedades occidentales para entender dicha falsa creencia. Así, a partir de la diferenciación de los dos grandes grupos de los miembros de nuestra colectividad: los adultos y los "niños", el núcleo figurativo de la representación social de los adultos sobre la infancia, en nuestra cultura (Casas, 1998), parece haberse centrado en la idea de "los aún-no":

– Aún-no adultos.
– Aún-no responsables.

- Aún-no capaces.
- Aún-no con los mismos derechos.
- Aún-no con suficientes conocimientos.
- Aún-no fiables.
- Aún-no etcétera.

Junto a este núcleo figurativo, se dan actitudes tales como:

- Nunca es un tema prioritario.
- No existe conceptualmente una oposición al reconocimiento de sus derechos (pero en la práctica se convierten en temas de baja prioridad).
- Arraigo del sentido común (el imaginario social con respecto a que la infancia es un tema privado de cada familia).
- Poca conciencia de que existe una responsabilidad colectiva.
- Mayor preocupación con el futuro que con el presente y, a pesar de ello, leve percepción de que pertenece a un futuro social común.

Afortunadamente, hay claros indicios de que estas concepciones tradicionales están cambiando, dando paso a una nueva visión de los niños como testigos capaces, precisos, competentes y sobre todo creíbles, tal y como nos muestran los trabajos de Garbarino, Scott y cols. (1993), Ceci y Bruck (1995) y, más recientemente, Davies, Wescott y Horan (2000).

El contenido de las hipótesis de la Guía de Evaluación, GEA-5

Primera hipótesis: de competencia

El niño no posee ningún trastorno psicológico ni limitación en sus capacidades cognitivas que le impidan expresar un relato válido. Así, sus capacidades lingüísticas, intelectuales, de memoria, perceptivas y, sobre todo, la diferenciación realidad/fantasía, están conservadas hasta el punto de permitirle un relato de lo vivenciado de forma precisa y comprensible, teniendo en cuenta que las características de un relato infantil pueden diferir en función de su momento evolutivo. Fabian (2001), en este conjunto de capacidades que él denomina "eficacia de la declaración", incluye la capacidad de resistir ante influencias sugestivas, aspecto que recogemos y que, al igual que otros autores (Ceci y Bruck, 1995; Orbach, Hershkowitz, Lamb, Sternberg, Esplin y Horowitz, 2000), pensamos que debe incluirse en la pauta de la entrevista inicial. Los trabajos de Hutchby y Moran-Ellis (1998) nos ofrecen una interesante reflexión con respecto al incremento de la competencia infantil gracias a la incorporación de los medios tecnológicos en la vida diaria de los niños. Weissman (1991) menciona cuatro criterios requeridos para establecer la competencia del testigo:

a. Capacidad para percibir hechos precisos.
b. Capacidad para recogerlos y retenerlos (memoria).
c. Capacidad para diferenciar la verdad de la falsedad y entender el deber de contar solo la verdad.
d. Capacidad para comunicar basándose en el conocimiento personal de los hechos.

No debemos olvidar aquí la advertencia de Garbarino, Scott, y cols. (1993) que señalan cómo la competencia infantil está directamente relacionada con nuestra competencia adulta para relacionarnos con ellos. Así, no pensamos aquí en la necesidad de administrar un instrumento psicométrico concreto para evaluar las competencias, sino en una serie de preguntas introductorias referentes a aspectos biográficos y familiares del niño que nos permita garantizar estas capacidades. Es importante advertir que esta primera hipótesis de competencia integra precisamente las características psicológicas (adecuación del lenguaje y conocimiento, adecuación del afecto y susceptibilidad a la sugestión) que forman parte del sva de Steller (1989). No obstante, la clave de esta primera hipótesis es, en primer término, garantizarnos a nosotros –los profesionales– que el niño podrá continuar con el relato de los supuestos incidentes, y en segundo término, garantizar a los juzgadores (si llegara el caso) que los conocimientos mínimos para ser considerados testigos están presentes en el niño.

Segunda hipótesis: de fidelidad-constancia

El niño no aporta ni elimina detalles o escenas en su testimonio de forma voluntariamente errónea; es decir, no desea mentir ni fingir, sino colaborar de forma sincera en la obtención de la máxima información sobre los hechos que recuerda. Siguiendo nuestro criterio, una forma excelente de comprobar esta hipótesis es el denominado "análisis de la constancia" (Offe, 2000) mediante el cual el testigo, después de informar en diversas ocasiones sobre un mismo acontecimiento, si bien no puede esperarse una total coincidencia en los detalles y escenas verbalizadas, es preciso que los informes coincidan en:

- el acontecimiento fundamental;
- el papel o actividad que desempeñó el testigo;
- las personas que participaron directamente en el acontecimiento fundamental;
- el(los) sitios de los hechos;
- los objetos directamente relevantes para la acción;
- las condiciones de iluminación;
- la posición general del cuerpo, en el caso de acciones corporales.

Coincidiendo con esta comprobación, Raskin y Esplin (1991) proponen que también se compruebe la "hipótesis de identidad"; es decir, si el niño ha sustituido la identidad del verdadero agresor por una persona distinta. En este supuesto, el análisis deberá profundizar las circunstancias contextuales y relacionales del niño con el presunto agresor. Aunque estos autores añaden la hipótesis de la motivación de venganza o interés contra el agresor, nuestra postura coincide con el posicionamiento de Offe (2000), según el cual pueden entenderse perfectamente las motivaciones de un testigo que ha sido víctima de un delito de dañar al acusado para que este sea sometido a un procedimiento penal, sin que ello sea razón para dudar de la credibilidad de las informaciones del testigo. Igualmente, debemos destacar que las denominadas motivaciones para informar en falso (motivos para informar, contexto de la revelación y presiones para informar en falso) y ciertas cuestiones de la investigación (consistencia con otras declaraciones, consistencia con otras evidencias) del modelo de Steller (1989) quedan perfectamente integradas en esta hipótesis.

La hipótesis de constancia es fácil de comprobar debido al recorrido "normal" del niño entre su revelación inicial y las posteriores declaraciones. La revelación primera, la declaración policial y la declaración judicial (incluso a veces la hospitalaria) son algunas de las posibilidades de comparación con la narrativa obtenida en nuestra entrevista que facilitan la verificación de esta hipótesis.

Tercera hipótesis: de recuerdo original

La información básica de lo que el niño ha expresado responde a su recuerdo original, eliminada la posible influencia de terceras personas, directa o indirectamente, por el efecto de otros agentes comunicativos (prensa, reuniones familiares, televisión, etc.). Así, en esta hipótesis, comprobaremos si el niño expresa detalles originales, vivenciados y experimentados o, por el contrario, si expresa detalles inducidos, contaminados (imposibles de conocer en el momento de los hechos) o sugeridos (nombrando muchas veces a las personas que han sido fuente de la información emitida); es decir, no vivenciados. Con este mismo criterio, Offe (2000) constata los siguientes puntos que deben conocerse en relación con la primera declaración que hizo el niño para determinar la probable influencia sugestiva:

- frente a quién se hizo la primera declaración;
- en qué situación fue hecha;
- si fue espontánea o a través de un interrogatorio;
- qué posición y expectativas tenía el receptor de la declaración;
- qué clase de preguntas se hicieron;
- qué informaciones fueron entregadas claramente;
- cómo reaccionó el receptor de la primera declaración frente a las informaciones recibidas.

Cuarta hipótesis: de credibilidad narrativa

El testigo expresa un relato que cumple los criterios mínimos exigibles para obtener una valoración de creíble o verosímil. En este caso, se utilizaría el referido ECN como sustituto del CBCA. Según Fabian (2001), este aspecto corresponde a la "calidad de la declaración", según la cual los hechos relatados coinciden, efectivamente, con situaciones experimentadas.

Pero el ECN aporta una importante ventaja. Nos estamos refiriendo a la determinación de un punto de corte[5] o criterio de decisión, situado en el 11° punto, lo cual nos permite obtener una valoración final no solo cualitativa, sino también cuantitativa. Naturalmente, este punto de corte debe ser considerado como valor orientativo, o mejor dicho como otro ítem de valoración, nunca como una puntuación directa. Dicho punto de corte ha sido establecido por medio de un estudio psicométrico (Juárez, 2002) basado en los tests referidos al criterio (TRC) mediante tres procedimientos estadísticos independientes: Angoff, Ebel y Zieky-Livingston. Además, esa referencia numérica fue obtenida asignando valores 0-1 en función de la ausencia o presencia del criterio. Es indudable el incremento de objetividad que se consigue gracias a este punto de corte exclusivo del ECN, lo cual nos permite utilizarlo con una serie de ventajas que, hasta el momento, no han podido obtenerse ni por el CBCA ni por otro modelo criteriológico. Insistimos, no obstante, en indicar la prudencia y la aceptación de este punto de corte como un criterio más del propio listado, que deberá ser considerado y valorado cualitativamente por el psicólogo experto en testimonio infantil. Como muy bien ha referido Manzanero (2004), la credibilidad narrativa no puede simplificarse mediante la obtención de una puntuación determinada en un sistema criteriológico. Sería un error que eliminaría la propia filosofía de la GEA-5 y del ECN.

---

[5] El punto de corte (PC) permite diferenciar y discriminar entre dos categorías valorativas de una escala numérica continua. El PC responde a la pregunta de cuántos criterios son necesarios para valorar como creíble, indeterminado o increíble un relato.

Quinta hipótesis: de compatibilidad psicosocial

Los síntomas e indicadores psicosociales expresados en el transcurso de la exploración no parecen simulados o amplificados con el fin de mostrar un daño psicológico derivado de unos hechos que no han sucedido, sino que son producidos como respuesta psicológica a unos hechos de índole traumática. En este sentido, la experiencia clínico-social del entrevistador es esencial para diferenciar los síntomas e indicadores simulados de los verdaderos. El concepto de "compatibilidad clínico-social" añade esta nueva hipótesis que, sin duda, puede completar notablemente nuestra valoración final. El trabajo de Miotto (2001) coincide, en parte, con esta perspectiva. Dicha autora, al referirse a la complejidad diagnóstica del abuso sexual infantil, incluye la evaluación de secuelas psicológicas, del tipo "no aprendidas" (es decir, no-simuladas) derivadas del propio acto abusivo como parte necesaria de la evaluación integral del tema. La existencia de sintomatología postraumática, o alguno de sus componentes (evitativo, reexperimentación, incremento arousal), así como presencia de trastornos del sueño, conductas regresivas, sexualización inapropiada o síntomas atípicos del desarrollo normal del niño nos permiten contrastar la compatibilidad clínica del abuso. No olvidemos, no obstante, que la falta de secuelas no indica falta de trauma emocional. La propia resiliencia del niño y el apoyo familiar son aspectos que también deben ser considerados en la valoración de esta hipótesis.

Por otro lado, el modelo familiar-relacional puede darnos una rica información sobre la vulnerabilidad a la que puede haber sido expuesto el niño, tanto con respecto a los otros niños como a los adultos. Una historia de vinculación deficiente, antecedentes de sospechas o denuncias similares, pobre supervisión del niño, negligencia parental y falta de límites o normas educativas intrafamiliares son elementos que nos permiten contrastar la compatibilidad social de las sospechas de abuso.

A partir de obtener apoyo (o no) en cada una de estas hipótesis, podemos inferir nuestras conclusiones sobre el testimonio del niño en relación con los abusos sexuales que han sido denunciados. Como puede apreciarse por la estructura de la GEA-5, este sistema prioriza un modelo explicativo de la credibilidad del niño, puesto que no solo nos permite inferir si el relato presenta (o no) credibilidad narrativa, sino que a su vez nos permite explicar y contemplar otros aspectos esenciales en la exploración realizada. Así, cabría la posibilidad de que la conclusión sobre un relato del niño efectuado en una fase anterior del procedimiento (declaración ante la policía, los padres, el juez, el maestro) recogida en el expediente judicial, aun en el caso de no producirse este relato explícitamente durante nuestra exploración (lapso excesivamente largo y consecuente falta de memoria) fuera compatible con la hipótesis de credibilidad narrativa gracias a la explicación por otros aspectos, tales como su resistencia sugestiva, presencia de secuelas psicológicas o la sinceridad y fiabilidad presentada en las pruebas clínicas administradas. Naturalmente, de la misma manera podría concluirse que un relato que presentara los criterios de realidad propuestos por el ECN, podría ser contemplado con reservas debido a la falta de compatibilidad con otros aspectos de la exploración, como su adherencia sugestiva, la ausencia de recuerdo original o la evidencia de falsear las consecuencias traumáticas de los abusos descriptos. Como observamos, estas opciones recogen el mismo fundamento del CBCA-SVA (Steller, 1989) según el cual, los aspectos esenciales del SVA condicionaban y decidían la conclusión final con independencia del resultado del CBCA. En nuestra propuesta, no existe un SVA que determine una conclusión única, sino que existen cinco hipótesis que se integran para un único objetivo: hacer posible una información más precisa y completa de las características del testimonio y del propio testigo.

Puesto que nosotros (los profesionales evaluadores) no somos los juzgadores, deberemos dejar en manos de los jueces la última hipótesis que se deriva de estas cinco: la *hipótesis de verdad*. Pese a que Offe (2000) incluye esta hipótesis dentro de los ámbitos de valoración del psicólogo, con nuestro punto de vista pensamos que esta pertenece al terreno exclusivo de los jueces. Nuestra perspectiva es que, como especialistas, debemos facilitarles los elementos para que su toma de decisión sea lo más cercana a la verdad. Es el propio acto del juicio el que debe integrar todas las pruebas y todos los testimonios que permitan esta

271

aproximación a la realidad y a la verdad de los hechos. La intervención del profesional es una más, con sus aportaciones y sus limitaciones. Presentamos la siguiente figura como un resumen gráfico de lo mencionado hasta ahora:

¿Tiene competencia para relatar?

¿Su recuerdo es original?   **Testimonio**   ¿Mantiene fidelidad
                                   Infantil   su relato?
                                   GEA-5

¿Es creíble su relato?   ¿Existe compatibilidad
                                                    clínico-social?

Gráfico 4. GEA-5: un modelo explicativo de
la credibilidad del niño.

Utilización de la GEA-5 y la EASI. Pasos

Este sistema de hipótesis deberá desarrollarse en un contexto de exploración para el cual, según nuestra experiencia práctica, se propone mantener entre tres o cuatro sesiones, de las cuales al menos dos deben realizarse con el niño:

Primera sesión. A partir del estudio previo del expediente judicial, se hará una primera entrevista con los padres o tutores del niño. Se realiza una completa anamnesis, así como una aproximación exhaustiva a la situación actual de la familia y del niño, tanto de los aspectos personales como de los relacionales en los contextos de desarrollo habitual de los miembros de la unidad familiar. Para evitar la espera del niño y el posible incremento de la ansiedad preexploratoria, es preferible realizar esta primera entrevista únicamente con los padres. En esta primera sesión, pueden obtenerse ya informaciones que orienten las hipótesis de competencia, fidelidad-constancia, recuerdo original y compatibilidad clínico-social.

Segunda sesión. Se inicia ya la entrevista de exploración con el niño mediante la EASI. Esta se desarrolla comprendiendo las cuatro etapas ya mencionadas:

a) Reglas y capacidades.
b) El suceso.
c) Resumen-síntesis.
d) Cierre de la entrevista.

En esta segunda entrevista se obtiene ya la información necesaria para el análisis del ECN, es decir, para la comprobación de la hipótesis de credibilidad narrativa. Además, se obtendrá más información para comprobar la hipótesis de competencia y de recuerdo original. Si las condiciones del niño lo permitieran (cansancio, estado emocional, etc.) sería conveniente realizar una primera evaluación psicométrica para obtener unas medidas iniciales que nos permitan explorar, además, la compatibilidad clínico-social. Es necesario destacar que si la toma de contacto no se realiza de forma fluida en la primera sesión, puede ser necesario ampliar estas dos entrevistas básicas con una tercera e incluso una cuarta. Según nuestra experiencia, con los niños más pequeños (3 a 6 años) puede ser necesario dedicar un par de sesiones para realizar esta vinculación con el profesional.

Tercera sesión. En esta sesión solo se realizará una nueva exploración narrativa del incidente, si no se contara con referencias declarativas anteriores (situación excepcional), como ser las revelaciones primeras, declaraciones policiales, judiciales, hospitalarias, etc. Después de una nueva toma de contacto, se reinicia el relato de los hechos. En este caso, la exposición abierta puede ser más breve y podría utilizarse esta sesión para introducir nuevas preguntas abiertas y específicas junto con las anteriores (segunda sesión), más representativas. La razón de esta repetición, además de permitirnos la recogida exhaustiva de información del ECN, es la comprobación de la hipótesis de fidelidad-constancia. Al poseer una secuencia temporal de diferentes declaraciones (las de nuestra primera exploración y las de esta segunda), las coincidencias o discrepancias nos permitirán inferir sobre dicha hipótesis. En esta tercera sesión se completa la administración de escalas o pruebas psicométricas para la comprobación de la hipótesis de compatibilidad clínico-social.

Cuarta sesión. Se ofrece a los padres una última entrevista de devolución en la cual se retornará a aspectos como la recomendación o no de iniciar un tratamiento terapéutico y a dónde pueden dirigirse, la dinámica del juicio oral en la que podría encontrarse el niño para brindarle la preparación necesaria, etc. No debe utilizarse esta entrevista para comunicar el resultado de las pruebas ni de la valoración de credibilidad. Es una sesión donde se expresan las recomendaciones e informaciones que puedan mejorar la calidad de vida del niño presuntamente abusado y de sus familiares para que puedan afrontar de la mejor manera el proceso iniciado.

Paralelamente a estas intervenciones directas sobre el niño y la familia, debe realizarse la correspondiente articulación con los servicios y/o agentes psico-socio-sanitarios (educadores, trabajadores sociales, psicólogos, pedagogos, maestros, médicos, psiquiatras, enfermeras, etc.) que hayan realizado una intervención relevante en el entorno familiar o sobre el propio niño. Entre dichos servicios, encontramos:

- servicios sociales de base;
- equipos especializados de atención a la infancia;
- equipos de salud mental;
- profesionales del ámbito escolar;
- equipos específicos psicopedagógicos;
- equipos sanitarios y hospitalarios;
- profesionales del ámbito privado;
- etcétera.

En nuestra experiencia práctica, si fuera posible, dichas entrevistas deberían ser transcriptas o grabadas. Según nuestros conocimientos con ambas modalidades, el sistema audiovisual ofrece mejores posibilidades de registro, lo que se traduce en una mayor precisión para determinar la valoración final de la credibilidad narrativa. Tal y como nos refieren Cantón y Cortés (2000) el video permite registrar pruebas que perdurarán más que la memoria de los entrevistadores, de manera que su revisión antes de prestar testimonio como expertos nos permitirá dar una información más precisa y completa de los hechos relatados. En Escocia, Inglaterra y Canadá, este procedimiento se realiza siempre, tal y como lo recogen los trabajos de Flin, Kearney y Murray (1996) y Sas, Wolfe y Gowdey (1996).

Además, existe un detalle esencial que no ha sido todavía tratado y que se refiere al número de entrevistadores que deben estar presentes. Dos son las opciones que podemos utilizar:

a) La entrevista es realizada con dos profesionales. En esta situación, uno de ellos asume la dirección de la entrevista, conecta más directamente con el niño y lo conduce hasta el final de la sesión. El otro entrevistador asume un rol secundario, registra todas las interacciones verbales y no verbales que se desarrollen durante la sesión y, a su vez, complementa el interrogatorio cuando sea necesario.

b) La entrevista es registrada por medios audiovisuales (por lo que se ha mencionado anteriormente) y, en este caso, un único entrevistador puede ser el encargado de dirigir la sesión y finalizar el interrogatorio.

¿Por qué estas dos opciones? Por un aspecto que debemos considerar esencial: la valoración criteriológica que debería hacerse basada en el acuerdo interjueces; es decir, cotejando las valoraciones de dos profesionales que hayan podido acceder a la entrevista. Esta es la recomendación que da Manzanero (1997) para realizar la evaluación de la credibilidad y que compartimos totalmente.

Bibliografía

Alonso-Quecuty, M. L.: "Mentira y testimonio. El peritaje forense de la credibilidad", en *Anuario de Psicología Jurídica*, Madrid, 1991.

Alonso-Quecuty, M. L.: "Creencias erróneas sobre testigos y testimonios. Sus repercusiones en la práctica legal", en *Cuadernos de Derecho Judicial: Delitos contra la libertad sexual*. Vol. II, Consejo General del Poder Judicial, Madrid, 1998.

Arntzen, F.: *Psychologie der Zeugenaussage* [Psychology of testimony] 1ra ed. Goettinger, Hogrefe, 1970; 3ra ed. Beck, Munich, 1993.

Brainerd, C. J. y Reyna, V. F.: "Fuzzy-Trace Theory and Children's False Memories", en *Journal of Experimental Child Psychology*, 71, págs. 81-129, 1998.

Bruck, M.; Melnyk, L. y Ceci, S. J.: "Draw it Again Sam. The Effect of Drawing on Children's Suggestibility and Source Monitoring Ability", en *Journal of Experimental Child Psychology*, 77, págs. 169-196, 2000.

Bull, R.: "Entrevistas a niños testigos", en Fariña, F. y Arce, R. Eds. *Psicología e investigación judicial*, Fundación Universidad-Empresa, Madrid, 1997.

Cantón Duarte, J. y Cortés Arboleda, M. R.: *Guía para la evaluación del abuso sexual infantil*. Pirámide, Madrid, 2000.

Casas Aznar, F.: "Los niños y las niñas en procesos judiciales: ¿qué nos pueden decir o cómo nos comunicamos con ellos?", en *Bienestar y Protección Infantil*, IV, 1, Madrid, 1988.

Ceci, S. J. y Bruck, M.: "Suggestibility of the Child Witness. A Historical Review and Synthesis", en *Psychological Bulletin*, 113, págs. 403-439, Nueva York, 1993.

Ceci, S. J. y Bruck, M.: *Jeopardy in the Courtroom. A Scientific Analysis of Children's Testimony*. American Psychological Association, Washington DC, 1995.

Ceci, S. J.; Crossman, A. M.; Scullin, M. H.; Gilstrap, L. y Huffman, M. L.: "Children's Suggestibility Research: Implications for the Courtroom and the Forensic Interview", en Wescott, H. L., Davies, G. M. y Bull, R. H. C.: *Children's Testimony*. Baffins Lane, John Wiley and Sons, Chichester, 2002.

Davies, G. M. y Wescott, H. L.: "Interviewing Child Witnesses under the Memorandum of Good Practice. A Reserch Review", en *Police Research Series,* Paper 115, Crown. Londres, 1999.

Davies, G. M.; Wescott, H. L. y Horan, N.: "The Impact of Questioning Style on the Content of Investigative Interviews with Suspected Child Sexual Abuse Victims", en *Psychology, Crime and Law*. Vol. 62, págs. 81-97, 2000.

Dettenborn, H.; Froehlich, H. y Szewczyk, H.: *Forensische Psychologie*. Deutscher Verlag der Wissenschaften, Berlín, 1984.

Diges, M. y Alonso-Quecuty, M. L.: *Psicología forense experimental*. Promolibro, Valencia, 1993.

Endres, J.: "The Suggestibility of the Child Witness. The Role of Individual Differences and Their Assessment", en *The Journal of Credibility Assessment and Witness Psychology*, vol. 1, n° 2, págs. 44-67, 1997.

Fabian, T.: "La psicología de la declaración testimonial: investigación y práctica en Alemania", en Actas del IV Congreso Iberoamericano de Psicología Jurídica, Madrid, 1991.

Flin, R.; Kearney, B. y Murray, K.: "Children's Evidence: Scottish Research an Law", en Bottoms, B. L. y Goodman, G. S. (eds.), *International Perspectives on Child Abuse and Children's Testimony. Psychologycal Research and Law*. Thousand Oaks, Sage Publications, California, 1996.

Garbarino, J.; Scott, F. M. y cols.: *Lo que nos pueden decir los niños*. Ministerio de Asuntos Sociales, Madrid, 1993.

Goodman, G. S. y Schwartz-Kenney, B. M.: "Why Knowing a Child's Age is Not Enough: Influences of Cognitive, Social and Emotional Factors on

Children's Testimony", en Dent, H. y Flin, R. *Children as Witnesses*, Wiley and Sons, Chichester, 1992.

Gudjonsson, G.: "A New Scale of Interrogative Suggestibility", en *Personality and Individual Differences*, 5, págs. 303-314, 1984.

Hernández, J. A.: *Psicopatología Forense*. Documento universitario U.B. no publicado, 1995.

Hutchby, I. y Moran-Ellis, J.: *Children and Social Competence: Arenas of Action*. Falmer Press, Londres, 1998.

Juárez, J. R.; Ruana, S. y Camps, J.: "El papel del psicólogo ante la mujer víctima de agresión sexual", en *Actas del II Congreso Oficial de Psicólogos*, Valencia, 1990.

Juárez, J. R.: "Influencia de la variable edad en la credibilidad de los menores abusados sexualmente. Uso y abuso de la prueba CBCA-SVA", en Actas del IV Congreso Iberoamericano de Psicología Jurídica, Madrid, 2001.

Juárez, J. R.: *La credibilidad del testimonio infantil en supuestos de abuso sexual: indicadores psicosociales*. Tesis doctoral. http://www.tesisenxarxa.net/TDX-0916104-162602/ ISBN: Gi-510-2004/84-688-8634-3. Gerona, 2001.

Juárez, J. R.: "La evaluación del testimonio infantil en abusos sexuales", en *Psicología Criminal*, de Soria Verde, M. A. y Sáiz Roca, D. (coordinadores). Pearson Educación, Madrid, 2006.

Juárez, J. R.; Casals, I. y Rivas, N.: "El conflicte de lleialtats o com els fills de pares separats paguen els plats trencats: una aposta per la mediació", en *Justícia i Societat. La Mediació Familiar*, Generalitat de Catalunya, Centre d'Estudis Jurídics i Formació Especialitzada, Barcelona, 2001.

Juárez, J. R.; Mateu, A. y Sala, E.: "Criterios de evaluación de la credibilidad en las denuncias de violencia de género", en *Psicología Jurídica, entorno judicial y delincuencia. Tomo 5*, de Rodríguez, F. J.; Bringas, C.; Fariña, F.; Arce, R. y Bernardo, A., Ediciones de la Universidad de Oviedo, Oviedo, 2008.

Juárez, J. R.; Mateu, A. y Sala, E.: *Análisis de la credibilidad de las víctimas de violencia doméstica*. Investigación subvencionada por el Departamento de Justicia de la Generalitat de Catalunya. http://www.gencat.cat/justicia/doc/doc_40974795_1.pdf, Barcelona, 2007.

Lamb, M. E.; Sternberg, K. J. y Esplin, P. W.: "Factors Influencing the Reliability and Validity of Statements Made by Young Victims of Sexual Maltreatment", en *Journal of Applied Developmental Psychology*, 15, págs. 225-280, 1994.

Lamb, M. E.: "Assessments of Children's Credibility in Forensic Contexts", en *Current Directions in Psychological Science*, Vol 72, págs. 43-46, 1998.

Lamb, M. E.; Orbach, Y.; Sternberg, K. J.; Esplin, P. W. y Hershkowitz, I.: "The Effects of Forensic Interview Practices on the Quality of Information Provided by Alleged Victims of Child Abuse", en Wescott, H. L.; Davies, G. M. y Bull, R. H. C., *Children's Testimony*. Baffins Lane, John Wiley and Sons, Chichester, 2002.

Leichtman, M. D. y Ceci, S. J.: "The Effects of Stereotypes and Suggestions on Preschooler's Reports", en *Developmental Psychology*, 31, págs. 568-578, 1995.

Loftus, E. F.: *Eyewitness Testimony*. Harvard University Press, Cambridge, 1979.

Loftus, E. F.; Greene, E. L. y Doyle, J. M.: "Psicología del testimonio del testigo presencial", en Raskin, D. C.: *Métodos psicológicos en la investigación y pruebas criminales*. Desclée de Brouwer, Bilbao, 1994.

Lyon, T. D.: "Questioning Children. The Effects of Suggestive and Repeated Questioning", en Conte, J. Ed.: *Suggestibility of Children and Adults*. Thousand Oaks, CA, Sage, 2000.

Lyon, T. D.: "Child Witnesses and the Oath", en Wescott, H.; Davies, G. y Bull, R.: *Children's Testimony: Psychological Research and Forensic Practice*. Wiley, Sussex, 2000.

Lyon, T. D. y Saywitz, K. J.: "Qualifying Children to Take the Oath. Materials for Interviewing Professionals". Research supported by Grant No. 90-CA-1553 from the National Center of Child Abuse and Neglect, 2000.

Manzanero, A. L.: "Evaluando el testimonio de menores testigos y víctimas de abuso sexual", en *Anuario de Psicología Jurídica*, 96, págs. 13-34, Madrid, 1997.

Manzanero, A. L.: "Recuerdos reales y recuerdos sugeridos: características diferenciales", en *Actas del IV Congreso Iberoamericano de Psicología Jurídica*, Madrid, 2001.

Manzanero, A. L.: "¿Son realmente diferentes los relatos sobre un hecho real y los sugeridos?", en *Anuario de Psicología Jurídica*, Vol. 14, Madrid, 2004.

Manzanero, A. L. y Diges, M.: "Evaluación subjetiva de la exactitud de las declaraciones de los testigos. La credibilidad", en *Anuario de Psicología Jurídica*, págs. 7-27, Madrid, 1993.

Masip, J. y Garrido, E.: "La evaluación de la credibilidad del testimonio en contextos judiciales a partir de indicadores conductuales", en *Anuario de Psicología Jurídica*, págs. 93-131, Madrid, 2000.

Memon, A.; Wark, L.; Holley, A.; Bull, R. y Koehnken, G.: "Reducing Suggestibility in Child Witness Interviews", en *Applied Cognitive Psychology*, 10, págs. 503-518, 1996.

Miotto, N. G.: "Abuso de menores. Complejidad diagnóstica", en *Actas del IV Congreso Iberoamericano de Psicología Jurídica*, Madrid, 2001.

Mira, J. J.: "Memoria de testigos", en Ruiz-Vargas, J. M., *Psicología de la memoria*. Alianza Editorial, Madrid, 1991.

Mira, J. J. y Diges, M.: "Teorías intuitivas sobre memorias de testigos: Un examen de metamemoria", en *Revista de Psicología Social*, 6, 1, págs. 47-60. Madrid, 1994.

Offe, H.: "El dictamen sobre la credibilidad de las declaraciones de testigos", en *Anuario de Psicología Jurídica*, Madrid, 2000.

Orbach, Y.; Hershkowitz, I.; Lamb, M. E.; Sternberg, K. J.; Esplin, P. W. y Horowitz, D.: "Assessing the Value of Structured Protocols for Forensic Interviews of Alleged Child Abuse Victims", en *Child Abuse and Neglect*, Vol. 24, n° 6, págs. 733-752, 2000.

Raskin, D. C.; Kircher, J. C.; Horowitz, S. W. y Honts, C. R.: *A Study of the Validity of Polygraph Examinations in Criminal Investigation*. University of Utah, Dep. of Psychology, Salt Lake City, 1989.

Raskin, D. C.: *Métodos psicológicos en la investigación y pruebas criminales*, Desclée de Brouwer, Bilbao, 1994.

Raskin, D. C. y Esplin, P. W.: "Assessment of Children's Statements of Sexual Abuse", en Doris, John (ed.): *The Suggestibility of Children's Recollections*. American Psychological Association, Washington DC, 1991.

Sas, L. D.; Wolfe, D. A. y Gowdey, K.: "Children and the Courts in Canada", en Bottoms, B. L. y Goodman, G. S. (eds.), *International Perspectives on Child Abuse and Children's Testimony. Psychologycal Research and Law*. Thousand Oaks, Sage Publications, California, 1996.

Saywitz, K. J.: "Developmental Underpinnings of Children's Testimony", en Wescott, H. L.; Davies, G. M. y Bull, R. H. C.: *Children's Testimony*. Baffins Lane, John Wiley and Sons, Chichester, 2002.

Steller, M.: "Recent Developments in Statement Analysis", en Yuille, J. C. (ed.): *Credibility Assessment*. Nato Asi Series, Vol. 47, Kluwer Academic Publishers, 1989.

Steller, M.: "Child Witnesses in Sexual Abuse Cases", en Psychological Implications of Legal Procedures. En Lösel, F.; Bender, D. y Bliesener, T. (eds.): *Psychology and Law. International Perspectives*. De Gruyter, Berlín, 1992.

Steller, M. y Köehnken, G.: "Análisis de declaraciones basadas en criterios", en Raskin, D.C.: *Métodos psicológicos en la investigación y pruebas criminales*. Desclée de Brouwer, Bilbao, 1994.

Summit, R. C.: "The Child Sexual Abuse Accommodation Syndrome*", en Child Abuse and Neglect*, 7, págs.177-193, 1983.

Trankell, A.: *Reliability of Evidence. Methods for analyzing and Assessing Witness Statements*. Beckmans, Estocolmo, 1972.

Undeutsch, U.: "The Development of Statement Reality Analisis", en Yuille, J. C. (ed.). *Credibility Assessment*. Nato Asi Series, Vol. 47, Kluwer Academia Publishers, 1989.

Vrij, A.; Edward, K.; Roberts, K. y Bull, R.: "Detecting Deceit Via Analysis of Verbal and Nonverbal Behaviour", en *Journal of Nonverbal Behaviour*. Vol 244, págs. 239-263. Kluwer Academic/Plenum Publishers, 2000.

Wegener, H.: "The Present State of Statement Analysis", en Yuille, J. C. (ed.), *Credibility Assessment*. Nato Asi Series, Vol. 47, Kluwer Academic Publishers, 1989.

Weissman, H. N.: "Forensic Psychological Examination of the Child Witness in Cases of Alleged Sexual Abuse", en *American Journal Orthopsychiatry*, 61, págs. 48-58, 1991.

Wells, G.: "Applied Eyewitness Testimony Research. System Variables and Estimator Variables", en *Journal of Personality and Social Psychology*, 36, págs. 1546-1557, 1978.

Wescott, H. L.; Davies, G. M. y Bull, R. H. C.: *Children's Testimony*. Baffins Lane, John Wiley and Sons, Chichester, 2002.

Yuille, J. C. (ed.): *Credibility Assessment*. Nato Asi Series, Vol. 47, Kluwer Academic Publishers, 1989.